| 博士生导师学术文库 |

A Library of Academics by
Ph.D.Supervisors

规则样例学习研究

张 奇 著

光明日报出版社

图书在版编目（CIP）数据

规则样例学习研究 / 张奇著 . -- 北京：光明日报
出版社，2019.5
（博士生导师学术文库）
ISBN 978 - 7 - 5194 - 5344 - 2

Ⅰ.①规… Ⅱ.①张… Ⅲ.①学习方法—研究—文集
Ⅳ.①G791 - 53

中国版本图书馆 CIP 数据核字（2019）第 093578 号

规则样例学习研究
GUIZE YANGLI XUEXI YANJIU

著　　者：张　奇

责任编辑：李壬杰　　　　　　责任校对：赵鸣鸣
封面设计：一站出版网　　　　责任印制：曹　诤

出版发行：光明日报出版社

地　　址：北京市西城区永安路 106 号，100050

电　　话：010 - 63139890（咨询），010 - 63131930（邮购）

传　　真：010 - 63131930

网　　址：http：//book. gmw. cn

E - mail：lirenjie@ gmw. cn

法律顾问：北京德恒律师事务所龚柳方律师

印　　刷：三河市华东印刷有限公司

装　　订：三河市华东印刷有限公司

本书如有破损、缺页、装订错误，请与本社联系调换，电话，010 - 63131930

开　　本：170mm ×240mm

字　　数：253 千字　　　　　　印　　张：15

版　　次：2020 年 1 月第 1 版　　印　　次：2020 年 1 月第 1 次印刷

书　　号：ISBN 978 - 7 - 5194 - 5344 - 2

定　　价：95.00 元

序

加涅（R. M. Gagne，1916—2002）首先提出了规则学习的概念，遗憾的是一直没有出现规则学习的研究。20世纪80年代兴起的样例学习研究，旨在探求提高新手问题解决能力的样例学习方法和原理。亦有一些样例学习研究考察了规则的样例学习效果，可是，没有明确提出规则样例学习的概念。

20世纪80年代，我师从韩进之教授专研西方学习理论和中国古代学习心理学思想，注意到在学习理论中没有规则学习理论、在教育心理学中没有规则学习与教学研究的缺憾。90年代末，我师从林崇德教授从事儿童数学规则的认知发展研究，认识到数学规则和科学规则学习研究的重要性和迫切性，增强了从事规则学习研究的责任感和使命感。从此后，我指导研究生专注于规则样例学习研究。

从2002年起至今，共指导规则样例学习研究的博士论文7篇、硕士论文20余篇；在《心理学报》《心理科学》和《心理发展与教育》等学术期刊发表规则样例学习研究的实验报告10余篇；在《心理科学》《心理与行为研究》《辽宁师范大学学报社科版》和《苏州大学学报教育版》等学术期刊发表规则样例学习研究的理论文章10余篇。主持完成关于规则样例学习研究的辽宁省教育厅科研项目3项、全国教育科学"十五"规划暨教育部重点研究课题1项（编号：DBA010157）、国家自然科学基金面上项目1项（编号：30970888）、高等学校博士学科点专项科研基金资助课题1项（编号：201112136110001）。

兹将部分实验研究报告按规则的学科分类编辑，将有关理论文章按发表的时序排列，合成《规则样例学习研究》。感谢光明日报出版社为此书的出版提供了良机和资助。

《规则样例学习研究》的出版不是研究的总结和结束，而是深入和拓展研究的开始。规则是人们对规律的认知，是支配人类活动的准则，是人类毕生学习的核心内容。规则的种类繁多，规则样例学习和规则学习与教学的研究课题更多。渴望此书的出版能唤起更多学者、教师、学生及学生家长们的阅读兴趣和研究热忱，吸引更多的人从事该领域的课题研究，并使更多的人从中受益。

本文集的出版得到辽宁省"双一流"学科建设经费的资助和辽宁师范大学心理学院领导的支持，在此表示衷心感谢！

张奇

2019 年 10 月 16 日于大连

目 录
CONTENTS

第一部分　实验研究报告

一、四则混合运算规则的样例学习

采用有或无"运算步骤标记"两种样例和"交互式"样例呈现方式，对48名二年级小学生通过样例学习四则混合运算规则进行了实验研究。结果表明，多数被试可以通过样例学会"小括号"和"中括号"四则混合运算规则，但多数被试难以学会"无括号"四则混合运算规则；运算步骤标记对学习"无括号"运算规则的促进作用明显，但对学习"小括号"运算规则的促进作用不明显；运算规则学习的难度不同，所需样例的数量也不同。

（一）问题

样例（worked example）是一种教学工具，它们通常以一步一步的形式呈现解题步骤，为学习者提供一种专业的解决问题的方法。样例学习是学习者通过对样例的自主观察和思考获得知识的过程。20世纪50年代中期至70年代，样例学习研究主要集中在概念学习方面。80年代之后，研究者更加关注样例学习在问题解决过程中的作用。其研究的范式是给被试呈现解决某个问题的样例，其中隐含着解决这类问题的规则。学习者通过学习这些样例发现或学会使用其中的规则去解决类似的问题。Cooper和Sweller要求被试记忆两个方程的样例，然后对二者进行区分。结果发现，被试在记忆方程的过程中形成了解决问题的图式，然后根据图式概括出解决问题的规则。在Anderson和Fincham的实验中要求被试记住8个解决问题的样例，每个样例中都隐含一个产生式规则，然后要求被试运用这些规则解决新问题，结果表明被试能够通过分析样例，发现和学会使用规则。Riegler 和 Zhe Chen 以 4 - 5 岁儿童为被试对"天平"任务中的重量与距离之间的关系进行了研究，结果发现，被试能够根据问题情境概括出规则，并能将这些规则迁移到新的问题解决中。这些研究的特点是被试通过学习解决问题的样例，从中发现规则并学会使用规则，这是规则学习的主要途径之一。但是，通过运算样例直接学习运算规则的专门研究还很少。规则是反映事物（或概念）之间的关系并支配人的认知和行为操作的准则。人们既然可以在解决问题的过程中发现和学会规则，那么，是否也能在掌握了简单规则的基础上，通过样例来学习新的复杂的规则呢？为此，我们预期已经掌握了加、减、乘、除运算规则的二年级小学生，通过四则混合运算样例的学习，可以学会四则混合运算规则。

考察问题解决样例的"子目标编码"对学习的促进作用是样例学习研究中引人注目的一个研究课题。Catrambone 等人对此进行了研究，并提出了"子目标"学习模型（the subgoal leaning model）。他们提出，在呈现一个解题方法的样例时，使用一个"标记"或用视觉分离的方法来着重强调解题的子目标，这样可以帮助学习者积极地归纳样例的基本目标结构，从而帮助学习者发现有用的规则。Catrambone 和 Holyoak 通过两种样例的学习来检验大学生学习"泊松（Poisson）分布"的效果。他们将样例分为"有标记"的样例（即 4 个样例的子目标都用标记标示出来）和"无标记"的样例（同样的四个样例，但没有子目标定向的标记），并将被试随机分配到两个样例组进行样例学习。学习过后，对两组被试进行同样的学习测验。测验有 6 个测题，其中有 2 个测题与样例相似（即相似测题），其余 4 个测题与样例有差异（即迁移测题）。结果发现，两组被试在解决 2 个相似测题上的成绩差异不显著，但在解决迁移测题的成绩上差异显著，即有标记组的成绩要明显好于无标记组的成绩。随后，Catrambone 又用相同的实验材料对标记意义的丰富程度与学习的促进作用关系进行了实验研究。他将标记分为"意义丰富"的标记（the meaningful label）和"意义不丰富"的标记（the less meaningful label），前者是用语言说明与算式相结合来解释应用泊松公式中的一个解题步骤，后者只用算式来解释同一步骤。结果发现两种标记对解决迁移问题都有促进作用，但二者之间的差异不显著。Catrambone 和 Holyoak 的研究给我们一个重要的启示，即在 Catrambone 和 Holyoak 的实验结果中，有标记的样例能够促进大学生"泊松分布"知识的学习，那么，有运算步骤标记的样例是否也能促进小学生四则混合运算规则的学习呢？Catrambone

的两个实验结果又给我们提出了一个相同的问题，即在第一个实验结果中，为什么两组被试在解决2个相似测题上的成绩差异不显著，而在解决迁移测题上的成绩却差异显著呢？在第二个实验结果中，为什么有"意义丰富"标记的样例和有"意义不丰富"标记的样例对解决迁移测题都有促进作用，但二者之间的差异却不显著呢？我们对此问题进行了思考，提出的假设是：标记对学习的促进作用可能与学习作业的难度（如测题的难度）有关，在简单的学习作业上（如相似测题）标记的促进作用不明显，但在较难的学习作业上（如迁移测题）标记的促进作用明显。在难度相同的学习作业上（例如都是迁移测题），"意义不丰富"标记所起的促进作用已经达到了（或接近了）"意义丰富"标记所起的促进作用，所以，二者都有促进作用，但促进作用的差异不显著。根据这种假设，我们在实验中设计不同难度的学习作业，检验运算步骤标记在不同难度的学习作业中所起的促进作用是否不同。

在课堂教学过程中，当学生学习复杂的规则或解决复杂的问题时，由于存在学习能力上的个体差异，一两个例题（即样例）往往不能使所有的学生都掌握规则或解决问题的方法。而要想使更多的学生掌握规则或解决问题的方法，就需要采用更多的样例。那么，在实际的教学中究竟给学生呈现多少样例为好呢？呈现样例的数量究竟与哪些因素有关呢？早期关于通过样例学习概念的研究表明，在复杂概念的教学中，教师必须使用多个样例。Reed 和 Bolstad 对大学生在学习解决复杂问题时所需样例的数量进行了首次实证研究。实验的任务是要求被试学会使用方程：（频率1×时间1）＋（频率2×时间2）＝任务。实验包括6种条件：①一个简单的样例，即对如何使用方程解决问题进行基本的说明；②一个复杂的样例，即在使用方程前对方程中的一些变量（如速率，时间和任务）进行转换（如，时间变量由秒转换成分）；③一系列程序，即对使用方程解决问题的步骤进行基本的描述；④一个简单的样例和一系列程序；⑤一个复杂的样例和一系列程序；⑥一个简单的样例和一个复杂的样例。实验包括8个迁移测验题，它们与简单的样例题不同，被试需要对方程中的一个、两个或所有变量进行转换。结果表明，被试在第6种条件下的学习成绩要好于其他条件下的学习成绩。由此，Reed 和 Bolstad 提出，要想提高学习的迁移成绩至少需要呈现2个样例。然而，在样例学习过程中，样例数量的多少是由什么因素决定的呢？这个问题至今尚无明确的答案。对此，我们提出的一个假设是，在样例学习过程中，样例数量的多少与学习作业的难度有关，难度较大的学习作业需要较多的样例，而难度较小的学习作业需要较少的样例。当然，这需要进行实验的验证。

综上所述，我们研究的问题和所要验证的假设如下：①根据他人的研究结果，人们既然可以通过样例学会问题解决，那么，小学生是否能够通过运算样例学会运算规则。具体来说就是在小学生掌握了加、减、乘、除运算规则的基础上，能否通过四则混合运算的样例学会四则混合运算的规则。②既然标记对学习问题解决有促进作用，那么，运算步骤标记是否也会对小学生学习四则混合运算规则起促进作用。运算步骤标记在不同难度的运算规则学习中，其促进作用是否也不同。③难度不同的运算规则的样例学习所需要的样例数量是否也不同。

（二）方法

1. 被试

从大连市一所小学的二年级学生中通过"前测"选出 48 名被试，男、女生各 24 名。对被试进行编码，并将他们随机指派到"有标记"样例组和"无标记"样例组。

2. 实验设计

实验的首要目的是验证二年级小学生在掌握了加、减、乘、除运算规则的基础上，能否通过四则混合运算的样例学会四则混合运算的规则的假设。所以，在实验前要采用一个测验（即前测）对被试进行筛选，选择那些既会做加、减、乘、除运算，又不会做四则混合运算的二年级小学生为被试。

为了验证运算步骤标记在样例学习中的促进作用、运算步骤标记在不同难度的运算规则学习中所起的促进作用是否不同，以及难度不同的运算规则的样例学习所需要的样例数量是否也不同这三个假设，我们采用 2（样例类型）×3（规则难度）×4（样例数量）的三因素实验设计：样例分为"有标记"样例和"无标记"样例两种。有标记样例用红色虚线箭头标示出计算步骤，无标记样例在计算步骤中没有任何标示，除此之外，两者完全相同。指派到"有标记"样例组的被试学习"有标记"的样例，指派到"无标记"样例组的被试学习"无标记"的样例。四则混合运算规则分为 3 种：①"无括号"的四则混合运算规则（其运算规则是：在加、减、乘、除运算的混合算式中，先做乘、除运算，后做加、减运算）；②"小括号"的四则混合运算规则（这种运算规则是：在有小括号的混合算式中，先计算小括号内的算式，再做括号外的运算）；③"中括号"的四则混合运算规则（这种运算规则是：在有中括号的混合算式中，先计算小括号内的算式，再计算中括号内的算式，最后计算中括号外的算式）。每种规则的运算样例各4个。为考察被试是否学会了样例，在每个样例后呈现1个"一致"练习题，它与样例完全相同。样例与练习题"交互式"呈现。为了考察被试样例学习的效果，采用4个"不一致"测验题作为后测题，它们与样例的运算结构相同，只是数值不同。以学会每种运算规则的人数（即做对4个测验题的人数）为因变量，来考察二年级小学生四则混合运算规则的样例学习效果。

3. 实验材料

实验材料包括前测材料、样例材料、练习材料和后测材料四种。

①前测材料（即前测题）：用于筛选被试，共有7个算术题，其中前4个题是一位数的加、减、乘、除计算题，后3个算术题分别为"无括号"、有"小括号"和有"中括号"的四则混合运算题。只有在前测中正确完成前4个题的计算，而不能正确计算后3个题的二年级小学生才能成为实验的被试。

②样例材料：样例包括"无括号"样例、"小括号"样例和"中括号"样例各4个。样例又分为两种：一种是"有标记"的样例，另一种是"无标记"的样例。

③练习材料：与每种运算规则样例对应的"一致"练习题4个。

④后测材料：与每种运算规则样例相对应的"不一致"测验题4个。

前测实验中的7个题同时在一张纸上呈现。在正式实验中，以10cm×12cm大小的卡片呈现每个样例，字体为三号宋体"加黑"。

4. 实验方式

实验在安静的室内个别进行。

5. 实验程序

实验按下列程序进行：

主试首先向被试呈现前测题，只有能够正确做出前4个题，但不能正确做出后3个题的被试才能接受正式实验。

在正式实验中，被试按"有标记"样例组和"无标记"样例组分别进行实验。每个被试在正式实验中，都要先后进行三种运算规则的样例学习实验。三种运算规则样例学习的实验顺序是：①"无括号"运算规则的样例学习实验；②"小括号"运算规则的样例学习实验；③"中括号"运算规则的样例学习实验。

每种运算规则样例学习的实验步骤是：

①主试向被试呈现第一个样例，指导语是"请你认真观察和思考这个例题，尽量看懂并记住它的运算步骤。如果你看懂并记住了它的运算步骤，请向我们举手示意"。被试学习样例（即观察和思考样例）的时间最多 2 分钟。待被试举手示意或时间满 2 分钟后，主试收回样例，并给被试呈现第一个"一致"练习题，指导语为"请你准确计算这道题，不限时间，计算准确为好"。如果被试做对了这个练习题，就给被试呈现 4 个后测题，指导语为"请你计算这 4 道题，不限时间，计算准确为好"。如果被试准确计算出 4 个后测题，且步骤正确，则认为该被试学会了该运算规则，休息 2 分钟后，进行下一个运算规则的样例学习实验。

②如果被试举手示意看不懂第一个样例，或者虽然示意看懂了样例，但却做错了第一个"一致"练习题，或者既示意看懂了样例，又做对了第一个"一致"练习题，但却没有完全做对 4 个后测题，则认为被试没有学会该运算规则。

③然后，主试给被试呈现第二个样例，重复与第一个样例学习类似的实验过程。

④如果被试经过 2 个样例的学习，还没有学会该规则，主试就给被式呈现第 3 个样例，重复与第二个样例学习类似的实验过程。

⑤如果被试经过 3 个样例的学习还没有学会该运算规则，就给被试呈现最后一个样例（即第四个样例），重复与第三个样例学习类似的实验过程。

⑥如果被试经过某个数量的样例学习，学会了该运算规则，就记录被试学会该运算规则所用样例的数量。如果被试经过 4 个样例还没有学会该运算规则，就终止这名被试在该种运算规则的样例学习实验，被试被认定没有学会该运算规则。休息 2 分钟，进行下一个运算规则的样例学习实验。

如此，直至将三种运算规则的样例学习实验进行完毕。分别记录两组被试学会每种运算规则的人数和所用样例的数量，并运用 SPSS for Windes 11.5 建立数据文件，进行统计分析。

（三）结果

1. 四则混合运算规则样例学习的通过率分析

将"有标记"组和"无标记"组学会三种运算规则的人数及通过率列于表 1 – 1。

表1-1 学会三种运算规则的人数及通过率

	无括号			小括号			中括号		
	有标记	无标记	总人数	有标记	无标记	总人数	有标记	无标记	总人数
被试人数	24	24	48	24	24	48	24	24	48
学会人数	15	5	20	22	23	45	22	18	40
通过率%	62.5	20.8	41.7	91.7	95.8	93.8	91.7	75	83.3

从表1-1可见，小学二年级学生学习三种运算规则的通过率分别是："有标记"组学习"无括号"四则混合运算规则的通过率是62.5%，"无标记"组的通过率是20.8%；"有标记"组学习"中括号"运算规则的通过率是91.7%，"无标记"组的通过率是75%；"有标记"组学习"小括号"运算规则的通过率是91.7%，"无标记"组的通过率是95.8%。比较学习三种运算规则的平均通过率可见，学习"无括号"四则混合运算规则的平均通过率（41.7%）最低，运算规则较难，学习的难度最大；学习"中括号"运算规则的平均通过率（83.3%）较高，运算规则比较简单，学习的难度较小；学习"小括号"运算规则的平均通过率（93.8%）最高，运算规则简单，学习的难度最小。

为考察小学生样例学习四则混合运算规则的效果，对三种运算规则学习的平均通过率进行χ^2检验，检验结果显示，学习"无括号"四则混合运算规则的通过率不显著（$\chi^2 = 2.56$，$p = 0.05$）；学习"小括号"运算规则的通过率达到显著水平（$\chi^2 = 77.44$，$p < 0.001$）；学习"中括号"运算规则的通过率达到显著水平（$\chi^2 = 46.24$，$p < 0.001$）。这表明大多数被试可以通过样例学会"小括号"和"中括号"四则混合运算规则，但多数被试难以学会"无括号"四则混合运算规则。

2. 运算步骤标记的促进作用分析

将"有标记"和"无标记"两组被试在不同样例数量上学会三种运算规则的通过率进行非参数独立样本的Mann-Whitney差异检验，检验结果见表1-2。

表 1 - 2　两组被试在不同样例数量上学习三种运算规则的通过率及非参数差异检验结果

		"有标记"组	"无标记"组	Z
无括号	1 个样例	12.5	0	3.719 * * *
无括号	2 个样例	4.2	0	2.015 *
无括号	3 个样例	45.8	12.5	5.233 * * *
无括号	4 个样例	0	8.3	2.382 *
小括号	1 个样例	75.0	70.8	0.799
小括号	2 个样例	16.7	25.0	1.202
小括号	3 个样例	0	0	0.000
小括号	4 个样例	0	0	0.000
中括号	1 个样例	62.5	33.3	4.375 * *
中括号	2 个样例	25.0	33.3	1.083
中括号	3 个样例	4.2	8.3	0.858
中括号	4 个样例	0	0	0.000

注：* 表示 $p < 0.05$；* * * 表示 $p < 0.001$。

　　表 1 - 2 的非参数差异检验结果显示，在"无括号"运算规则的学习成绩上，"有标记"组的被试在 1 个、2 个和 3 个样例上学会的人数通过率明显高于"无标记"组，两者差异显著（$Z = 3.719$，$p < 0.001$；$Z = 2.015$，$p < 0.05$；$Z = 5.233$，$p < 0.001$）；"有标记"组被试在 4 个样例上学会的人数通过率明显少于"无标记"组，两者差异显著（$Z = 2.382$，$p < 0.05$）。在"小括号"运算规则的学习成绩上，"有标记"组在 1 个样例上学会的人数通过率略高于"无标记"组，但差异不显著（$Z = 0.799$，$p > 0.05$）；在 2 个样例上学会的人数通过率低于"无标记"组，但两者差异不显著（$Z = 1.202$，$p > 0.05$）。在"中括号"运算规则的学习成绩上，"有标记"组被试在 1 个样例上学会的人数通过率明显高于"无标记"组，两者差异显著（$Z = 4.375$，$p < 0.001$）；而在 2 个和 3 个样例上学会的人数通过率均低于"无标记"组，但两者差异不显著（$Z = 1.083$，$p > 0.05$；$Z = 0.858$，$p > 0.05$）。分析结果表明，运算步骤标记对学习"无括号"运算规则的促进作用明显，对在 1 个样例上学习"中括号"运算规则的促进作用明显，但对学习"小括号"运算规则和在 2 个及 2 个以上样例上学习"中括号"运算规则的促进作用不明显。也就是说，运算步骤标记对学习较难的运算

规则促进作用明显，而对学习简单的和比较简单的运算规则促进作用不明显。

3. 学会三种运算规则所需样例数量的差异分析

"有标记"组经过不同数量的样例学会三种运算规则的人数见图 1 – 1。

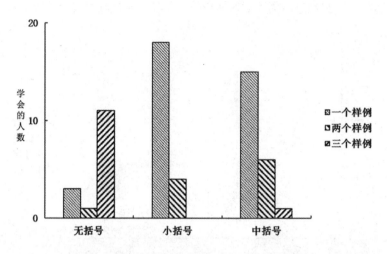

图 1 – 1 "有标记"组经过不同数量的样例学会三种运算规则的人数

为考察"有标记"组被试学会难度不同的三种运算规则时所需样例数量是否不同，分别对通过 1 个样例、2 个样例和 3 个样例（通过 4 个样例学会三种运算规则的人数都是 0）学会三种运算规则的人数做多个相关样本的非参数差异检验，检验结果显示：通过 1 个样例学会三种运算规则的人数之间存在显著差异（$\chi^2 = 25.2$，$p < 0.001$）。进一步做两个相关样本的非参数差异检验，结果显示：通过 1 个样例学会"小括号"运算规则的人数明显多于学会"无括号"运算规则的人数，两者差异显著（$Z = 3.873$，$p < 0.001$）；学会"中括号"运算规则的人数也明显多于学会"无括号"运算规则的人数，两者差异显著（$Z = 3.464$，$p < 0.01$）；学会"小括号"运算规则的人数多于学会"中括号"运算规则的人数，但两者差异不显著（$Z = 1.732$，$p > 0.05$）。通过 2 个样例学会三种运算规则的人数之间差异显著（$\chi^2 = 7.6$，$p < 0.05$）。进一步做 Mann – Whitney 差异检验，结果显示：通过 2 个样例学会"小括号"运算规则的人数多于学会"无括号"运算规则的人数，但两者差异不显著（$Z = 1.732$，$p > 0.05$）；学会"中括号"运算规则的人数明显多于学会"无括号"运算规则的人数，两者差异显著（$Z = 2.236$，$p < 0.05$）；学会"中括号"运算规则的人数多于学会"小括号"

运算规则的人数，但两者差异不显著（$Z = 1.414$，$p > 0.05$）。通过 3 个样例学会"无括号"运算规则的人数明显多于学会"中括号"运算规则的人数（学会"小括号"运算规则的人数是 0），两者差异显著（$\chi^2 = 10.0$，$p < 0.01$）。

"无标记"组经过不同数量的样例学会三种运算规则的人数见图 1 - 2。

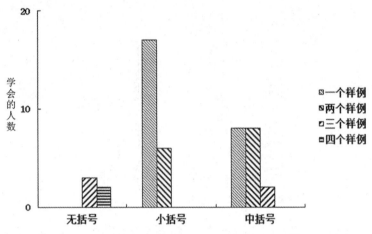

图 1 - 2   "无标记"组经过不同数量的样例学会三种运算规则的人数

为考察"无标记"组被试学会三种难度不同的运算规则时所需样例数量是否不同，分别对通过 1 个样例、2 个样例、3 个样例和 4 个样例学会三种运算规则的人数做多个相关样本的非参数差异检验，检验结果显示：通过 1 个样例学会"小括号"运算规则的人数明显多于学会"中括号"运算规则的人数，两者之间差异显著（$\chi^2 = 9.0$，$p < 0.01$）；通过 2 个样例学会"中括号"运算规则的人数多于学会"小括号"运算规则的人数，但两者之间差异不显著（$\chi^2 = 2.0$，$P > 0.05$）；通过 3 个样例学会"无括号"运算规则的人数略多于学会"中括号"运算规则的人数，但两者之间差异不显著（$\chi^2 = 1.0$，$P > 0.05$）。通过 4 个样例学会"无括号"运算规则的人数多于学会"小括号"和"中括号"运算规则的人数（两者都是 0），但差异不显著（$\chi^2 = 4.0$，$p > 0.05$）。

统计分析结果表明，规则学习的难度不同，所需要的样例数量就不同。在有运算步骤标记的情况下，多数学会"小括号"运算规则和"中括号"运算规则的被试只需要 1 个样例，而在学会"无括号"运算规则的被试中多数需要 3 个样例。在无运算步骤标记的情况下，多数学会"小括号"运算规则的被试只需要 1 个样例，多数学会"中括号"运算规则的被试需要 1 至 2 个样例，而学会"无括号"运算规则的被试需要 3 至 4 个样例。所以，一般来说，学习难度小的运算规则需要的样例少，学习难度较小的运算规则需要的样例较少，学习难度较大的运算规则需要的样例较多。

（四）讨论

1. 样例学习的效果

以往的研究表明，学生可以经由样例学习学会概念和问题解决，并在问题解决的样例学习过程中掌握解决问题的规则。我们这项实验研究的结果则进一步表明，在掌握了加、减、乘、除单项运算规则的基础上，平均 41.7% 的二年级小学生可以通过有运算步骤标记和无运算步骤标记的样例学会"无括号"四则混合运算规则；平均 93.8% 的二年级小学生可以通过样例（有标记和无标记）学会"小括号"四则混合运算规则，平均 83.3% 的二年级小学生可以通过样例（有标记和无标记）学会"中括号"四则混合运算规则。这表明多数二年级小学生可以通过样例学会简单的运算规则，但有 58.3% 的二年级小学生难以学会较复杂的运算规则。这可能是因为简单的运算规则运算步骤或运算关系简单明了，通过对样例的独立观察和思考即可学会；而复杂的运算规则运算步骤或运算关系复杂，即使有运算样例也难以学会。实验结果还表明，小学生在样例学习上存在明显的个体差异，即少数二年级小学生不能通过样例学会简单的运算规则，多数二年级小学生不能通过样例学会复杂的运算规则。这种个体差异现象要引起教师的关注，需要对造成这种个体差异的原因做进一步的分析。

2. 运算步骤标记在样例学习中的促进作用

关于解决问题步骤的标记在样例学习中的促进作用已被他人的研究所证实。我们的发现是，运算步骤标记在运算规则样例学习中的促进作用与运算规则学习的难易程度有关。在简单的和比较简单的运算规则的学习中（例如，学习"小括号"和"中括号"运算规则），运算步骤标记的促进作用不明显；而在较难的运算规则学习中（例如，学习"无括号"运算规则），运算步骤标记有明显的促进作用。这可能是因为，在简单运算规则的学习中，无运算步骤标记的样例足以起到让学生理解和掌握规则的作用，无须标记的进一步提示。而在较难的运算规则学习中，无运算步骤标记的样例不足以使学生理解和掌握规则，这时，运算步骤标记的促进作用就凸现出来，它可以帮助学习者理解各个步骤之间的逻辑联系，从而起到帮助学习者理解、整合和运用规则的作用。

3. 规则学习的难度与所需样例数量的关系

以往关于样例学习的难易程度与所需样例数量之间关系的研究很少，至今还没有明确的答案。我们的研究发现，运算规则样例学习所需要的样例数量与运算规则学习的难度有关。在有运算步骤标记的情况下，在学会简单的"小括号"运算规则和比较简单的"中括号"运算规则的二年级小学生中，多数只需1个样例，而在学会较难的"无括号"运算规则的二年级小学生中，多数需要3个样例。在无运算步骤标记的情况下，多数学会"小括号"运算规则的二年级小学生只需1个样例，多数学会"中括号"运算规则的二年级小学生需要1至2个样例，而在学会"无括号"运算规则的二年级小学生中，多数需要3至4个样例。所以，一般来说，难度小的运算规则学习需要的样例少，难度较小的运算规则学习需要的样例较少，难度较大的运算规则学习需要的样例较多。这可能是因为，在简单和比较简单的规则学习中，由于规则简单明了，所以，学习者用较少的样例就能够发现和学会使用规则。而在较难的规则学习中，由于规则比较复杂，所以，学习者需要经过对多个样例进行比较，才能正确地总结和概括出可运用的规则。

4. 研究的教育意义

样例学习是学生有效自主学习的重要方式之一。对于学生来说，样例学习体现了学生学习的自主性和有效性。自主性表现为学生可以通过自己独立阅读教材中的样例来发现、总结和概括知识，这种学习过程就是自主学习能力提高的过程。样例学习的有效性被实验所证实。学生之所以可以通过样例进行自主而有效的学习，主要是因为样例中蕴涵着某种规则知识和规则的具体运用程序，学生可以通过对样例的解题步骤和规则具体运用程序的观察和思考，整合出蕴涵在其中的规则，并学会规则的具体运用。

在教材中或在课堂教学中，科学而合理的设计和安排样例是促进学生自主学习，提高学习效果的重要措施。我们的研究探讨了运算步骤标记在小学生四则混合运算规则样例学习中的促进作用，探讨了运算步骤标记的促进作用与运算规则样例学习难易程度的关系，探讨了运算规则样例学习的难易程度与所需样例数量的关系。这些研究结果可以为教材的样例设计和编排，为教师在课堂教学中样例的设计、选择和呈现样例的数量提供参考。

（五）结论

多数二年级小学生可以通过样例学会"小括号"和"中括号"四则混合运

算规则，但多数二年级小学生难以通过样例学会"无括号"四则混合运算规则。

运算步骤标记对二年级小学生学习较难的"无括号"四则混合运算规则和在一个样例下学习"中括号"四则混合运算规则有明显的促进作用，但对学习较简单的"小括号"四则混合运算规则和在两个或两个以上样例下学习"中括号"四则混合运算规则的促进作用不明显。

二年级小学生学习不同难度的四则混合运算规则所需样例的数量不同。在有运算步骤标记的情况下，多数学会简单的"小括号"和比较简单的"中括号"四则混合运算规则的被试只需 1 个样例，而在学会较难的"无括号"四则混合运算规则的被试中多数需要 3 个样例。在无运算步骤标记的情况下，多数学会"小括号"四则混合运算规则的被试只需 1 个样例，多数学会"中括号"四则混合运算规则的被试需要 1 至 2 个样例，而学会"无括号"四则混合运算规则的被试需要 3 至 4 个样例。

作者：张奇（通讯作者），林洪新。发表于《心理学报》，2005 年第 37 卷第 6 期，784 – 790 页。

二、小学生"去括号"运算规则的样例学习

　　为了考察小学生样例学习能力的发展和完整与不完整样例以及样例分类作业对样例学习效果的影响，作者采用完整和不完整样例以及"不完整样例—分类"三种学习作业，对270名3~5年级小学生学习"去括号"运算规则的效果进行了实验研究。结果表明：小学生"去括号"运算规则样例学习的能力随年级的增长而提高；样例分类作业对小学生学习"去括号"运算规则具有促进作用；不同类型的样例对学习不同难度的"去括号"运算规则的学习效果不同。

（一）问题

　　Halabi 和 Tuovinen 等人用计算机向学生呈现会计学规则的样例，然后要求他们解决一些财会问题，结果显示，学生能够通过分析样例学会使用会计学规则。但是，Carroll 在实验中给学生呈现关于数学方程的样例，结果显示，只有数学成绩高的被试能够概括出样例中的规则并解决相似的问题，而数学成绩低的被试却难以概括出其中的规则和解决相似的问题。张奇和林洪新给二年级小学生呈现四则混合运算规则的样例，结果发现，大部分被试可以通过样例学会"小括号"和"中括号"四则混合运算规则，但大部分被试难以通过样例学会"无括号"四则混合运算规则。分析其原因，规则的样例学习效果可能与学生的样例学习能力有关。我们预期小学生通过样例学习"去括号"运算规则的能力将随着年级的增长而提高。

　　知识的分类能够促进知识的理解与掌握。Johnson 在研究分类学习时发现，学生先前所进行的分类任务会促进后续任务的完成。Ross 和 Kennedy 的研究发现，学生在测验过程中经常会对测题做出分类，然后从记忆中提取与测题类别有关的样例来解决这类问题。Jeffrey 和 Roger 研究发现，人们在熟练地掌握了刺激的分类之后，如果进行相似的作业，他们就会从记忆中提取相似的刺激对新刺激进行分类。Quilici 和 Mayer 认为，在样例学习过程中，学生会根据样例的特征对问题进行分类，而且，这种分类依据的是样例的结构特征而非表面特征。既然分类可以促进知识的学习，那么在运算规则的样例学习中，对样例进行分类是否也能够提高小学生运算规则的学习成绩呢？根据已往的研究结果，我们

预期样例分类作业能够提高小学生"去括号"运算规则的样例学习成绩。

不完整样例又称"完成任务"（completion task）式样例。Van Merriënboer 和 Krammer 认为完整样例不能够完全集中学生的注意力，从而导致样例学习效果下降。而完成任务式样例只呈现样例的起始状态、目标状态和部分解题步骤，学生需要自己解答删除的解题步骤，这可以提高学生的注意力，从而提高样例学习的效果。Renkl 和 Atkinson 等人在实验中证实了这一观点。Renkl，Stark 和 Gruber 等人所做的一个实验表明，不完整样例的学习效果要比完整样例的学习效果好。但 Pass 在以 16~18 岁的中学生为被试的研究中发现，在完整样例和不完整样例的条件下，被试的错误数量之间不存在显著差异。Renkl、Atkinson 和 Pass 等人的研究给我们提出了一个问题，即为什么在 Renkl 和 Atkinson 的实验结果中，不完整样例的学习成绩要好于完整样例的学习成绩，而在 Pass 等人的实验结果中，完整样例与不完整样例的学习成绩之间不存在显著差异呢？我们认为，完整与不完整样例的学习效果可能受运算规则的难度和学习者样例学习能力的制约。此外，不完整样例和样例分类作业都可以提高学生对样例的注意，那么，将不完整样例与样例分类作业相结合（不完整样例—分类）是否能进一步提高学生样例学习的成绩呢？

综合以上分析，我们提出的实验假设是：第一，小学生"去括号"运算规则的样例学习能力将随着年级的增长而提高；第二，样例分类作业能够提高小学生学习"去括号"运算规则的成绩；第三，在学习不同难度的"去括号"运算规则时，完整样例、不完整样例和"不完整样例—分类"三种样例的学习效果不同。为验证上述假设，做了如下实验研究。

（二）方法

1. 被试

从一所城市普通小学的三、四、五年级学生中通过"前测"各选取 90 名被试，男女生各半，共 270 名被试。根据被试最近一次数学期末考试成绩将他们分为高、中、低三组，对各组被试进行编号，将他们随机分派到完整样例组、不完整样例组和不完整样例—分类组。

2. 实验设计

我们采用了 3（年级）×3（样例类型）×4（规则类型）三因素混合实验设计：年级分为 3 个年级。样例分为完整样例、不完整样例和不完整样例—分类三种类型：完整样例包括"去括号"运算题的具体步骤和运算结果；不完整样例只呈现部分运算符号和运算结果；不完整样例—分类与不完整样例完全相同，只是要求被试在样例学习前进行样例分类作业，即根据规则类型对样例进行分类，然后再学习不完整样例。"去括号"规则的具体应用类型分为"正正题""正负题""负正题""负负题"四种：正正题是指括号内和括号外的运算符号均为"＋"号；正负题是指括号外的运算符号为"＋"号，括号内的运算符号为"－"号，正正题和正负题又统称为"正号题"；负正题是指括号外的运算符号为"－"号，括号内的运算符号为"＋"号；负负题是指括号内和括号外的运算符号均为"－"号，负正题和负负题又统称为"负号题"。实验以后测成绩为因变量来考察小学生"去括号"运算规则的样例学习效果。

3. 实验材料

实验材料包括前测材料、样例材料、练习材料和后测材料四种。

①前测材料：用于筛选被试，每种规则类型题 2 个，共 8 个题。在前测中不能正确填写去括号后运算式中的运算符号的小学生作为正式实验的被试。

②样例材料：四种类型运算规则的样例各 2 个。样例又分为完整样例和不完整样例 2 种。

③练习材料：练习题与前测题的数值不同，其余完全相同。

④后测材料：后测题共包括 10 个，前 8 个后测题与前测题完全相同，最后 2 个后测题为代数运算题。

在实验中，每种实验材料的 8 个题目在一张纸上呈现。

4. 实验程序

实验在安静的教室内分组进行，每组 6 人。

实验按下列程序进行：

主试向被试呈现前测材料。要求被试填写去除括号后运算式中的运算符号（"＋"号或者"－"号）。只有前测中不能正确填写去括号后运算式中的运算符号的小学生作为正式实验的被试。

在样例学习过程中，被试按完整样例组、不完整样例组和不完整样例—分类组分别进行实验。

每组被试的实验步骤如下：

在完整样例组，首先向被试呈现 8 个完整样例，指导语是："下面是 8 个去括号算术题的例题，请你认真观察和思考，尽量看懂它。当你看懂后，就向老师举手示意。"待被试举手示意后，主试收回样例。然后，给被试呈现 8 个练习题，指导语为："请你试着做下面的试题。只需在等式右边的数字之间填上适当的"＋"号或者"－"号，不需要算出结果，不限时间，准确为好。"待被试做完练习题后，再给被试呈现 8 个测验题，指导语与练习题指导语相同。被试每准确填写出一个运算式中的运算符号，记 1 分，每种类型规则的最高成绩和代数题的最高成绩均为 2 分。不完整样例组的实验步骤与完整样例组的实验步骤完全相同。

在不完整样例—分类条件下，首先向被试呈现 8 个不完整样例题，指导语是："下面是 8 个去括号算术题的例题，请你认真观察和思考，并尽量看懂它。然后把它们分成四类，将同一类的两个例题用线连起来。划好线后请向老师举手示意。"待被试举手示意后，主试收回样例。然后给被试呈现 8 个练习题，其余实验步骤与完整样例组和不完整样例组的实验步骤完全相同。在不完整样例—分类条件下，主试对被试的样例分类作业进行记分，被试每连对一条线记 1分，分类作业的最高成绩为 4 分。

（三）结果

1. "去括号"运算规则样例学习成绩的年级差异分析

将各年级被试四种"去括号"运算规则样例学习的成绩及 F 检验结果列于表 2 – 1。

表 2 – 1　三个年级的平均成绩（M ± SD）与 F 值

规则类型	三年级	四年级	五年级	F (2, 267)
正正题	1. 278 ± 0. 704	1. 656 ± 0. 603	1. 967 ± 0. 181	36. 074***
正负题	1. 000 ± 0. 687	1. 589 ± 0. 616	1. 878 ± 0. 329	56. 282***
正号题	2. 278 ± 1. 170	3. 244 ± 1. 063	3. 844 ± 0. 364	64. 027***
负正题	0. 522 ± 0. 691	1. 056 ± 0. 770	1. 267 ± 0. 804	23. 153***
负负题	0. 378 ± 0. 696	0. 811 ± 0. 792	1. 056 ± 0. 826	17. 732***
负号题	0. 900 ± 1. 255	1. 867 ± 1. 334	2. 322 ± 1. 413	26. 619***
数字题	3. 178 ± 2. 102	5. 111 ± 1. 757	6. 167 ± 1. 501	63. 567***
代数题	0. 233 ± 0. 520	1. 022 ± 0. 719	1. 444 ± 0. 602	88. 787***
总分	3. 411 ± 2. 485	6. 133 ± 2. 255	7. 611 ± 1. 924	81. 913***

注：*** $p < 0.001$。

由表2-1可见，正正题、正负题、正号题、负正题、负负题、负号题、数字题、代数题和总分成绩的年级差异显著。事后检验结果也表明所有测题的成绩均存在显著的年级差异。

2. 样例分类作业对样例学习的促进作用分析

（1）样例分类作业成绩与样例学习成绩的相关分析

将不完整样例—分类组的三个年级被试的样例分类作业成绩、后测总成绩和相关系数列于表2-2。

表2-2　分类作业成绩与后测成绩的相关（M±SD）

年级	分类成绩	后测成绩	r
三年级	1.370 ± 1.497	3.411 ± 2.485	0.628**
四年级	1.600 ± 1.329	6.133 ± 2.255	0.422*
五年级	1.970 ± 1.712	7.611 ± 1.924	0.628**
总体	1.640 ± 1.524	5.719 ± 2.826	0.535**

注：$^*p < 0.05$；$^{**}p < 0.01$。

Pearson 相关分析结果显示：三个年级被试的样例分类作业成绩与样例学习成绩均有显著的正相关；全体被试的样例分类作业成绩与样例学习成绩有显著的正相关。

（2）样例分类作业成绩与样例学习成绩的回归分析

以样例分类作业成绩为自变量，以样例学习成绩为因变量进行一元线性回归分析。分析结果显示，各个年级被试的样例学习成绩都与样例分类作业成绩建立了线性回归方程：3 年级的回归方程是样例学习成绩 = 2.088 分类作业成绩（$R^2 = 0.667$），4 年级的回归方程是样例学习成绩 = 2.766 分类作业成绩（$R^2 = 0.664$），5 年级的回归方程是样例学习成绩 = 2.682 分类作业成绩（$R^2 = 0.686$），总体被试的回归方程是样例学习成绩 = 2.538 分类作业成绩（$R^2 = 0.662$）。

3. 不同类型样例学习四种运算规则的效果差异分析

（1）四种运算规则样例学习成绩的差异分析

将不同"去括号"运算规则的样例学习成绩之间做配对样本的 t 检验，结果见表2-3。

表2-3 不同规则学习成绩之间的差异

规则类型	t	df	p
正正题—正负题	3.945	269	0.000
正负题—负正题	10.278	269	0.000
负正题—负负题	4.413	269	0.000
正号题—负号题	16.324	269	0.000

表2-3的t检验结果显示:正正题的成绩与正负题的成绩差异显著;正负题的成绩与负正题的成绩差异显著;负正题的成绩与负负题的成绩差异显著;正号题的成绩与负号题的成绩差异显著。这表明,对于四种不同的"去括号"运算规则,负负题的学习难度最大,其次为负正题,正负题的学习难度较小,正正题的学习难度最小;正号题的学习难度小于负号题的学习难度。

(2) 不同类型样例的学习成绩差异分析

分别以各种类型"去括号"规则样例学习的后测平均成绩为因变量,以组别为因素变量进行One-Way ANOVA分析,分析结果见表2-4。

表2-4的分析结果显示:三年级被试的正正题、正负题、负正题和正号题成绩存在显著的组别差异;负负题与负号题成绩不存在显著的组别差异。事后检验结果显示:完整样例组与不完整样例组的正正题、正负题和正号题成绩差异显著;完整样例组和不完整样例—分类组的负正题成绩差异显著;不完整样例组和不完整样例—分类组的正正题、正负、负正题和正号题成绩差异显著。

四年级被试的正正题、负正题和正号题成绩存在显著的组别差异;其余题的组别差异不显著。事后检验结果显示:完整样例组与不完整样例组、完整样例组和不完整样例—分类组在正正题、负正题和正号题上的成绩没有显著差异;不完整样例组和不完整样例—分类组在正正题、负正题和正号题上的成绩差异显著。

五年级被试的正正题、负正题和负号题成绩存在显著的组别差异;其余题的组别差异不显著。事后检验结果显示:完整样例组与不完整样例组的正正题成绩差异显著;完整样例组与不完整样例—分类组在正正题、负正题和负号题上的成绩差异不显著;不完整样例组和不完整样例—分类组在正正题、负正题和负号题上的成绩差异显著。

表 2 - 4　三种实验条件下各种规则学习的后测成绩与 F 值

年级	规则	完整样例	不完整样例	不完整样例—分类	F (2, 87)
三年级	正正题	1.300 ± 0.702	0.933 ± 0.691	1.600 ± 0.563	7.787***
三年级	正负题	1.100 ± 0.607	0.633 ± 0.615	1.267 ± 0.691	7.917***
三年级	负正题	0.333 ± 0.606	0.400 ± 0.621	0.833 ± 0.747	5.058**
三年级	负负题	0.467 ± 0.776	0.200 ± 0.610	0.467 ± 0.681	1.482
三年级	正号题	2.400 ± 1.133	1.567 ± 0.935	2.867 ± 1.074	11.787***
三年级	负号题	0.800 ± 1.243	0.600 ± 1.133	1.300 ± 1.317	2.565
四年级	正正题	1.700 ± 0.596	1.433 ± 0.679	1.833 ± 0.461	3.629*
四年级	正负题	1.533 ± 0.681	1.467 ± 0.681	1.767 ± 0.430	2.005
四年级	负正题	0.967 ± 0.765	0.867 ± 0.776	1.333 ± 0.711	3.209*
四年级	负负题	0.733 ± 0.828	0.967 ± 0.765	0.733 ± 0.785	0.866
四年级	正号题	3.233 ± 1.073	2.900 ± 1.242	3.600 ± 0.724	3.431*
四年级	负号题	1.700 ± 1.466	1.833 ± 1.289	2.067 ± 1.258	0.575
五年级	正正题	2.000 ± 0.000	1.900 ± 0.305	2.000 ± 0.000	3.222*
五年级	正负题	1.800 ± 0.407	1.933 ± 0.254	1.900 ± 0.305	1.342
五年级	负正题	1.267 ± 0.740	0.900 ± 0.960	1.633 ± 0.490	7.084***
五年级	负负题	0.867 ± 0.860	1.100 ± 0.845	1.200 ± 0.761	1.295
五年级	正号题	3.800 ± 0.407	3.833 ± 0.379	3.900 ± 0.305	0.580
五年级	负号题	2.133 ± 1.383	2.000 ± 1.576	2.833 ± 1.147	3.157*

注:*$p < 0.05$;**$p < 0.01$;***$p < 0.001$。

（四）讨论

1. 关于小学生运算规则样例学习能力的发展

以前，关于小学生运算规则样例学习能力的发展研究较少。我们的实验结果发现，三至五年级小学生的后测成绩之间呈现明显的上升趋势，年级越高，后测成绩越好。这表明小学生"去括号"运算规则的样例学习能力随着年级的增长而提高。"去括号"运算规则的样例学习能力是一种综合能力，它涉及小学生的阅读能力、理解能力、记忆能力、数字和符号运算能力以及数量关系的分析、综合、抽象、概括等诸种认知能力。小学生样例学习能力的发展表明了小学生的综合能力是不断发展的。考察小学生样例学习能力的发展原因应该对其学习能力结构及其发展进行综合考察，因此，样例学习的能力结构及其发展应是今后研究的一个重要课题。

2. 关于分类作业在运算规则样例学习中的促进作用

以前，关于样例分类的研究较少。我们的实验结果表明，样例分类作业与小学生的"去括号"运算规则样例学习成绩之间存在线性因果关系，即小学生在分类作业上的成绩越好，他们的后测得分也越高，样例分类作业对小学生"去括号"运算规则的样例学习有明显的促进作用。在样例学习过程中，小学生首先要进行样例分析，找出每个样例的表面特征和结构特征，从而得出同一类样例的结构特征，即样例中所隐含的运算规则。样例分类作业明确了小学生的样例学习目标，即找出样例的结构特征。因此，在对样例进行分类过程中，小学生会降低对样例表面特征的注意，加大对样例结构特征的注意与理解，从而更容易发现样例中所隐含的"去括号"运算规则，提高了"去括号"运算规则的样例学习效果。

3. 关于各种类型样例的学习效果

实验结果显示，在学习简单的"去括号"运算规则（例如，五年级小学生学习正号题）和较难的"去括号"运算规则（例如，三年级和四年级小学生学习负号题）时，完整样例、不完整样例和不完整样例—分类的学习成绩之间没有显著差异；在学习中等难度的"去括号"运算规则时，不完整样例—分类的学习成绩最好，完整样例的学习成绩次之，不完整样例的学习成绩最低。在简单的"去括号"运算规则的样例学习中，由于运算规则比较简单，小学生独自思考就能学会和发现其中的运算规则，所以其学习效果不受样例类型的制约。在学习较难的"去括号"运算规则时，由于运算规则过难，学生即使再努力也无法发现其中的规则，因此，其学习效果也不受样例类型的制约。在中等难度的"去括号"运算规则样例学习中，由于运算规则具有一定难度，因此样例类型会影响运算规则的样例学习效果。在中等难度运算规则的样例学习过程中，不完整样例—分类的学习效果最好，这可能是因为样例分类作业增加了小学生对样例的观察、分析和理解，使得他们的注意力更加集中在样例的结构特征上，促进了他们对运算规则的分析、理解和概括，从而提高了运算规则的样例学习效果；完整样例的学习效果次之，这可能是因为在完整样例学习过程中，小学生会将注意力集中在样例表面特征的学习与模仿上，从而减少了对样例结构特征的注意与理解，因此，其学习效果有所下降。不完整样例由于删除了部分运算步骤，即使小学生对其结构特征给予了较多的观察与注意，由于没有及时的结果反馈，因此，他们在学习过程中无法确定样例中所隐含的运算规则，所以，也无法正确地运用运算规则。结果表明，对各种类型样例的学习效果不能简单地下结论，要考虑样例学习任务的难易程度。也就是说，样例学习的效果不仅受样例类型的影响，还受样例学习任务难易程度的制约。因此，在样例教学设计中，教师要根据样例学习任务的难易程度选择适当的样例类型。

（五）结论

三至五年级小学生"去括号"运算规则的样例学习能力随着年级的增长而增高。样例分类作业对小学生"去括号"规则的样例学习具有明显的促进作用。不同类型样例的学习效果不同。在学习简单的和较难的运算规则时，完整样例、不完整样例和不完整样例—分类三种类型样例的学习效果不存在显著差异；在学习中等难度的运算规则时，不完整样例—分类条件下的学习效果最好，其次为完整样例的学习效果，不完整样例的学习效果较差。

作者：张奇（通讯作者），郭菲菲。发表于《心理科学》，2008年第31卷第1期，70-74页。

三、小学生代数运算规则的样例学习

采用完整或不完整样例，对 180 名六年级小学生用样例学习两种代数运算规则进行了实验研究。结果显示：多数被试难以学会"平方差"运算规则，只有少数被试学会了"完全平方和"运算规则；反馈对不完整样例的学习效果有促进作用；用不完整样例学习难度不同的规则，其效果不同；在无反馈条件下，完整样例的学习效果都好于不完整样例；在有反馈的情况下，只有删除一步运算步骤样例的学习效果比完整样例的学习效果好。

（一）问题

样例学习是学生通过对样例的自主观察和思考获得知识的过程。Carroll 在实验中根据数学成绩将高中生分为高分组和低分组，然后，给他们呈现关于线性方程（linear equation）的样例。结果显示，高分组被试很快能够概括出其中的规则并解决相似的问题，但低分组被试却难以概括出其中的规则和解决相似的问题。Renkl 在实验中给大学生被试呈现概率计算的样例，然后，要求他们解决一些概率计算题，结果显示被试能够通过分析样例发现和学会使用规则。张奇等人以二年级小学生为被试，在实验中给他们呈现四则混合运算规则的样例，然后通过测验对被试样例学习的效果进行考察，结果显示，多数被试可以通过样例学会"小括号"和"中括号"四则混合运算规则。这些研究都是用具体的运算样例，使被试学会运算规则。然而，通过代数运算样例，学习代数运算规则的专门研究还很少见。高年级小学生是否可以通过代数运算样例发现和学会使用规则呢？对这个问题，目前还没有研究报告。为回答此问题，我们根据以往的研究经验，预期部分小学生在掌握了平方概念的基础上，通过"平方差"和"完全平方和"的运算样例，可能学会"平方差"和"完全平方和"代数运算规则。

目前，在样例学习的研究中，关于完整样例和不完整样例的学习效果存在着两种不同的实验结果。一种是完整样例与不完整样例的学习效果不存在显著差异，以 Pass 的研究为主要代表；另一种是不完整样例的学习效果明显好于完整样例的学习效果，以 Stark 等人的研究为主要代表。Pass 的研究最早涉及对完整样例与不完整样例学习效果的比较。他以 16～18 岁的中学生为被试，以基础统计学中的均数、中数和众数计算为实验材料。实验分三个阶段：①概括介绍阶段：主要介绍均数、中数和众数的概念和计算方法。②具体学习阶段：12 个题分四组呈现，呈现顺序依次为 3 个均数题、3 个中数题和 3 个众数题。③测验阶段：测验题包括近迁移测验题和远迁移测验题各 12 个，共 24 个题。近迁移测验题与具体学习阶段所用的样例题的数值不同，但解题步骤相同；远迁移测验题与具体学习阶段所用的样例题的数值和解题步骤都不同。实验结果显示，无论在近迁移测验上还是在远迁移测验上，完整样例条件下和不完整样例条件下被试的错误数量之间不存在显著差异。而 Stark 却认为，在样例中适当删掉某个或某几个"运算步骤"能够促进学生思考下一个解题步骤，加强对样例的自我解释，提高样例学习的成绩。由此，他对完整样例与不完整样例之间的学习效果进行了比较研究。Stark 的研究以大学生为被试，以统计学中的概率计算为实验材料。实验包括两组：不完整样例组和完整样例组。不完整样例的一些解题步骤被删掉，代之以要求被试回答的"提问"，即要求被试报告出删除部分的解题步骤。在被试报告了删除部分的解题步骤之后，主试对他们报告的答案给予反馈，即告诉被试正确的答案。完整样例的解题步骤完整。测验包括近迁移测验、中等迁移测验和远迁移测验。结果显示，在近迁移和中等迁移测验上，不完整样例组的成绩要显著高于完整样例组的成绩，而在远迁移测验上，两组的成绩之间不存在显著差异。随后，Renkl 和 Atkinson 对完整样例与不完整样例的学习效果进行了深入的研究。他们的研究同样以大学生为被试，以统计学中的概率计算为实验材料。实验包括两种条件：样例—问题条件、逐渐删除步骤（fading procedure）条件。在样例—问题条件下，主试首先向被试呈现 1 个计算概率问题的样例，然后呈现 1 个相关的练习题，要求被试看懂样例后独立解决这个练习题。在逐渐删除步骤条件下，共呈现 4 个题，第 1 个题是一个完整的样例，第 2 个题是删除了第一步解题步骤的不完整样例，第 3 个题是删除了前两步解题步骤的样例，第 4 个题将三个解题步骤全删除。测验题包括 6 个近迁移测验题和 6 个远迁移测验题。结果显示，在近迁移测验上，逐渐删除步骤条件下的被试成绩显著高于样例—问题条件下的被试成绩；而在远迁移测验上，两种条件下被试的成绩之间差异不显著。

　　Pass、Stark 和 Renkl 等人的研究给我们提出一个问题，即为什么在 Pass 的实验结果中，完整样例与不完整样例的学习使被试的近迁移测验成绩之间不存在显著差异，而在 Stark 和 Renkl 等人的实验结果中，不完整样例学习条件下被试的近迁移测验成绩显著高于完整样例学习条件下的测验成绩呢？我们认为，完整样例与不完整样例的学习效果可能受多种因素的影响，比如：不同运算规则的学习难度可能不同，不同实验中远、近迁移测题的难度可能不同，删除的步骤可能不同，样例中删除步骤的数量可能不同，有、无反馈的效果可能不同，等等。上述 3 个实验所学习的规则不同、测题难度不同、实验条件不同，所以，得出不同的结果是完全有可能的。要想回答这个问题，必须把所学规则的难度、有无反馈条件、不完整样例删除的步骤及数量等因素放在一起考虑和验证。由此，我们做了如下可能性分析：用删除了运算步骤的不完整样例学习较难的运算规则，其效果可能较差；而用它学习比较简单的运算规则，其效果可能较好；在有反馈的条件下使用不完整样例，学习的效果可能比无反馈条件下的好；删除了较少运算步骤的样例学习效果可能比删除较多运算步骤的样例学习效果好。

根据上述分析，我们提出的研究假设是：根据以前的研究，假设高年级小学生可能通过样例学会"平方差"和"完全平方和"代数运算规则；有、无作业反馈可能对不同类型的不完整样例的学习效果产生不同的影响；不同类型的不完整样例可能对不同代数运算规则的样例学习效果有不同的影响；删除了不同数量运算步骤的样例，其学习效果可能也不同。

（二）方法

1. 被试

从一所城市普通小学的六年级学生中选出 180 名被试，男生 98 名、女生 82 名。对被试编号，并将他们随机分派到完整样例组、无作业反馈不完整样例的 4 个组和有作业反馈不完整样例的 4 个组。

2. 实验设计

实验的目的是考察六年级小学生在掌握了平方概念的基础上，能否通过样例学会"平方差"和"完全平方和"代数运算规则。为了验证在同样的不完整样例条件下，有、无作业反馈对样例学习的效果的影响、删除不同运算步骤的样例对学习不同的代数运算规则的影响，以及样例删除运算步骤的数量对学习效果的影响这三个假设，我们采用 5（样例类型）×2（有、无作业反馈）×2（规则类型）的三因素混合实验设计：样例类型首先分为完整样例和不完整样例两种。完整样例列出完整的运算步骤，不完整样例删除了部分运算步骤，除此之外，二者完全相同。不完整样例分为删除一步运算步骤的样例和删除两步运算步骤的样例，删除一步运算步骤的样例又分为删除第一步运算步骤的样例（简称"删除首步的样例"）和删除中间一步运算步骤的样例（简称"删除中间步的样例"），删除两步运算步骤的样例又分为删除第一步和中间步两步运算步骤的样例（简称"删除首、中步的样例"）与删除第一步和最后一步两步运算步骤的样例（简称"删除首、尾步的样例"）两种。指派到完整样例组的被试学习完整的样例；指派到不完整样例组的被试分别学习各种不完整的样例，并尝试回答删除掉的运算步骤。在不完整样例组内又分有、无作业反馈两种条件：在无作业反馈条件下，主试对被试报告的运算步骤不给予任何反馈；而在有作业反馈条件下，主试对被试的报告给予正确的反馈。规则类型分为两种："平方差"代数运算规则（其运算步骤为三步：第一步是增添同类项，第二步是提取公因式，第三步也是提取公因式）与"完全平方和"代数运算规则（其运算步骤为四步：第一步是平方的运用，第二步是打开一个括号，第三步是打开另一个括号，第四步是合并同类项）。每种难度的代数运算样例各2个。为了考察被试样例学习的效果，每种代数运算规则采用2个近迁移测验题和2个远迁移测验题作为后测题：近迁移测验题与样例的运算结构相同，但字母不同；远迁移测验题与样例的运算结构和字母都不同。以学会每种运算规则的人数为因变量，来考察六年级小学生"平方差"和"完全平方和"代数运算规则的样例学习效果。

3. 实验材料

实验材料包括前测材料、样例材料、练习材料和测验材料四种。

①前测材料（即前测题）：用于筛选被试，共有3个题，第1题是一位数字的平方运算题，第2题是"平方差"代数运算题，第3题是"完全平方和"代数运算题。在前测中能够正确计算出第1个题，而不能正确计算出后两个题的六年级小学生作为正式实验的被试。

②样例材料（即样例题）："平方差"代数运算规则样例和"完全平方和"代数运算规则样例各2个。样例又分为完整样例和不完整样例两种。不完整样例又分为4种。

③练习材料（即练习题）：与每种代数运算规则样例对应的练习题2个。练习题是与每种规则的样例完全相同的题目。

④后测材料（即后测题）：后测题包括"平方差"代数运算规则测验题和"完全平方和"代数运算规则测验题各4个。其中，前2个题是近迁移测验题（与样例字母不同，运算结构相同）；后2个题是远迁移测验题（与样例字母不

同，运算结构也不同）。

前测实验中的 3 个题同时在一张纸上呈现。在正式实验中，以 10×12cm 大小的卡片同时呈现每种代数运算规则的 2 个样例，字体为三号宋体"加黑"。

4. 实验程序

实验在安静的室内分组进行，每组 4 人。

实验按下列程序进行：

主试首先向被试呈现前测题，能够正确计算出第 1 题，但不能正确计算出后 2 个题的被试直接进行正式实验。否则不能作为正式被试。

在正式实验中，被试按完整样例组、无作业反馈不完整样例 4 个组和有作业反馈不完整样例 4 个组分别进行实验。每个被试在正式实验中，都要先后进行两种代数运算规则的样例学习实验。两种规则样例学习的实验顺序是随机的。

每种运算规则样例学习的实验步骤是：

在完整样例条件下，主试首先向被试同时呈现一种代数运算规则的 2 个样例，指导语是："请你认真观察和思考这两个例题，尽量看懂并记住它的运算步骤。如果你看懂并记住了它的运算步骤，请向我举手示意。"被试学习样例（即观察和思考样例）的时间最多 4 分钟。待被试举手示意或时间满 4 分钟后，主试收回样例。然后给被试呈现 2 个练习题，指导语为："请你计算这 2 个题，不限时间，计算准确为好。"待被试计算完练习题后，给被试呈现 4 个测验题，指导语与练习题指导语相同。如果被试准确计算出 2 个近迁移测验题，且步骤正确，则认为该被试学会了该代数运算规则并产生了近迁移；如果被试准确运算出 2 个远迁移测验题，且步骤正确，则认为该被试学会了该代数运算规则并产生了远迁移。休息 2 分钟后，进行另一种代数运算规则的样例学习实验，实验过程与前一种代数运算规则样例学习的实验程序相同。

无作业反馈不完整样例条件下的 4 个组与完整样例条件下 4 个组的实验程序除指导语之外，其余完全相同。无作业反馈不完整样例学习的指导语是："请你认真观察和思考这 2 个例题，认真思考删除掉的运算步骤是什么，如果你知道了删除掉的运算步骤，请把它告诉我，请向我举手示意。"

有反馈不完整样例条件与无反馈不完整样例条件的实验程序除了有作业反馈之外，其余完全相同。在有反馈的条件下，待被试学习完样例后，主试对被试报告的运算步骤给予正确的反馈，即给出正确的运算步骤，然后进行练习。

在实验过程中，主试分别记录完整样例组、无反馈不完整样例 4 个组和有反馈不完整样例4个组被试学会两种代数运算规则的人数，并用 SPSS for Windows 11.5 建立数据文件，进行统计分析。

（三）结果

1. 代数运算规则样例学习的通过率分析

将完整样例组、无反馈不完整样例 4 个组和有反馈不完整样例 4 个组被试学会两种代数运算规则的人数及通过率列于表 3 – 1。

表 3 – 1　学会两种代数运算规则的人数及通过率（%）

组别	n	平方差		完全平方和	
		近迁移通过率	远迁移通过率	近迁移通过率	远迁移通过率
完整样例组（无反馈）	20	35	0	50	5
无反馈删除首步组	20	10	0	25	0
无反馈删除中间步组	20	5	0	30	0
无反馈删除首中步组	20	0	0	20	0
无反馈删除首尾步组	20	5	5	20	0
有反馈删除首步组	20	45	5	85	5
有反馈删除中间步组	20	50	10	80	10
有反馈删除首中步组	20	15	5	50	5
有反馈删除首尾步组	20	10	5	50	0
全体平均	180	19.4	3.3	45.6	2.8

注：n 为小组被试人数。

为考察学习"平方差"和"完全平方和"两种代数运算规则的效果，对学习两种代数运算规则的平均通过率进行 χ^2 检验。检验结果显示，在近迁移测验上，全体被试学习"平方差"运算规则的未通过率达到显著水平，$\chi^2 = 67.222$，$df = 1$，$p < 0.001$；全体被试学习"完全平方和"代数运算规则的通过率不显著，$\chi^2 = 1.422$，$P > 0.05$，有反馈删除首步组和有反馈删除中间步组学习"完全平方和"代数运算规则的通过率显著，$\chi^2 = 9.800$，$df = 1$，$p < 0.01$，$\chi^2 = 7.200$，$p < 0.01$。在远迁移测验上，学习"平方差"代数运算规则的未通过率达到显著水平，$\chi^2 = 160.556$，$df = 1$，$p < 0.001$；学习"完全平方和"代数运算

规则的未通过率达到显著水平，$\chi^2 = 160.556$，$p < 0.001$。这表明大多数六年级小学生难以通过样例学会"平方差"和"完全平方和"代数运算规则，只有部分六年级小学生可以通过样例学会"完全平方和"代数运算规则。

在近迁移测验成绩上，全体被试学习"平方差"的平均通过率与学习"完全平方和"的平均通过率差异显著（$Z = 5.830$，$p < 0.001$）。在远迁移测验成绩上，全体被试学习"平方差"的平均通过率与学习"完全平方和"的平均通过率差异不显著（$Z = 0.000$，$p > 0.05$）。

在近迁移测验成绩上，除了完整样例组、无反馈删除首步组、无反馈删除首尾步组学习"平方差"的通过率分别低于学习"完全平方和"的通过率，差异不显著（$Z = 0.905$，$p > 0.05$；$Z = 1.342$，$p > 0.05$；$Z = 1.342$，$p > 0.05$）之外；其他各组学习"平方差"的通过率分别低于学习"完全平方和"的通过率，差异显著（$Z = 2.236$，$p < 0.05$；$Z = 2.000$，$p < 0.05$；$Z = 2.828$，$p < 0.01$；$Z = 2.121$，$p < 0.05$；$Z = 2.333$，$p < 0.05$；$Z = 2.530$，$p < 0.05$）。

在远迁移测验成绩上，所有各组学习"平方差"的通过率与学习"完全平方和"的通过率差异均不显著。

2. 有或无作业反馈对用不完整样例学习两种代数运算规则效果的差异分析

将有或无作业反馈条件下被试用不完整样例学会两种代数运算规则的通过率进行非参数独立样本的 Mann – Whitney 差异检验，检验结果见表 3 – 2。

表 3 – 2　在 4 种不完整样例下学会两种规则通过率的反馈差异检验

规则类型	样例类型	近迁移			远迁移		
		无反馈	有反馈	Z	无反馈	有反馈	Z
平方差	删除首步	10	45	2.448*	5	5	0.000
平方差	删除中间步	5	50	3.147**	10	10	0.000
平方差	删除首中步	0	15	1.778	5	5	0.000
平方差	删除首尾步	5	10	0.593	5	5	0.000
完全平方和	删除首步	25	85	3.766***	0	5	1.000
完全平方和	删除中间步	30	80	3.138**	0	10	1.433
完全平方和	删除首中步	20	50	1.964	0	5	1.000
完全平方和	删除首尾步	20	50	1.964	0	0	0.000

注：*表示 $p < 0.05$；**表示 $p < 0.01$；***表示 $p < 0.001$。

表 3 - 2 的非参数差异检验结果显示，在"平方差"代数运算规则的近迁移测验题学习成绩上，有反馈条件下的被试经过删除首步和删除中间步样例学习的通过率与无反馈条件下的通过率差异显著（$Z = 2.448$，$p < 0.05$；$Z = 3.147$，$p < 0.01$）；有反馈条件下的被试经过删除首中步和删除首尾步样例学习的通过率与无反馈条件下的通过率差异不显著（$Z = 1.778$，$p > 0.05$；$Z = 0.539$，$p > 0.05$）。在"完全平方和"代数运算规则的近迁移测验题学习成绩上，有反馈条件下的被试经过删除首步和删除中间步样例学习的通过率与无反馈条件下的通过率差异显著（$Z = 3.776$，$p < 0.001$；$Z = 3.138$，$p < 0.01$）；有反馈条件下的被试经过删除首中步和删除首尾步样例学习的通过率与无反馈条件下的通过率差异不显著（$Z = 1.964$，$p > 0.05$；$Z = 1.964$，$p > 0.05$）。在"平方差"代数运算规则的远迁移测验成绩上，有反馈条件下的被试用删除首步、删除中间步、删除首中步和删除首尾步样例学习的通过率与无作业反馈条件下的通过率无差异；在"完全平方和"代数运算规则的远迁移测验题成绩上，有作业反馈条件下的被试用删除首步、删除中间步、删除首中步和删除首尾步样例学习的通过率与无作业反馈条件下的通过率差异不显著（$Z = 1.000$，$p > 0.05$；$Z = 1.433$，$p > 0.05$；$Z = 1.000$，$p > 0.05$；$Z = 0.000$，$p > 0.05$）。分析结果表明，在近迁移测验上，反馈对删除首步、删除中间步的"平方差"和"完全平方和"代数运算规则样例学习的促进作用明显，对删除首中步、删除首尾步的"平方差"和"完全平方和"代数运算规则样例学习的促进作用不明显；在远迁移测验上，反馈对不完整样例的"平方差"和"完全平方和"代数运算规则样例学习的促进作用都不明显。也就是说，在近迁移测验题上，反馈对删除运算步骤较少的样例学习促进作用明显，而对删除运算步骤较多的样例学习促进作用不明显；在远迁移测验上，反馈对代数运算规则学习的促进作用不明显。

3. 删除运算步骤对两种代数运算规则学习效果的差异分析

在有或无作业反馈条件下，用 4 种不完整样例学习两种代数运算规则的通过率及非参数检验结果见表 3 - 3。

表3-3 在4种不完整样例下学习两种规则的通过率差异检验结果

样例的类型	有反馈			无反馈		
	平方差	完全平方和	Z	平方差	完全平方和	Z
删除首步	45	85	2.828**	10	25	1.732
删除中间步	50	80	2.449*	5	30	2.236*
删除首中步	15	50	2.646**	0	20	2.000*
删除首尾步	10	50	2.828**	5	20	1.732

表3-3的非参数差异检验结果显示，在有反馈条件下，用4种不完整样例学习"平方差"运算规则的通过率分别与学习"完全平方和"运算规则的通过率差异显著（$Z=2.828$，$p<0.01$；$Z=2.449$，$p<0.05$；$Z=2.646$，$p<0.01$；$Z=2.828$，$p<0.01$）；在无作业反馈条件下，用删除首步和删除首尾步样例学习"平方差"运算规则的通过率与学习"完全平方和"运算规则的通过率差异不显著（$Z=1.732$，$p>0.05$；$Z=1.732$，$p>0.05$），用删除中间步和删除首中步样例学习"平方差"运算规则的通过率与学习"完全平方和"运算规则的通过率差异显著（$Z=2.236$，$p<0.05$；$Z=2.000$，$p<0.05$）。统计分析结果表明，删除运算步骤对不同难度代数运算规则样例学习效果的影响不同。在有作业反馈条件下，六年级小学生用不完整样例学习"平方差"代数运算规则的成绩显著低于"完全平方和"代数运算规则的成绩。在无作业反馈条件下，六年级小学生用删除首步和删除首尾步样例学习"平方差"运算规则的成绩低于学习"完全平方和"运算规则的成绩，用删除中间步和删除首中步样例学习"平方差"的成绩显著低于学习"完全平方和"的成绩。所以，一般来说，用删除了运算步骤的样例学习比较难的代数运算规则的效果较差，而用删除了运算步骤的样例学习比较简单的代数运算规则的效果较好。

4. 完整与各种不完整样例学习效果的差异分析

在完整样例和有反馈的各种不完整样例下学会两种代数运算规则的人数见图3-1。

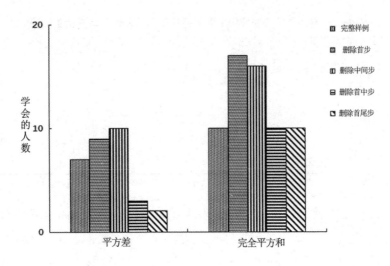

图 3-1　在完整样例和有反馈的各种不完整样例下学会两种代数运算规则的人数

为考察在完整样例（完整样例的学习不涉及反馈）和有反馈的各种不完整样例下学会两种代数运算规则的效果，分别对通过完整样例和 4 种不完整样例学会两种代数运算规则的人数作多个独立样本的非参数差异检验，检验结果显示：通过完整样例和 4 种不完整样例学会"平方差"代数运算规则的人数之间存在显著差异（$\chi^2 = 11.756$，$df = 4$，$p < 0.05$）。进一步做两个独立样本的非参数差异检验，结果显示：用完整样例学会的人数分别与用 4 种不完整样例学会的人数差异不显著（$Z = 0.637$，$p > 0.05$；$Z = 0.947$，$p > 0.05$；$Z = 1.442$，$p > 0.05$；$Z = 1.869$，$p > 0.05$）；用删除首步样例学会的人数与用删除中间步样例学会的人数差异不显著（$Z = 1.000$，$p > 0.05$）；用删除首步样例学会的人数分别与用删除首中步和删除首尾步样例学会的人数差异显著（$Z = 2.669$，$p < 0.01$；$Z = 3.067$，$p < 0.01$）；用删除中间步样例学会的人数分别与用删除首中步和删除首尾步样例学会的人数差异显著（$Z = 3.199$，$p < 0.001$；$Z = 3.559$，$p < 0.001$）；用删除首中步样例学会的人数与用删除首尾步样例学会的人数差异不显著（$Z = 0.253$，$p > 0.05$）。

用完整样例和 4 种不完整样例学会"完全平方和"代数运算规则的人数之间存在显著差异（$\chi^2 = 10.873$，$p < 0.05$）。进一步做两个独立样本的非参数差异检验，结果显示：用完整样例学会的人数分别与用删除首步和删除中间步样例学会的人数差异显著（$Z = 2.333$，$p < 0.05$；$Z = 1.964$，$p > 0.05$）；用完整样例学会的人数与用删除首中步和删除首尾步样例学会的人数无差异；用删除首步样例学会的人数与用删除中间步样例学会的人数差异不显著（$Z = 1.000$，$p > 0.05$）；用删除首步样例学会的人数分别与用删除首中步和删除首尾步样例学会的人数差异显著（$Z = 2.925$，$p < 0.01$；$Z = 2.925$，$p < 0.01$）；用删除中间步样例学会的人数分别与用删除首中步和删除首尾步样例学会的人数差异显著（$Z = 2.390$，$p < 0.05$；$Z = 2.390$，$p < 0.05$）；用删除首中步样例学会的人数与用删除首尾步样例学会的人数无差异。

在无反馈条件下，用完整样例和 4 种不完整样例学会两种代数运算规则的人数见图 3 - 2。

为考察无反馈条件下完整样例和 4 种不完整样例的学习效果，分别对用完整样例和 4 种不完整样例学会两种代数运算规则的人数做多个独立样本的非参数差异检验，检验结果显示：分别用 5 种样例学会"平方差"代数运算规则的人数之间存在显著差异（$\chi^2 = 15.573$，$df = 4$，$p > 0.01$）。进一步做两个独立样本的非参数差异检验，结果显示：用完整样例学会的人数与用删除首步样例学会的人数差异不显著（$Z = 1.869$，$p > 0.05$）；用完整样例学会的人数分别与用其他 3 种不完整样例学会的人数差异显著（$Z = 2.342$，$p < 0.05$；$Z = 2.867$，$p < 0.01$；$Z = 2.342$，$p < 0.05$）；用删除首步样例学会的人数分别与用其他 3 种不完整样例学会的人数差异不显著（$Z = 0.593$，$p > 0.05$；$Z = 1.433$，$p > 0.05$；$Z = 0.593$，$p > 0.05$）；用删除中间步样例学会的人数与用删除首中步样例学会的人数差异不显著（$Z = 1.000$，$p > 0.05$）；用删除中间步样例学会的人数与用删除首尾步样例学会的人数无差异；用删除首中步样例学会的人数与用删除首尾步样例学会的人数差异不显著（$Z = 1.000$，$p > 0.05$）。用完整样例和 4 种不完整样例学会"完全平方和"运算规则的人数之间不存在显著差异（$\chi^2 = 5.962$，$df = 4$，$p > 0.05$）。

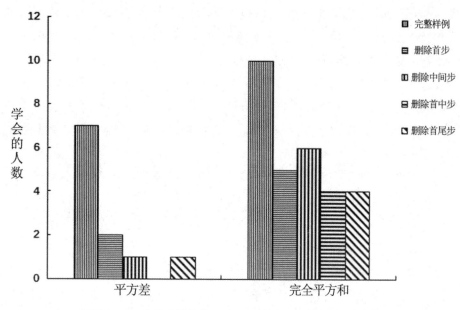

图3-2　在无反馈条件下用不同的样例学会规则的人数

　　这表明，在有作业反馈条件下，用删除首步和删除中间步样例学习"平方差"和"完全平方和"代数运算规则的成绩高于用完整样例、删除首中步和删除首尾步样例学习的成绩；在无作业反馈条件下，用完整样例学习"平方差"和"完全平方和"代数运算规则的成绩高于用不完整样例学习的成绩。也就是说，在有反馈条件下，用删除一步运算步骤的样例学习两种代数运算规则的效果最好；其次为完整样例学习的效果，在有反馈条件下，用删除两步运算步骤的样例学习两种代数运算规则的效果最差；在无反馈条件下，用完整样例学习两种代数运算规则的效果均好于用不完整样例学习两种代数运算规则的效果。

（四）讨论

1. 关于小学生代数运算规则的样例学习

　　已经有人对大、中学生用样例学习代数运算规则进行了实验研究，而没有发现小学生用样例学习代数运算规则的研究。我们采用完整和不完整两种样例，对六年级小学生用样例学习"平方差"和"完全平方和"两种代数运算规则进行了实验研究。结果显示，大多数六年级小学生被试难以用样例学会"平方差"代数运算规则；有反馈删除首步组和有反馈删除中间步组的六年级小学生被试可以用样例学会"完全平方和"代数运算规则。这说明,小学六年级学生初步具备了简单代数运算规则的学习能力,但这种能力还很低,只有恰当地呈现样例,小学生才能通过样例发现和学会其中的规则。

2. 关于反馈在样例学习中的促进作用

以前,关于作业反馈在不完整样例学习中的促进作用的研究较少。我们在实验中考察了作业反馈在不完整样例学习中的促进作用。实验结果显示,作业反馈对用删除首步和删除中间步的样例学习"平方差"和"完全平方和"代数运算规则有明显促进作用;而用对删除首中步和删除首尾步的样例学习两种代数运算规则的促进作用不明显。也就是说,作业反馈对删除首步或中步一个运算步骤样例的代数运算规则学习促进作用明显,而对删除两个运算步骤样例的代数运算规则学习促进作用不明显。这可能是因为,用删除了一个运算步骤的样例学习代数运算规则,作业反馈提高了被试对缺失的运算步骤的注意程度,增加了对缺失运算步骤的理解和掌握的时间,从而促进了学习;而在用删除了两个运算步骤的样例学习中,由于缺失的运算步骤较多,虽然也提高了被试对缺失运算步骤的注意,增加了理解和记忆运算步骤的时间,但是,由于注意、理解、记忆和掌握缺失运算步骤的认知负荷较大,即使给出了正确反馈,对那些认知负荷能力较小被试的促进作用也不大。

3. 关于代数运算规则学习的难度与删除运算步骤之间的关系

关于学习代数运算规则的难易程度与不完整样例中删除运算步骤之间关系的研究尚未见报告,至今没有明确的答案。我们的实验发现,用删除了运算步骤的不完整样例学习不同难度的代数运算规则,其学习效果不同。在有作业反馈的条件下,六年级小学生用删除了运算步骤的样例学习"平方差"代数运算规则的成绩显著低于学习"完全平方和"代数运算规则的成绩。在无作业反馈条件下,六年级小学生用删除了首步或首尾步样例学习"平方差"的成绩低于学习"完全平方和"代数运算规则的成绩;用删除了中间步或首、中步样例学习"平方差"的成绩显著低于学习"完全平方和"代数运算规则的成绩。也就是说,用删除了运算步骤的不完整样例,学习较难代数运算规则的效果较差;而用它们来学习较简单代数运算规则的效果较好。这可能是因为,在比较复杂的代数运算规则学习中,由于规则比较复杂,删除运算步骤加大了学生发现和学会使用规则的难度,妨碍了学习。而在比较简单的代数运算规则学习中,由于运算规则比较简单,被试可以推断出缺失的运算步骤,不会对掌握和使用规则产生较大的妨碍。

4. 关于完整样例与不完整样例对学习效果的影响

关于完整样例与不完整样例对学习效果的影响，Pass 的实验结果表明，完整样例与不完整样例的学习成绩之间不存在显著差异，而在 Stark 和 Renkl 等人的实验结果中，不完整样例学习条件下被试的学习成绩显著高于完整样例学习条件下的学习成绩。我们的实验结果显示，在有作业反馈的条件下，用删除首步和删除中间步样例学习两种代数运算规则的成绩高于用完整样例、删除首中步样例和删除首尾步样例的学习成绩；而完整样例的学习成绩又高于删除首、中步样例和删除首、尾步样例的学习成绩。而在无作业反馈的条件下，用完整样例学习两种代数运算规则的成绩均高于用不完整样例学习的成绩。也就是说，在有作业反馈的条件下，删除一个运算步骤的样例学习效果最好，其次为完整样例学习的效果，而删除两步运算步骤的样例学习效果最差。在无作业反馈条件下，用完整样例学习两种代数运算规则的效果明显比不完整样例效果好。概括地说，在无反馈条件下，完整样例的学习效果都好于不完整样例；而在有反馈的情况下，只有删除一步运算步骤的样例学习效果比完整样例的学习效果好。这可能是因为作业反馈和删除运算步骤的数量都是影响小学生学习代数运算规则的因素，在有作业反馈的条件下，删除一个运算步骤会促进小学生对缺失步骤的注意、理解和记忆，而被试可能又具有思考一个运算步骤的能力，加上正确的反馈，从而促进了对规则的理解和掌握，所以，比完整样例的学习效果好。而对于删除了两个运算步骤的样例，因为删除的步骤较多，被试对两个缺失步骤的认知能力有限，影响了对完整规则的学习，所以效果差。

5. 研究的教育意义

样例学习是学生有效自主学习的重要方式之一。样例学习能够提高学生学习的自主性和有效性。学生可以通过自己独立观察和思考教材中的样例来发现、总结和概括规则，从而促进他们自主学习能力的发展。同样，根据样例学习的研究成果，提出样例教学的基本原则，指导样例教学，可以提高教学效果。

在教材中或在课堂教学上，科学而合理地设计、安排和呈现样例是促进学生学习能力发展，提高学习效果的重要措施。根据实验结果，在课堂教学中要及时给学生提供作业反馈，这样可以提高代数运算规则的学习效果。根据实验结果，在让学生学习难度不同的运算规则时，要根据运算规则的难易程度不同，给学生提供删除不同运算步骤的不完整样例。具体来说，对于较难的运算规则学习任务，删除的运算步骤要少，而且要保留关键的运算步骤；而对于较简单的运算规则学习任务，删除的非关键运算步骤可以适当增多。在课堂教学、作业练习和教材编写时，也要根据运算规则学习的难易程度不同给学生提供不同的样例，学习较难掌握的运算规则要提供完整的样例，学习较简单的运算规则可以适当提供一些不完整的样例，或完整的样例与不完整的样例结合起来使用。这些建议可供教材中的样例设计与编排、教师在课堂教学中设计和提供样例时参考。

（五）结论

（1）采用完整或不完整的代数运算样例可以使部分六年级小学生学会简单的代数运算规则。

（2）采用作业反馈可以促进用不完整样例学习代数运算规则的效果。而且反馈作用的大小与样例缺失运算步骤的多少有关。作业反馈对删除了较少运算步骤的样例学习有明显的促进作用，而对删除了较多运算步骤或关键运算步骤的样例学习促进作用不明显。

（3）不完整样例的学习效果受运算规则学习难易程度的制约。用不完整的样例学习较难的代数运算规则效果较差，而学习较简单的代数运算规则效果较好。

（4）在无反馈条件下，完整样例的学习效果一般都好于不完整样例的学习效果。

作者：林洪新，张奇（通讯作者）。发表于《心理学报》，2007 年第 39 卷第 2 期，257－266 页。

四、含有新算符的代数运算规则学习的有效样例设计

为了探索含有新算符的代数运算规则学习的有效样例设计方式，分别采用"转换标记法"和"解释法"设计"指—对数转换"运算和对数运算的样例，考察了初中三年级学生代数运算规则学习的迁移效果。结果显示：采用"转换标记法"设计的样例可以明显提高"指—对数转换"规则样例学习的迁移效果；采用"解释法"设计的运算样例，能够明显促进"对数运算规则"的样例学习迁移效果，并与被试的基础知识有关。

（一）问题

早期的样例学习研究关注的是问题解决样例的学习对问题解决的促进作用。有研究发现（Cooper & Sweller, 1987），与单纯的问题解决练习相比，学习问题解决的样例能够减轻学生的认知负荷，有助于问题解决规则的学习与运用或问题解决图式的获得。在问题解决的样例学习中，如果被试不能很好地理解其中的原理和规则，就倾向于使用一般的问题解决策略（如手段—目的分析）和一些表面策略（如复制—修改策略，copy – and – adapt）（Renkl & Atkinson 2007），而这些策略往往会增加外在认知负荷，影响问题的解决。因此，在问题解决的样例学习中，如何根据具体的问题情境，掌握和运用具体的解题规则是至关重要的（Renkl, Hilbert, & Schworm, 2009）。Carroll（1994）对高中生数学样例学习的研究发现，高分组学生能够从样例中更快地概括出其中的规则并应用于问题解决中，而低分组的被试则难以进行规则的总结和相似问题的解决。Renkl（2002）的研究也发现，成功的学习者在样例学习时所经常使用的一个自我解释策略就是基于规则进行推理，即试图去确定样例中的目标结构并对达到目标的规则进行精细加工。这些样例学习的研究结果表明，问题解决样例学习的关键是能否领悟和正确运用隐含在样例中的问题解决规则。

为了帮助学生更好地领悟和运用隐含在样例中的问题解决规则，学者们已经开发出一些样例设计方法，例如：子目标编码（Catrambone, 1996；邢强，莫雷，2002；张奇，林洪新，2005）、完整与不完整的样例（Atkinson & Renkl, 2007）、样例学习的自我解释（Chi, Bassok, Lewis, Reimann, & Glaser,

1989）、正误样例的对比（Kopp，Stark，& Fischer，2008；Tsovaltzi，et al.，2010）、正误样例的组合（Große & Renkl，2007），等等。这些样例设计方法在问题解决样例的学习中发挥了一定的作用，并得到一些实验的证实。

可是，如果在数学运算样例中出现被试没有学习过的新的代数运算符号（以下简称"新算符"）时，由于被试不理解新算符的运算含义，就影响了样例学习的效果。例如，在小学生代数运算规则的样例学习研究中发现，六年级学生中只有少数被试能够学会运用"完全平方和"代数运算规则，多数被试不能学会运用"平方差"代数运算规则（林洪新，张奇，2007）。究其原因，可能是由于小学生不理解样例中所包含的代数运算符号的运算含义。

如何在运算样例中帮助学生领悟新算符的运算含义，从而掌握新的运算规则，这是样例设计中要解决的一个新课题。当然可以在新算符的旁边加上注释或说明，用来解释新算符的运算含义并说明其运算规则。但是，这样做既增加了样例学习的认知负荷，又降低了样例学习的难度，不利于学生发现能力的培养。所以，如何采用更为简捷而有效的方法设计新算符，帮助学生利用已知的运算规则领悟新算符所表示的运算规则，是一个有待探索的研究课题。张奇、万莹、林洪新和曲可佳（2012）经过对一些算符的认真分析后明确指出，任何新的或学生未知的数学运算符号都可以用学生已知的运算规则或标记来表示，并帮助学生理解新算符的运算含义。例如：a^2可以用 $a^2 = a \times a$ 来表示，这样可以帮助未学过乘方运算的学生理解 a^2 的含义，从而理解和掌握乘方运算的规则。这种新算符的样例设计方法称之为"解释法"，即用学生已知的乘法运算规则来理解未知的乘方运算符号。这种"解释法"不同于以往所采用文字解释和标注性解释，它可以直接写在运算样例中。采用"解释法"设计运算样例中的新算符能否提高样例学习的效果，需要实验的验证。

用"解释法"可以设计一些样例中的新算符，但并不是所有含有新算符的样例设计都适合解释法。例如，指—对数转换运算样例中的对数符号就很难用解释法进行设计。因此，必须开发出适应各种新算符样例学习的多种设计方法。目前开发出的新算符设计方法除了"解释法"还有"逆运算法"和"转换标记法"等。本研究的目的就是采用"转换标记法"设计指—对数转换的运算样例、采用"解释法"设计对数运算的样例，并分别考察这两种设计方法是否能够促进被试对新算符及其所隐含的运算规则的领悟和运用。

所谓"转换标记法"是从"子目标编码"发展而来的。子目标编码是 Catrambone 等人（1994，1995）提出的一种促进问题解决样例学习效果的样例设计方法。所谓"子目标编码"，最初是将问题解决样例中的每个解题步骤（子目标）采用解题顺序的编码"标记"出来，使学生更易理解每步运算的子目标以及与问题解决总目标的关系，这样做可以帮助学生更好地掌握问题的结构和解决问题各个步骤之间的关系，从而帮助他们更好地理解和运用解决问题的规则。该方法在问题解决样例的学习中收到明显效果，在二年级小学生学习四则混合运算规则等研究中也取得明显效果（Catrambone，1996；邢强，莫雷，2002；张奇，林洪新，2005）。我们进一步设想，如果在指—对数转换的运算样例中把两者的对应关系"标记"出来，可能更利于学生对转换规则的理解和掌握。其实，这种"标记"方法已经不同于"子目标编码"了。它标记的不是解题的步骤或顺序，而是转换运算的对应关系。可以把它称为"子目标编码"的发展或一种变式。该方法是否有效有待下面实验的验证。

基于上述设想，本研究以初三学生为被试，实验一考察"转换标记"在指对数转换运算规则样例学习中的有效性，实验二考察采用解释法设计的对数运算样例在对数运算规则样例学习中的迁移效果，同时考察学生的已有知识（指—对数转换规则）对其迁移效果的影响。

根据上述分析，提出以下假设：采用转换标记的样例能够促进被试对指—对数转换运算规则样例学习的迁移效果；采用解释法设计的对数运算样例，能够有效地提高被试对数运算规则样例学习的迁移成绩，且已掌握相关基础运算规则的被试其学习迁移效果优于未掌握相关规则的被试。

研究的创新意义在于，在已有样例设计方法的基础上，开发出两种新的用于设计含有新算符运算样例的方法——"转换标记法"和"解释法"，并分别在指—对数转换运算的样例学习和对数运算的样例学习中验证其学习迁移的效果，即新方法的有效性。

（二）实验一　转换标记样例对转换运算规则样例学习的促进作用

1. 实验目的

考察初三学生学习采用"转换标记法"设计的指—对数转换运算样例的迁移效果是否优于学习普通样例的迁移效果。

2. 实验方法

（1）被试选取：从某城市普通中学的初中三年级学生中通过"前测"筛选

出 120 名被试，男生 60 名，女生 60 名，将其编号随机分为 4 个样例学习组：第一组和第二组的被试学习采用"转换标记"设计的样例，第三组和第四组被试学习普通的运算样例，每组 30 人。

（2）实验设计：

为了验证有无转换标记和样例的数量在样例学习中的促进作用，采用 2（样例类型）×2（样例数量）二因素被试间实验设计。样例类型包括"有标记"样例和"无标记"样例两种。有标记样例用红色虚线箭头标示出指数与对数的转换，无标记样例没有任何标示，除此之外，两种样例完全相同。样例数量有两种：一种是 3 个样例；另一种是 6 个样例。实验以样例学习后的迁移测验成绩作为因变量，迁移测验包括 6 道测验题，近迁移和远迁移题目各 3 道。

（3）实验材料：

①前测材料：共有 12 道题目，前 6 道是指数计算题，后 6 道是对数运算题。

②样例学习材料：样例包括指数与对数转换规则的样例 6 个。一种是采用"转换标记"设计的指数与对数转换的运算样例；另一种是指数与对数转换运算的普通样例。

③迁移测验材料由 6 道指数与对数相互转换的运算题组成。其中 3 道近迁移题目，即指数向对数转换的题目；3 道远迁移题目，即由对数转换为指数的题目。被试完全做对一个测题记 1 分，做错记 0 分，远、近迁移测验满分各为 3 分。

（4）实验程序：

①前测阶段：事先将指导语和前测题用 4 号宋体字、1.5 倍行距打印在 A4 白纸上。

组织待选被试安静地坐在自己的座位上。两名被试的前后左右各空出一个座位。前测期间被试不许交流。被试拿到测题纸后即可答题。答完题交卷走出教室。

选择正式被试的标准是答对 4 道及以上指数计算题目，并且答错 4 道及以上对数计算题目的学生，被选取为正式被试。

②样例学习阶段：事先将指导语和运算样例用 4 号宋体字、1.5 倍行距打印在 A4 白纸上。4 组被试分别在不同的教室内同时学习不同的样例学习材料 15 分钟。实验环境同前测环境。

③迁移测验阶段：主试收回样例学习材料后即可发给被试迁移测验材料。迁移测验材料用 4 号宋体字、1.5 倍行距打印在 A4 白纸上。迁移测验的时间限

定在30分钟之内。

3. 结果分析

四组被试远、近迁移测验成绩的平均分与标准差见表4-1。

表4-1　四组被试迁移成绩的平均分与标准差

样例类型	样例数量	近迁移		远迁移	
		M	SD	M	SD
有标记	3个样例	2.63	0.96	2.90	0.55
有标记	6个样例	2.63	0.93	2.80	0.61
无标记	3个样例	2.00	1.34	2.17	1.26
无标记	6个样例	1.93	1.23	2.10	1.30

分别以远、近迁移成绩为因变量，以样例的类型和数量为自变量，进行二因素方差分析。结果表明，在近迁移成绩上，样例类型的主效应显著，$F(1, 116) = 400.00$，$p < 0.05$，在样例数量上差异不显著，$F(1, 116) = 1.00$，$p > 0.05$；两者之间交互作用不显著，$F(1, 116) = 0.03$，$p > 0.05$。在远迁移成绩上，样例类型的主效应显著，$F(1, 116) = 1.85$，$p < 0.01$，样例数量差异不显著，$F(1, 116) = 25.00$，$p > 0.05$，两者之间交互作用不显著，$F(1, 116) = 0.01$，$p > 0.05$。

（二）实验二："解释法"样例设计对对数运算规则样例学习迁移的促进作用

1. 实验目的

考察初中三年级学生学习采用解释法设计的对数运算样例的迁移效果是否优于学习普通样例的学习迁移效果。

2. 实验方法

（1）被试选取：从实验一的被试中选取60名后测成绩得满分的学生，随机分为第一组和第二组的被试；从未参加过实验一的初三学生中通过前测选取60名学生随机分为第三组和第四组的被试。每组被试30人。

（2）实验设计：采用2（被试类型）×2（样例类型）二因素被试间实验设计。自变量是两组不同的被试和两种不同的运算样例，其中，被试包括学习过指数与对数转换规则的学生和未学习过该规则的学生两部分；样例类型分为用解释法设计的样例和普通的样例，因变量是迁移测验成绩。

（3）实验材料：

①样例学习材料分为两种：一种是采用"解释法"设计的 6 个对数运算样例；另一种是用普通方法设计的 6 个对数运算样例。两种样例只是运算步骤的设计不同，其他均相同。

②迁移测验材料由 6 道对数运算题组成，测验题与样例题目相似但不同。被试完全做对一个测题记 1 分，做错记 0 分，迁移测验满分为 6 分。

（4）实验程序：

①样例学习阶段：事先将指导语和运算样例用 4 号宋体字、1.5 倍行距打印在 A4 白纸上。两组被试分别在不同的教室内同时学习不同的样例学习材料 20 分钟。实验环境同实验一。

②迁移测验阶段：主试收回样例学习材料后即可发给被试迁移测验材料。迁移测验材料用 4 号宋体字、1.5 倍行距打印在 A4 白纸上。迁移测验的时间限定在 30 分钟之内。

3. 结果分析

四组被试迁移测验成绩的平均分与标准差见表 4 - 2。

表 4 - 2　四组被试迁移成绩的平均分与标准差

样例类型	被试类型	迁移成绩	
		M	SD
解释	学过转换规则	5.87	0.73
解释	未学转换规则	2.13	2.56
普通	学过转换规则	4.00	2.57
普通	未学转换规则	2.30	2.00

以样例类型和被试类型为自变量，迁移成绩为因变量，进行二因素方差分析。结果表明，样例类型的主效应显著，$F(1, 116) = 4.90$，$p < 0.05$，解释法设计的样例学习效果优于普通样例；被试类型的主效应显著，$F(1, 116) = 50.04$，$p < 0.001$，学过转换规则被试的样例学习效果优于未学过该规则的被试；两者之间交互作用显著，$F(1, 116) = 7.01$，$p < 0.01$。

简单效应检验的结果表明，对于学过转换规则的被试来说，解释法设计的样例学习效果优于普通样例，$F(1, 117) = 8.32$，$p < 0.01$；而对于未学过转换规则的被试来说，普通样例与解释法设计的样例学习效果没有显著差异，$F(1, 117) = 0.07$，$p > 0.05$。此外，在解释法和普通法设计的样例中，两种类型的学生的样例学习效果均存在显著差异，$F(1, 117) = 45.73$，$p < 0.001$；$F(1, 117) = 9.48$，$p < 0.01$，即学习过指—对数转换规则被试的迁移测验成绩显著高于未学过该规则的被试。

（四）讨论

1. "转换标记"样例及其数量对样例学习效果的影响

在高中数学教材中，指数与对数转换规则的运算例题都没有运用转换标记，指—对数转换运算一般是经过教师的课堂讲解传授给学生的。本研究考察了有转换标记与无转换标记样例的学习迁移效果，结果发现，有转换标记样例的学习迁移效果显著优于无转换标记样例的学习效果。该实验结果进一步表明，不仅在问题解决样例和运算样例中加入"子目标编码"可以明显提高问题解决和运算规则的学习迁移效果（Catrambone，1996；邢强，莫雷，2002；张奇，林洪新，2005），而且在转换运算样例中加入"转换标记"也能有效促进指—对数转换运算规则的学习，并提高学习迁移成绩。其原因是，在运算样例中一般都包括多步运算，利用子目标编码标记运算步骤既可以注明运算步骤的先后顺序，也可以引起被试对每步运算的前因和结果之间逻辑关系的注意。明显的运算标记可以帮助学生清楚地注意到每步运算的结果，进而通过对每步运算前后因果关系的推理，理解该步运算的运算规则，有助于对运算规则的理解和运用。在转换运算样例中加入转换标记可以使初学转换运算的学生更清楚地注意到转换运算前后的对应关系，有利于初学者理解转换运算的逻辑关系，从而提高对转换规则的理解，并提高学习效率和效果。

该研究结果对数学课堂教学和教材编写有一定启示意义。在一些有转换运算的数学教学中，教师应该采用转换标记法帮助初学者明确转换前后的对应关系，使学生更容易地理解转换运算的规则和意义。同理，在教材设计上可以采用转换标记来帮助学生理解转换关系，提高自主学习的效率和效果。

关于样例的数量对样例学习效果的影响往往受规则的复杂程度和规则变式的数量等多种因素的制约。在以前的有关研究结果中，运算样例的学习效果受样例数量的影响，即学习较简单的运算规则需要的样例数量较少；而学习比较复杂的样例需要的样例数量较多（张奇，林洪新，2005）。本研究的结果表明，学习3个指—对数转换样例与学习6个样例的迁移效果没有显著差异。这是因为样例的数量对样例学习效果的影响受指—对数转换规则变式数量的制约。在3个指—对数转运算样例中，每个样例是一种转换类型（即一种转换变式）；在6个样例中每个转换类型各有两个转换样例，但两者的转换类型数量没有变化。被试不论是学习3个样例还是6个样例都是学习3种类型的指—对数转换。如果被试只通过一个样例的学习就可以掌握一种类型的转换，那么与学习两个样例的学习效果就不会有明显的差异。

2. "解释法"样例和基础知识对对数运算规则样例学习效果的影响

以前的研究表明，小学生通过运算样例的学习，很难学会"平方差"等代数运算规则（林洪新，张奇，2007）。经分析认为，可能是学生不理解乘方运算的新算符。为此，开发出有助于学生学习新算符的样例设计方法：转换标记法和解释法。实验一的结果验证了转换标记法的样例设计可以有效促进对数运算符号涵义的学习；实验二的结果则验证了解释法的有效性。在运算样例中采用解释法设计新算符，可以利用学生已知的运算规则理解新算符的含义。例如：学习过加法运算的小学生可以通过采用解释法设计的运算样例（$2 \times 3 = 2 + 2 + 2$；$3 \times 2 = 3 + 3$）学习乘法运算符号的含义，并学会乘法运算规则。同理，学习过乘法运算的学生也可以通过采用解释法设计的运算样例（$a^2 = a \times a$；$b^2 = b \times b$）学习乘方运算符号的含义，并学会乘方运算规则。这种方法可以推广到许多新算符的样例学习中，对数学课堂教学和教材编写有参考价值。

实验二还考察了相关基础知识对新运算规则样例学习的影响。实验结果表明，学习过指—对数转换运算的被试（即实验二中的一、二组被试）明显比没有相关基础知识的三、四组被试在对数运算样例学习上迁移成绩好。该结果表明，基础知识的学习和掌握是学习新知识的基础。尤其在数学知识的学习中，没有相关的基础知识，学习新知识就会遇到困难。在运算样例的学习中，被试没有相关的基础知识就很难理解新算符的含义，解释法也就失去了作用。Rittle–Johnson，Durkin 和 Star（2009）对美国城市中学生代数运算知识水平与教学方法之间的相互作用效果进行研究，结果发现，代数运算知识水平较高的学生更多地从样例对比的方法中获益。由此可见，在已有知识的基础上学习新知识是知识学习的一般规律，在样例学习中更是如此。

3. 含有新算符的代数运算样例的设计原则

在代数运算样例中如何设计新算符以及含有新算符的运算样例，可以开发出多种设计方法，例如，在问题提出部分提到的和在实验研究中用过的方法。然而，究竟用什么方法设计运算样例中的新算符和含有新算符的运算样例，要根据新算符的性质和学生的数学基础知识来确定。某种设计方法可能只适用于某类新算符的样例设计，而不适用另一类新算符的设计。目前，我们正在根据不同的新算符和被试的数学基础知识寻找、尝试一些新的设计方法，并验证其是否有效。

不论用什么方法设计代数运算样例中的新算符和含有新算符的运算样例，其基本原理（或基本原则）是相同的，即利用新旧算符之间的数学逻辑关系和学生已有的数学基础知识，将新算符及其所代表的运算规则用学生已知的旧算符的运算或有助于学生理解新运算规则的标记来"解释"或"说明"，这样就有利于学生对新算符和新运算规则的理解或同化，从而提高运算样例的学习效果。当然，如何运用这个基本原理还要注意到学生对新算符及运算规则的理解能力和知识基础。运用转换标记法和解释法设计的样例既可适当降低样例学习的难度，又不会使学生失去在样例学习中自主领悟新算符的含义以及发现、概括和运用新规则的机会。相反，如果对含有新算符和新规则的运算样例不加任何"解释"或"标记"的设计，那么，学生在理解新算符或新规则上就会有一定的困难，从而影响样例学习的效果。如果要让学生从中理解新算符和新规则的含义，除非学生有足够聪明的理解能力（这样做只适用于个别理解能力强的学生）；要么就要增加学习样例的数量（实验表明，增加样例的数量可以增加样例之间对比的机会，从而有助于领悟规则）。

（五）结论

学习采用"转换标记"设计的运算样例比学习普通样例明显提高了初三学生初学指—对数转换规则的学习迁移效果。

学习采用"解释法"设计的对数运算样例比学习普通样例明显提高了样例学习的迁移效果，并与被试的基础知识有关。

作者：张华、曲可佳、张奇（通讯作者）。发表于《心理学报》，2013 年第45 卷第 10 期，1104－1110 页。

五、"解释法"样例对小学生学习新运算规则的促进

为证实"解释法"样例设计的促进作用，实验考察了四年级小学生学习"解释"样例与普通样例、"解释"样例和"解释—标记"与普通样例的迁移效果。结果表明：用"解释"样例学习分数加减运算规则的近迁移成绩明显优于普通样例，但远迁移成绩无显著差异。用"解释—标记"样例学习分数乘除法运算规则的远迁移成绩明显优于"解释"样例和普通样例，但近迁移成绩差异不显著；学习"解释"样例的远、近迁移效果明显优于普通样例。学习"解释法"设计的比例运算样例，其远、近迁移成绩均明显优于普通样例的迁移成绩，并受被试先备知识的影响。

（一）问题

最初的样例学习研究主要用于培养或提高学生的问题解决能力。近十几年来，样例学习的研究取得较大进展，主要表现为新样例类型的不断涌现和样例学习的应用领域不断扩大。在样例类型方面，出现了过程导向的样例和结果导向的样例（van Gog, Paas, & Merriënboer, 2008）、双内容样例和单内容样例（Schworm & Renkl, 2007；Renkl, Hilbert, & Schworm, 2009）、静态样例和动态样例（Lusk & Atkinson, 2007）等等。样例学习的应用领域也由早期的数学、物理学的问题解决扩展到化学知识的学习（许德志，张奇，2011）、作文写作（王瑶，张奇，2012）、技能和技巧训练（Schworm & Renkl, 2007）以及策略学习（Hilbert & Renkl, 2009）等领域。

在数学运算规则的样例学习研究领域，已有研究表明二年级小学生可以通过运算样例的学习，不同程度地掌握和运用四则混合运算规则（张奇、林洪新，2005）；三至五年级的小学生可以通过"去括号"运算样例的学习，不同程度地掌握和运用"去括号"运算规则（张奇、郭菲菲，2008）。但是，在高年级小学生用代数运算样例学习代数运算规则的研究中却发现，许多被试很难学会"平方差"代数运算规则（林洪新、张奇，2007）。经过分析发现，高年级小学生很难学会"平方差"代数运算规则的主要原因是因为他们不理解代数算式中新运

算符号（以下简称"新算符"）的含义。可以把数学运算样例中出现新算符的运算步骤称之为"关键步骤"。如果能够用有效的样例设计帮助学生利用已知的运算规则学会新算符所表示的新运算规则，就可以解决数学运算样例中关键步骤的学习（张奇、万莹、林洪新、曲可佳，2012）。经过对数学运算规则之间逻辑关系的分析发现，数学运算规则之间普遍存在着逻辑关系。乘法运算规则可以用加法运算来"解释"，例如，$5 \times 3 = ?$ 可以用 $5 \times 3 = 5 + 5 + 5$ 来"解释"。如果小学生学习过加法运算，就可以通过诸如 $5 \times 3 = 5 + 5 + 5 = 15$ 这种运算样例的学习，自主领悟并概括出乘法运算的规则。如果小学生学习过乘法运算，那么，他们就有可能通过 $a \times a = aa = a^2$ 和 $b \times b = bb = b^2$ 等诸如此类的代数运算样例的学习，领悟代数乘方运算的运算规则。这种运算样例的设计方法称为"解释法"。

"解释法"除了可以用来设计并"解释"运算样例中的新算符之外，还可以用来设计和解释运算样例中含有新运算规则的运算步骤（该运算步骤也可称为"关键步骤"）。例如，学习过整数四则运算的小学生很有可能通过诸如 $\frac{1}{3} +$

$\frac{1}{3} = \frac{1+1}{3} = \frac{2}{3}$、$\frac{1}{4} + \frac{1}{4} = \frac{1+1}{4} = \frac{2}{4} = \frac{1 \times \cancel{2}}{2 \times \cancel{2}} = \frac{1}{2}$ 和 $\frac{1}{2} + \frac{1}{3} = \frac{1 \times 3}{2 \times 3} + \frac{1 \times 2}{3 \times 2} = \frac{3}{6} + \frac{2}{6} = \frac{3+2}{6} = \frac{5}{6}$

等一系列运算样例的学习，领悟分数加法运算规则，从而学会分数加法运算。同样，他们也很有可能通过学习采用解释法设计的一系列分数乘法运算样例（例如：

$\frac{1}{3} \times 2 = \frac{1 \times 2}{3} = \frac{2}{3}$、$\frac{1}{5} \times \frac{2}{3} = \frac{1 \times 2}{5 \times 3} = \frac{2}{15}$ 和 $\frac{3}{14} \times \frac{7}{18} = \frac{3 \times 7}{14 \times 18} = \frac{\cancel{3} \times \cancel{7}}{2 \times \cancel{7} \times \cancel{3} \times 6} = \frac{1}{2 \times 6} = \frac{1}{12}$ 等），

学会分数乘法运算规则。果真如此的话，他们也应该能够用解释法设计的比例运算样例，学会比例运算规则。因此，本研究的实验 1 就是采用解释法设计分数加减法运算样例，并与普通的运算样例进行对比，考察解释法样例设计的有效性。实验 2 则分别采用"解释—标记"和"解释法"设计分数乘除法运算样例，并与普通的运算样例进行对比，考察解释法样例设计和"解释—标记"法样例设计的有效性。这里所用的"标记"仅仅是将运算样例中含有新运算规则的运算步骤用红色字体"标记"出来，而采用"解释法"设计的运算样例没有颜色标记。这样设计的目的是引起被试对该步运算的格外注意，促使他们领悟新的运算规则。实验 3 采用解释法设计的比例运算样例，进一步考察解释法样例设计的有效性。同时考察学习过分数加减运算或乘除运算的被试是否比没有

学习过分数加减乘除运算的被试更容易学会比例运算规则。

采用"解释法"设计的运算样例与普通样例的本质区别就是对运算样例中出现的新算符和新的运算规则用被试学习过的算式来"解释"，而普通运算样例中没有这种解释。本项研究的创新价值仅在于开发出了采用运算样例学习新运算规则的新的样例设计方法——解释法。

(二) 实验研究

1. 实验1：分数加减运算样例学习的迁移效果

（1）实验目的

考察四年级小学生通过两种样例的学习，运用分数加、减运算规则的迁移效果，即"解释"样例的学习迁移效果是否优于普通样例。

（2）被试选取

从某城市的一所普通小学四年级学生中通过"前测"筛选出60名被试，男女各半，将被试随机分配到两个实验组，每组30人。

（3）实验材料

实验材料包括前测材料、样例学习材料、迁移测验材料。

①前测材料：用于筛选被试，共有8个算术题，其中前4个题是两位数的整数加、减计算题，后4个题是分数加、减计算题。只有在前测中正确完成前4个题的计算，而不能正确计算后4个题的学生才能成为实验的被试。由于学习分数运算要以掌握整数运算为基础，因此，实验要求的被试必须是准确掌握整数加减运算，但完全不会分数加减运算的学生。

②样例学习材料：因设计方法不同而分为两种：一种是采用"解释法"设计的8个分数加、减法运算样例（如问题提出中列举的分数加、减运算样例）；另一种是普通的8个分数加、减法运算样例（运算样例中只有加数、被加数和运算结果，没有中间的"解释"步骤）。两种样例只是关键运算步骤的设计不同，其他均相同。

③迁移测验材料：近迁移和远迁移测验题各4道，共8道。近迁移测验题与样例题的数字不同，运算结构相同；远迁移测验题与样例题的数字与运算结构均不同。被试每答对一个测题记1分，答错记0分，远、近测验成绩满分均为4分。

（4）实验设计

采用单因素被试间随机分组的实验设计。自变量是样例类型，即"解释"样例和普通样例，因变量是远、近迁移测验成绩。

（5）实验程序

实验在安静的教室内进行，具体实验程序如下：

①前测阶段：主试向被试呈现打印在纸上的 8 道前测题和指导语。前测时间最长为 8 分钟。

②样例学习阶段：两组被试分别在不同的教室里同时学习不同的样例学习材料。第一组被试学习采用"解释法"设计的样例材料；第二组学习普通的样例学习材料。指导语为"请你认真学习下面 8 个分数加、减运算的例题，注意归纳和概括其中的运算规则，并努力记住它们。学习时间不超过 16 分钟"。

③迁移测验阶段：给被试呈现 8 个测验题，指导语为"请你根据刚刚在例题学习中所归纳出的分数加、减运算规则，计算下面的 8 道运算题，并写出详细的运算步骤和结果。自己独立完成，完成请举手。答题时间不超过 16 分钟"。16 分钟前完成测验的被试，经主试认定其做完了 8 个测验题后，可以提前离开教室。

（6）结果分析

将两组被试远、近迁移测验成绩的平均分和标准差列于表 5 - 1。

表 5 - 1   两组被试远、近迁移测验成绩的平均分和标准差

样例类型	n	近迁移		远迁移	
		M	SD	M	SD
"解释"样例	30	3.03	0.57	1.23	0.63
普通样例	30	2.20	0.49	1.07	0.25

分别以远、近迁移测验成绩为因变量，以实验组别为自变量，做单因素方差分析，结果显示：两组被试的近迁移测验成绩差异显著，$F(1, 59) = 38.32$，$p < 0.001$；但两组被试的远迁移测验成绩差异不显著，$F(1, 59) = 1.83$，$p > 0.05$。

2. 分数乘除运算样例学习的迁移效果

（1）实验目的

考察四年级小学生通过三种样例的学习，运用分数乘、除法运算规则的迁

移效果，即"解释—标记"样例、"解释"样例和普通样例的学习迁移效果之间是否存在明显差异。

（2）被试选取

从某城市一所普通小学四年级学生中通过"前测"筛选出 90 名被试，男女各半，将被试随机分配到三个实验组，每组 30 人。

（3）实验材料

实验材料包括前测材料、样例学习材料、迁移测验材料。

①前测材料：用于筛选被试，共有 8 个算术题，其中前 4 个题是两位数整数乘、除法计算题，后 4 个题是分数乘、除法计算题。只有在前测中正确完成前 4 个题的计算，而不能正确计算后 4 个题的学生才能成为实验的被试。由于学习分数运算要以掌握整数运算为基础，因此，实验要求的被试必须是准确掌握整数乘除运算，但完全不会分数乘除运算的学生。

②样例学习材料：因设计方法不同而分为三种：第一种是采用"解释—标记法"设计的 8 个分数乘、除法运算样例；第二种是采用"解释法"设计的 8 个分数乘、除法运算样例；第三种是普通的 8 个分数乘、除法运算样例。三种样例只是关键运算步骤的设计不同，运算题均相同。三种样例的呈现方式同实验 1 的样例学习材料。

③迁移测验材料：包括近迁移和远迁移测验题各 4 道，共 8 道。近迁移测验题与样例题的数字不同，运算结构相同；远迁移测验题与样例题的数字与运算结构均不同。被试每答对一个测题记 1 分，答错记 0 分，远、近测验成绩满分均为 4 分。

（4）实验设计

采用单因素被试间随机分组的实验设计。自变量是样例类型，即"解释—标记"样例、"解释"样例和普通样例，因变量是远、近迁移测验成绩。

（5）实验程序

实验在安静的教室内进行，具体实验程序如下：

①前测阶段：主试向被试呈现打印在半张 B5 白纸上的前测题和指导语。前测时间最长为 8 分钟。

②样例学习阶段：三组被试分别在不同的教室里同时学习不同的样例学习材料。第一组被试学习采用"解释—标记法"设计的样例材料；第二组被试学习采用"解释法"设计的样例材料；第三组学习普通的样例学习材料。指导语

为"请你认真学习下面 8 个分数乘、除运算的例题，注意归纳和概括其中的运算规则，并努力记住它们。学习时间不超过 16 分钟"。

③迁移测验阶段：给被试呈现 8 个测验题，指导语为"请你根据刚刚在例题学习中所归纳出来的分数乘、除运算规则，计算下面的 8 道运算题，写出详细的运算步骤和结果。自己独立完成，完成请举手。答题时间最长为 16 分钟"。16 分钟前完成测验的被试，经主试认定其做完了 8 个测验题后，可以提前离开教室。

（6）结果分析

将三组被试远、近迁移测验成绩的平均分和标准差列于表 5 - 2。

表 5 - 2　三组被试远、近迁移测验成绩的平均分和标准差

样例类型	n	近迁移		远迁移	
		M	SD	M	SD
"解释—标记"样例	30	3.60	0.50	2.63	1.21
"解释"样例	30	3.53	0.57	1.77	0.82
普通样例	30	3.27	0.58	1.20	0.41

分别以远、近迁移测验成绩为因变量，以实验组别为自变量，做单因素方差分析，结果显示：近迁移测验成绩的组别差异不显著，$F_{(2, 89)} = 3.57$，$p > 0.05$。远迁移测验成绩的组别差异显著，$F_{(2, 89)} = 20.26$，$p < 0.001$。事后分析（Tamhane）结果显示："解释—标记"样例组与"解释"样例组的远迁移测验成绩差异显著（$p < 0.01$）；"解释—标记"样例组与普通样例组的远迁移测验成绩差异显著（$p < 0.001$）；"解释"样例组与普通样例组的远迁移测验成绩差异显著（$p < 0.05$）。

3. 实验 3：比例运算样例学习的迁移效果

（1）实验目的

进一步考察采用"解释法"设计的比例运算样例，其学习迁移成绩是否明显优于普通样例。同时考察被试的不同先备知识水平对比例运算规则样例学习效果的影响。

（2）被试选取

采用实验 1 和实验 2 中的两个"前测"，从没有参加过前两个实验的四年级

小学生中选择待选被试，再通过实验 3 的"前测"从中选取 60 名被试，男女各半，随机分配到第一组和第四组；从参加了实验 1 的被试中选取迁移测验成绩得满分的学生为待选被试，再通过实验 3 的"前测"从中选取 60 名被试，男女各半，随机分配到第二组和第五组。从参加了实验 2 的被试中选取迁移测验成绩得满分的学生作为待选被试，再通过实验 3 的"前测"从中选取 60 名被试，男女各半，随机分配到第三组和第六组。

（3）实验材料

实验材料包括前测材料、样例学习材料、迁移测验材料。

①前测材料：用于筛选被试，共有 4 个算术题，其中前 2 个题是解简易方程题，后 2 个是比例运算题。只有在前测中正确完成前 2 个题的计算，而不能正确计算后 2 个题的学生才能成为实验的被试。

②样例学习材料：因设计方法不同而分为两种。第一种由采用"解释法"设计的 4 道比例运算题组成；第二种由采用普通样例设计的 4 道比例运算题组成。

③迁移测验材料：近迁移和远迁移测验题各 2 道，共 4 道。近迁移测验题与样例题的数字不同，运算结构相同；远迁移测验题与样例题的数字与运算结构均不同。被试每答对一个测题记 2 分，答错记 0 分，远、近测验成绩满分各为 4 分。

（4）实验设计

采用 2（样例类型）×3（被试类型）二因素完全随机实验设计。自变量是样例类型和被试类型。样例类型分为两种，即"解释"样例和普通样例；被试类型分为三种，即既没有学习过分数加减运算也没有学习过分数乘除运算的被试、仅学习过分数加减运算的被试和仅学习过分数乘除运算的被试，因变量是远、近迁移测验成绩。

（5）实验程序

实验在安静的教室内进行，具体实验程序如下：

①前测阶段：主试向被试呈现打印在半张 B5 白纸上的前测题和指导语。前测时间最长为 8 分钟。

②样例学习阶段：六组被试分别在各自的教室里同时学习不同的样例学习材料。第一组、第二组和第三组被试学习采用"解释法"设计的样例材料；第四组、第五组和第六组被试学习普通样例材料。指导语为"请你认真学习下面 4

个比例运算的例题，注意归纳和概括其中的运算规则，并努力记住它们。学习时间最长为 16 分钟"。

③迁移测验阶段：给被试呈现 4 个测验题，指导语为"请你根据刚刚在例题学习中所归纳出的比例运算规则，计算下面的 4 道运算题，写出详细的运算步骤和结果。自己独立完成，完成请举手。答题时间不超过 16 分钟"。16 分钟内完成测验的被试，经主试认定其做完 4 个测验题后，可以提前离开教室。

（6）结果分析

将六组被试远、近迁移测验成绩的平均分和标准差列于表 5 - 3。

表 5 - 3　六组被试远、近迁移测验成绩的平均分和标准差

样例类型	被试类型	n	近迁移		远迁移	
			M	SD	M	SD
"解释"样例	第一组	30	1.60	0.72	1.10	0.31
	第二组	30	2.47	0.78	1.53	0.51
	第三组	30	3.03	0.45	1.97	0.18
普通样例	第四组	30	0.24	0.50	0.10	0.31
	第五组	30	0.43	0.90	0.17	0.38
	第六组	30	0.67	1.12	0.40	0.67

分别以远、近迁移测验成绩为因变量，以样例类型和被试类型为自变量，做二因素方差分析，结果显示：近迁移测验成绩的样例类型主效应差异显著，$F(1, 179) = 270.30$，$p < 0.001$；被试类型主效应差异显著，$F(2, 179) = 21.37$，$p < 0.001$；样例类型与被试类型的交互作用差异显著，$F(2, 179) = 6.32$，$p < 0.01$。简单效应分析结果显示，三种被试在"解释"样例上的近迁移成绩差异显著，$F(2, 179) = 10.01$，$p < 0.001$，但在普通样例上的近迁移成绩差异不显著，$F(2, 179) = 0.90$，$p > 0.05$。

远迁移测验成绩的样例类型主效应差异显著，$F(1, 179) = 431.41$，$p < 0.001$；被试类型主效应差异显著，$F(2, 179) = 28.66$，$p < 0.001$；样例类型与被试类型的交互作用差异显著，$F(2, 179) = 6.91$，$p < 0.01$。简单效应分析结果显示，三种被试在"解释"样例上的远迁移成绩差异显著，$F(2, 179) = 9.08$，$p < 0.001$；但在普通样例上的远迁移成绩差异不显著，$F(2, 179) =$

1.20，$p > 0.05$。

（三）讨论

1. "解释法"样例设计的有效性

在问题提出中，已经把数学运算样例中含有新运算规则的运算步骤称为"关键步骤"。这样一来就可以把"关键步骤"重新定义为：数学运算样例中含有新算符和新运算规则的运算步骤。这样的定义比较全面，因为，不论是新算符还是新运算规则，它们都是制约学生数学运算样例学习成败的关键所在。实验1和实验2分别采用"解释法"设计分数加、减法和乘、除法运算样例中含有分数运算规则的关键步骤。实验结果表明，学习"解释"样例的被试其迁移测验成绩明显优于学习普通样例的被试。原因很明显，在普通的运算样例中，没有"解释"分数运算规则的关键运算步骤。被试在样例学习中只能猜测运算结果是如何得出的，这无疑增加了初学者的学习难度。而在"解释"样例中，列出了"解释"分数运算规则的详细运算步骤。通过这些运算步骤的学习，一般被试都可以利用已有的整数运算知识，不同程度地领悟并掌握分数运算规则，从而比学习普通样例的被试明显地提高了迁移测验成绩。

在实验1的结果中，"解释"样例组的近迁移成绩明显优于普通样例组，但远迁移成绩两组之间差异不显著。在实验2的结果中，"解释"样例组与普通样例组的近迁移成绩差异不显著，而远迁移成绩差异显著。如何解释这种现象呢？一个可能的原因是，分数加减运算可分为同分母的分数运算和异分母的分数运算，两种运算的规则明显不同。在异分母的分数加减运算中包含着一个对初学者来说是比较难学的"通分"运算规则。而在分数乘除法运算中只有两个运算规则，即乘法运算规则和除法运算规则。而且两个运算规则还有一个明显的联系和区别，即分数除法的运算规则是将除数的分子和分母颠倒，分别与被除数的分子和分母相乘，直接得出商的分子和分母。这对初学者来说，领悟和掌握分数的乘除法运算规则比加减法运算规则相对容易一些。由于学习分数加减运算规则相对来说比较困难，在实验1的结果中，两组被试的远迁移成绩都比较差，而且差异不显著；而在实验2中，两组的近迁移成绩都比较高，且差异不显著；但在远迁移成绩上解释样例组明显优于普通样例组。也就是说，实验1两组被试的近迁移成绩差异显著，是由解释样例和普通样例的不同学习效果造成的，表明了解释样例学习的优势和解释法样例设计的有效性；而两组的远迁移成绩都比较差，差异不显著的原因是学习和掌握分数加减运算规则较难，而且远迁移测验题目比近迁移测题更难，学习解释样例也不足以克服这两个困难。实验2两组被试的近迁移成绩差异不显著，是因为普通样例组的近迁移成绩也比较高。这说明，学习乘除法运算规则比较容易，通过普通样例的学习就可以领悟和掌握，解释法样例学习的优势效应没有显现出来，而在比较有难度的远迁移测验中才显示出解释样例学习的优势。

2. "解释—标记"样例设计对样例学习迁移效果的促进作用

为了进一步提高解释样例学习的优势效应，在实验2设计了一种"解释—标记"样例，即在解释样例的基础上，在关键运算步骤（这些步骤体现了分数运算规则）加上了颜色标记，这样可以吸引被试的格外注意，并加强对新运算规则的思考和理解。实验结果表明，学习"解释—标记"样例的远迁移成绩明显提高，并显著优于解释样例组和普通样例组。这说明在关键运算步骤上加颜色标记也可以起到一定的促进作用。

在样例上加标记是一种较早采用的样例设计方法。较早采用标记法样例设计的是Catrambone（1994），Catrambone Jones，Jonides和Seifert（1995）等人。他们在问题解决的样例中采用了"子目标编码"设计方法，即将问题解决样例的每个解题步骤（子目标）采用解题顺序的编码"标记"出来，使学生更易理解每步运算的子目标以及与问题解决总目标的关系，这样做可以帮助学生更好地掌握问题的结构和解决问题各个步骤之间的关系，从而帮助他们更好地理解和运用解决问题的规则。后来，张奇和林洪新（2005）在二年级小学生四则混合运算规则的样例学习研究中，将运算样例中的运算步骤用红色虚线箭头标示出来。结果发现，这种运算标记对四则混合运算规则的样例学习效果有明显的促进作用。实验2所采用的"标记"比上述研究中采用的"编码"或"箭头"都简单，只是改变了关键运算步骤字体的颜色。由此可见，运算样例中的"标记"可以有多种形式，只要能起到提醒学生注意、着重思考、明确关系、加深理解的作用，就能促进样例学习的效果。

3. 先备知识对比例运算规则样例学习效果的影响

在前两个实验的基础上，实验3考察了既没有学习过分数加、减运算也没有学过分数乘、除运算的四年级小学生被试和仅学习过分数加、减运算的被试以及仅学习过分数乘、除运算的被试，分别通过两种运算样例学习比例运算规则的迁移效果。结果显示，后两种被试的远、近迁移测验成绩明显优于前一种被试的成绩，而且最后一种被试的迁移成绩最好。这说明，学习分数运算是学习比例运算的基础，掌握了分数运算规则可以促进比例运算规则的学习；而且掌握分数乘、除法运算规则的促进作用比掌握加、减法运算规则的作用更大。这是因为，分数乘、除法运算规则跟比例运算规则更接近或相似程度更高。

Rittle-Johnson，Durkin 和 Star（2009）对美国城市中学生代数运算知识水平与教学方法之间的相互作用所进行的研究发现，代数运算知识水平较高的学生能够更多地从样例对比的方法中获益。在已有知识的基础上学习新知识是知识学习的一般规律，数学知识的学习更是如此。数学运算规则之间有严谨的内在逻辑联系。数学知识学习的一般规律是由简到繁、由浅入深、循序渐进、不凌不躐。正因如此，才有可能利用学生已有的数学先备知识，有效地设计含有新算符和新规则的数学运算样例，使学生通过这种运算样例的学习，掌握新算符和新运算规则。

4. 样例学习研究的教学启示

样例学习与样例教学有根本不同。样例学习是一种自主学习的有效方式。用传统的心理学概念来说，它是一种"顿悟"学习或"发现"学习的过程。因此，一切样例设计的目的都是力图使学生通过有效设计的样例学习，独自领悟、概括出蕴涵在其中的新规则并学会运用新规则，同时使学生的自主学习能力得到不断提升。而样例教学则是教师在课堂教学中利用精心选择的样例讲解新规则正确应用的过程。样例是建立在规则与规则应用之间的纽带和桥梁，通过样例教学可以使学生更好地掌握新规则的正确应用，并取得更好的迁移效果。

虽然样例学习与样例教学有本质不同，但是，样例学习研究中开发出的有效样例设计方法可以被借鉴或应用到样例教学中。例如，利用"解释法"讲解运算样例或设计数学教材中的运算例题，既可以降低学生的学习难度，还可以使学生理解新旧运算规则之间的内在逻辑关系，深入理解新规则的含义，达到正确应用新规则的目的。样例学习研究的教学实践意义正在于此。

（四）结论

四年级小学生采用"解释"样例学习分数加减运算规则的近迁移成绩明显优于普通样例的学习成绩，但远迁移成绩差异不显著。

四年级小学生采用"解释—标记"样例学习分数乘除法运算规则的远迁移测验成绩明显优于学习"解释"样例和普通样例的成绩；学习"解释"样例的

远迁移成绩明显优于普通样例，但学习三种样例的近迁移测验成绩差异不显著。

四年级小学生采用"解释"样例学习比例运算规则的远、近迁移测验成绩均明显优于学习普通样例的成绩。在学习"解释"样例的被试中，学过分数乘、除运算的迁移测验成绩明显优于没学过的被试；学过分数加、减运算的被试，其迁移测验成绩明显优于没有学习过分数运算的被试。

作者：张奇（通讯作者），郑伟，万莹。发表于《心理发展与教育》，2014年第30卷第2期，153 – 159页。

六、样例设计及呈现方式对学习代数运算规则的促进

为了考察"解释法""解释—标记法"两种样例设计方法及其"分步呈现"方式对六年级小学生学习代数运算规则的促进作用，以六年级小学生为被试，以"完全平方和"和"平方差"代数运算样例为学习材料，进行了3项实验研究。结果表明：采用"解释法"设计"完全平方和"和"平方差"的代数运算样例，明显提高了代数运算规则的样例学习效果。在"解释法"设计的样例上添加"运算标记"要运用适当，如果运用不当，特别是"运算标记"过多时，容易增加样例学习的认知负荷，从而降低标记的使用效果。对于运算步骤和"运算标记"过多的样例，采用被试自主控制的"分步呈现"运算步骤的样例学习方式，其学习效果显著优于整体呈现样例的学习效果。

（一）问题

样例学习（worked – example learning）是学生在已有知识经验的基础上，通过阅读和思考样例，领悟新的知识、概念或规则，并掌握其应用的过程（Bourne，Goldstein，& Link，1964）。

在有关"专家"和"新手"问题解决能力的差异研究中发现，专家和新手在解决下棋、几何、代数、物理等问题上存在明显的差异（Chase & Simon，1973；Sweller & Cooper，1985）。产生差异的主要原因是专家比新手拥有相关领域的知识结构或图式。因此他们更关注问题的结构特征，进而加快了对问题的理解（Carroll，Galegher，& Wiener，1982）。由于单纯的问题解决练习的形式本身不利于初学者问题解决图式的习得，所以，研究者们开始关注如何通过问题解决的样例学习来提高新手的问题解决能力，进而促进了关于问题解决样例学习的研究（Anderson & Fincham，1994；Renkl，Atkinson，Maier，& Staley，2002）。对于学生尤其是新手来说，与传统的问题解决方式相比，样例学习的效果更好、效率更高，即学生投入较少的时间和心理资源就能获得较好的学习效果（Bokosmaty，Sweller，& Kalyuga，2015）。

在问题解决样例的学习中，学生能否正确理解和掌握其中的原理或规则，制约着样例学习的效果（Wynder & Luckett，1999）。因此，在样例设计中，如

何引导学生根据具体的问题情境，掌握并运用具体的解题规则是非常重要的（Renkl, Hilbert, & Schworm, 2009）。

上述研究表明，问题解决的样例学习可以提高学生问题解决的能力，尤其可以帮助新手尽快掌握问题解决的图式及其运用。除此之外，经过样例学习还可以使学生领悟样例中隐含的新规则并学会新规则的应用。Anderson 和 Fincham（1994）的实验表明，被试在学习包含产生式规则的样例后，均能通过分析样例，发现并学会使用该规则。大量研究（Clarke, Ayres, & Sweller, 2005；Richey & Nokes - Malach, 2013；Seufert, 2003；许德志，张奇，2011；张奇，林洪新，2005；张奇，郭菲菲，2008；张奇，张华，2014）从数学、物理、化学等各个知识领域验证了学生在学习了包含某种新规则的样例后，能够发现并运用其中的新规则。Lee 和 Chen（2015）的研究中借助计算机程序设计了学生可以进行虚拟操纵的样例，证实了这种样例学习能帮助五年级小学生更好地理解等分数的概念和规则，并提高了学生的学习兴趣。总体来说，这些研究侧重于采用一些设计良好的样例，让被试利用已有的相关基础知识，从样例中发现新规则并学会新规则的运用。这就是规则样例学习的研究。

在数学运算规则样例学习的研究中，张奇和林洪新（2005）的研究发现，经过样例学习，二年级小学生能够领悟四则混合运算规则。张奇和郭菲菲（2008）的研究表明，三至五年级小学生可以不同程度地学会运用"去括号"运算规则。Adams 等人（2014）的研究也发现，通过辨别、改正错误等样例的学习，能使学生更加深入地理解小数的概念，并领悟小数的大小和递加运算规则。

可是，在小学生代数运算规则样例学习的研究中却遇到了问题（林洪新，张奇，2007）。该研究采用"完整"或"不完整"的样例设计以及在不完整样例的学习中给予反馈或无反馈的学习程序，考察了六年级小学生学习"平方差"与"完全平方和"的代数运算规则的效果。实验结果显示，多数被试难以学会"平方差"运算规则，只有少数被试学会了"完全平方和"运算规则。究其原因，一方面可能是不完整样例的设计方法增加了学生理解和领悟代数运算规则的难度，妨碍了学习；另一方面可能是小学生不理解代数运算样例中代数运算符号的含义，或不熟悉在代数运算中加、减同类项等代数运算策略的意义。因此，我们就如何设计样例以帮助学生领悟新算符和新的运算规则的含义进行了探索。

张奇等人经过对数学运算规则之间逻辑关系的考察后发现，新的或学生未知的数学运算符号或运算规则都可以用学生已知的运算符号或规则来表示，并提出了在数学运算样例中设计新算符或新运算规则的"解释法"。所谓的"解释法"就是将新的运算规则或新算符用学生已知的运算规则或算符来加以解释（张奇，蔡晨，2015）。例如，"a^2"可以用"$a^2 = a \times a$"来表示，"ab"可以用"$ab = a \times b$"来表示，以帮助学生理解"a^2""ab"的运算含义。随后，又提出了新算符和新规则样例设计的"标记法"和"转换标记法"（张华，曲可佳，张奇，2013）。所谓的"标记法"就是将新算符和新规则的数学解释内容加上醒目的颜色或标记，以增强学生对解释内容的注意和理解。"转换标记法"就是用连线标记出转换运算样例中运算步骤之间或变量之间的对应关系。该研究分别采用"转换标记法"和"解释法"设计了"指—对数转换"运算和对数运算的样例，并通过实验验证了"解释法"和"转换标记法"样例均能帮助学生理解新算符和新规则的含义，与普通样例相比，明显提高了样例学习的效果。接着，张奇、郑伟和万莹（2014）的研究又证明了"解释法"和"解释—标记法"样例设计对小学生学习分数运算规则和比例运算规则的促进作用。其中的"解释—标记法"是"解释法"和"标记法"的结合。

尽管张奇等人在实验中（张华等，2013；张奇等，2014）证明了"解释法""转换标记法""解释—标记法"的有效性，即这些方法的样例设计对被试领悟新算符和新规则的促进作用。但是，这些实验中所采用的运算样例都是算术运算样例，而不是代数运算样例。例如，在"指—对数转换"运算样例和对数运算样例中只是出现了对数符号"log"，在分数运算和比例运算中也都是算术运算样例。而采用"解释法"和"解释—标记法"设计代数运算的样例是否能够起到同样的促进作用，还没有得到实验的验证。具体来说，采用这些方法设计代数运算的样例究竟能否促进小学生学会"完全平方和"和"平方差"代数运算规则，还有待实验的证实。因为，代数运算与算术运算有以下主要的不同：①算术运算是数值运算，可以算出数值结果；而代数运算是符号运算，只能得出代数式。②算术运算与代数运算的运算符号不尽相同，算术运算中的"2 乘以 3"写作"2×3"，而代数运算中的"a 乘以 b"写作"ab"。③代数乘法运算必须遵循"交换律"和"分配律"，例如，"$ab = ba$""$ab + ba = 2ab$"以及"$(a + b)^2 = a(a + b) + b(a + b) = a^2 + ab + ba + b^2 = a^2 + 2ab + b^2$"。而算术运算却不必如此烦琐，例如，"$(2 + 3)^2 = 5^2 = 25$"和"$(3 + 2) \times (3 - 2) = 5 \times 1$

=5"。④代数和算术的运算策略不同,例如,要想证明"$a^2-b^2=(a+b)(a-b)$",必须在"a^2-b^2"算式中加入"$+ab$"和"$-ab$"两项,即"$a^2-b^2=a^2+ab-b^2-ab=a(a+b)-b(a+b)=(a+b)(a-b)$",才能证明"$a^2-b^2=(a+b)(a-b)$"成立。而在算术运算中则是用"$3^2-2^2=9-4=5$"和"$(3+2)×(3-2)=5×1=5$",直接就可以证明。所以,为了证明上述的样例设计方法在数学运算样例学习中有促进作用,必须证明它们既在算术运算样例学习中有促进作用,又在代数运算样例学习中有促进作用。这样做的目的就在于证明上述样例设计方法是在数学运算样例设计中普遍适用的方法和有普遍促进作用的样例设计方法。

因此,分别采用"解释法"和"解释—标记法"设计"完全平方和"和"平方差"的代数运算样例,仍然以六年级小学生为被试,并与普通样例比较,考察其样例学习的效果。实验1采用"解释法"设计了这两种代数运算规则的样例,并考察其学习效果是否优于普通样例的学习效果。实验2采用"解释法"和"解释—标记法"设计两种代数运算的样例,并考察"解释—标记法"样例的学习效果是否比"解释法"样例更好。值得注意的是,以往的研究中"标记"的运用往往只涉及一个或几个运算步骤,这样的标记比较简洁清晰,能起到明显的提醒注意和促进思考的作用。而该研究中所采用的"解释—标记法"对每步运算与下一步运算的转换对应关系均进行了标记。所以,标记较多,可能会增加被试的外在认知负荷,降低学习效果。有研究表明样例呈现方式也会影响样例学习效果,诸如逐步渐减呈现不完整样例(Renkl & Athinson,2003)、相继呈现双内容样例(Clark,Ayres,& Sweller,2005)、分段呈现动态样例(Spanjers,Wouters,Van Gog,& Van Merriënboer,2011)等方式均能降低学习过程中的认知负荷,提高学习效果。所以,实验3将分步呈现"解释—标记"样例的学习效果与整体呈现样例的学习效果进行比较。所谓"分步呈现"是每次只呈现样例的一个运算步骤及其转换标记,待被试学习理解后再呈现下一个运算步骤,直至学习完整个样例。这样可能会降低学生样例学习的认知负荷,并提高学习效果。而整体呈现就是一次性呈现运算样例的所有运算步骤、运算标记和运算结果。实验假设是分步呈现的学习效果可能优于整体呈现的学习效果。

(二)实验研究

1. 实验1:"解释法"样例设计对代数运算规则学习迁移效果促进作用的实

验研究。

（1）实验目的

考察采用"解释法"设计的"完全平方和"和"平方差"代数运算样例，其学习迁移成绩是否显著优于普通样例的学习迁移成绩。

（2）被试

通过"前测"从某城市一所普通小学的六年级学生中筛选出 120 名被试。其中，男生 60 人，女生 60 人。将其随机分为 4 组，每组 30 人。

（3）实验材料

前测材料：用来筛选被试，共有 6 道题。前 2 道题是一位数的平方运算题，第 3 道题和第 4 道题分别是乘法交换律和分配律代数运算题，后 2 道题根据实验分组的不同而不同："完全平方和"运算样例组（第一组与第二组）为 2 道"完全平方和"代数运算题；"平方差"运算样例组（第三组与第四组）为 2 道"平方差"代数运算题。只有在"前测"中能够正确计算出前四道题，且不能正确计算出后两道题的小学生才能成为正式实验的被试。由于学习"完全平方和"或"平方差"代数运算规则要以掌握平方、乘法交换律和分配律为基础，因此实验要求的被试必须是准确掌握上述基础知识，且尚没有掌握"完全平方和"或"平方差"代数运算规则的学生。

样例学习材料：分为四种，每种包含 2 道样例。第一种是普通的"完全平方和"代数运算样例；第二种是采用"解释法"设计的"完全平方和"代数运算样例；第三种是普通的"平方差"代数运算样例；第四种是采用"解释法"设计的"平方差"代数运算样例。"完全平方和"和"平方差"两种运算样例与林洪新和张奇（2007）的研究中的完整样例相同。"解释法"样例设计是用学生已知的运算规则或算符对"$(a+b)^2$""合并同类项"等新运算符号或运算规则做出了"算式解释"。"解释法"样例与普通样例只是运算步骤的设计不同，其他均相同。

迁移测验材料：包括"完全平方和"运算规则测验材料和"平方差"运算规则测验材料。均由 6 道迁移测验题组成。其中，前 3 道是近迁移测验题，后 3 道是远迁移测验题。近迁移测验题与样例题的字母不同，运算结构相同；远迁移测验题与样例题的字母和运算结构均不同。被试正确完成 1 道测题记 1 分，远、近迁移测验满分均为 3 分。

在正式实验中，前测材料、样例学习材料和迁移测验材料及相应的指导语分别在 A4 纸上呈现，字体为宋体、四号、加粗、1.5 倍行距。

（4）实验设计

采用 2（规则类型）×2（样例类型）二因素被试间随机分组实验设计。规则类型分为"完全平方和"和"平方差"两种代数运算规则；样例类型分为普通样例和"解释法"样例。因变量为远、近迁移测验成绩。

（5）实验程序

前测阶段："前测"在安静的教室内进行。主试首先向各组待选被试发放相应的前测试卷，并说明前测时间为 8 分钟。8 分钟后，收回前测试卷。选择能够正确计算出前四道题，但不能正确计算出后两道题的被试进入下面的实验。

样例学习阶段：各组被试分别在不同的教室里同时学习相应的样例学习材料。样例学习时间为 15 分钟。15 分钟后，主试收回样例学习材料。

迁移测验阶段：给各组被试呈现对应的迁移测验试卷。测验时间为 20 分钟。20 分钟后，主试收回测试材料。

（6）结果分析

各组被试的远、近迁移测验成绩见图 6-1。

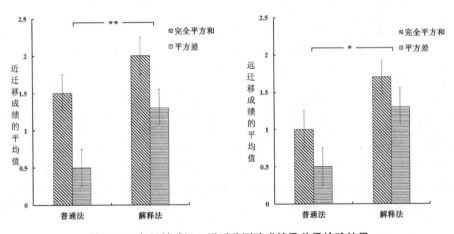

图 6-1 各组被试远、近迁移测验成绩及差异检验结果

注：*表示 $p < 0.05$，**表示 $p < 0.01$，ns 表示 $p > 0.05$；误差线显示的为标准误。下同。

二因素方差分析结果显示，近迁移测验成绩在两种规则类型之间差异显著，$F_{(1, 116)} = 20.55$，$p < 0.001$，$\eta^2 = 0.15$；在两种样例类型之间差异显著，F

（1，116）＝10.01，$p < 0.01$，$\eta^2 = 0.08$；规则类型和样例类型对近迁移测验成绩的交互作用不显著，F（1，116）＝0.01，$p > 0.05$。远迁移测验成绩在两种规则类型之间差异显著，F（1，116）＝9.42，$p < 0.01$，$\eta^2 = 0.08$；在两种样例类型之间差异显著，F（1，116）＝5.47，$p < 0.05$，$\eta^2 = 0.05$；规则类型和样例类型对远迁移测验成绩的交互作用不显著，F（1，116）＝1.05，$p > 0.05$。

上述实验结果表明，与普通样例的学习迁移成绩相比，"解释法"样例设计明显提高了六年级小学生学习"完全平方和"与"平方差"代数运算规则的迁移成绩，即证明了"解释法"样例设计的有效性和优越性。接下来的实验2考察"解释—标记法"样例设计对两种代数运算规则样例学习的促进作用。

2. 实验2："解释—标记法"样例设计对代数运算规则学习迁移效果促进作用的实验研究

（1）实验目的

考察学习采用"解释—标记法"设计的"完全平方和"和"平方差"代数运算样例是否比学习采用"解释法"设计的样例更能提高学习迁移成绩。

（2）被试

通过"前测"从某城市一所普通小学的六年级学生中筛选出120名被试。其中，男生58人，女生62人。将其随机分为4组，每组30人。

（3）实验材料

前测材料：同实验1。

样例学习材料：分为四种，每种包含2道样例。第一种是采用"解释法"设计的"完全平方和"代数运算样例；第二种是采用"解释—标记法"设计的"完全平方和"代数运算样例；第三种是采用"解释法"设计的"平方差"代数运算样例；第四种是采用"解释—标记法"设计的"平方差"代数运算样例。采用"解释—标记法"设计的样例是在"解释法"的基础上，用红色箭头对前后运算步骤间的转换对应关系进行标记。

迁移测验材料：同实验1。

在正式实验中，前测材料、样例学习材料和迁移测验材料及其指导语分别在A4白纸上呈现，字体为四号宋体字、加粗、1.5倍行距。

（4）实验设计

采用2（规则类型）×2（样例类型）二因素被试间随机分组实验设计。规则类型分为"完全平方和"和"平方差"两种代数运算规则；样例类型分为

"解释法"样例和"解释—标记法"样例。因变量为远、近迁移测验成绩。

（5）实验程序

前测阶段：同实验1。

样例学习阶段：各组被试分别在不同的教室里同时学习相应的样例学习材料。学习的时间为15分钟。15分钟后，收回样例材料。

迁移测验阶段：同实验1。

（6）结果分析

各组被试迁移测验成绩见图6-2。

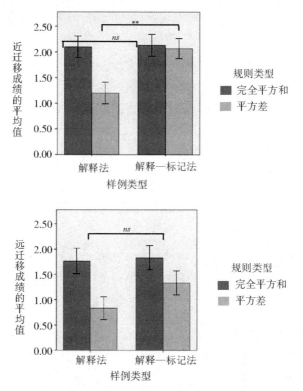

图6-2　各组被试远、近迁移测验成绩及差异检验结果

二因素方差分析结果显示，近迁移测验成绩在两种规则类型之间差异显著，$F(1, 116) = 5.39$，$p < 0.05$，$\eta^2 = 0.04$；在两种样例类型之间差异显著，$F(1, 116) = 4.67$，$p < 0.05$，$\eta^2 = 0.04$；规则类型与样例类型对近迁移成绩的交互作用显著，$F(1, 116) = 4.01$，$p < 0.05$，$\eta^2 = 0.03$。简单效应分析结果

显示，在"完全平方和"运算规则上，"解释法"样例与"解释—标记法"样例的近迁移成绩差异不显著，$F(1, 117) = 0.01$，$p > 0.05$；在"平方差"运算规则上，"解释—标记法"样例的近迁移成绩显著优于"解释法"样例的近迁移成绩，$F(1, 117) = 8.35$，$p < 0.01$，$\eta^2 = 0.07$。在"解释法"样例中，"完全平方和"的近迁移成绩显著优于"平方差"的近迁移成绩，$F(1, 117) = 9.06$，$p < 0.01$，$\eta^2 = 0.08$；在"解释—标记法"样例中，"完全平方和"与"平方差"的近迁移成绩差异不显著，$F(1, 117) = 0.05$，$p > 0.05$。

两种规则类型的远迁移成绩差异显著，$F(1, 116) = 9.01$，$p < 0.01$，$\eta^2 = 0.07$；两种样例类型间的远迁移成绩差异不显著，$F(1, 116) = 1.41$，$p > 0.05$；规则类型与样例类型对远迁移成绩的交互作用不显著 $F(1, 116) = 0.82$，$p > 0.05$。

实验 2 的结果表明，在学习"解释—标记法"样例的迁移测验成绩中，只有学习"平方差"运算规则的近迁移成绩上明显优于学习"解释法"样例的近迁移成绩，而其他迁移成绩在两种样例之间差异均不显著。这说明"解释—标记法"样例设计对小学生学习两种代数运算规则的促进作用并不十分显著。如何进一步发挥"解释—标记法"样例设计的促进作用呢？为此进行了下面实验 3 的研究。

3. 实验 3：分步呈现"解释—标记法"样例对代数运算规则学习迁移效果促进作用的实验研究

（1）实验目的

在"解释—标记法"的基础上，设计了两种样例呈现方式：一种是分步呈现；一种是整体呈现。考察这两种呈现方式对"完全平方和"和"平方差"代数运算规则样例学习迁移成绩的影响。

（2）被试

通过"前测"从某城市一所普通小学的六年级学生中筛选出 120 名被试。其中，男生 59 人，女生 61 人。将其随机分为 4 组，每组 30 人。

（3）实验材料

前测材料：同实验 1。

样例学习材料：分为四种，每种包含 2 道样例。第一种是整体呈现的"完全平方和"代数运算样例；第二种是分步呈现的"完全平方和"代数运算样例；第三种是整体呈现的"平方差"代数运算样例；第四种是分步呈现的"平方差"代数运算样例。整体呈现的样例同实验2中采用"解释—标记法"设计的样例一样，所有步骤及其转换标记同时呈现。"分步呈现"即首先呈现第一步及该步的转换标记，当被试看明白后，即可点击"下一步"按钮，第一步的转换标记消失，呈现第二步及其转换标记，被试也可通过点击"上一步"按钮，返回查看上一步的转换标记。以此类推，直至被试查看完并学会样例的所有步骤。实验前主试通过指导语向被试介绍这种分步呈现过程和"上一步""下一步"按钮的使用。图6-3为采用分步呈现的"完全平方和"运算样例的截屏。

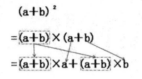

$$(a+b)^2$$
$$=(a+b)\times(a+b)$$
$$=(a+b)\times a+(a+b)\times b$$

下一步

上一步

图6-3　分步呈现的"完全平方和"运算样例学习材料截屏

迁移测验材料：同实验1。

在正式实验中，前测材料、迁移测验材料及其指导语在A4白纸上呈现，样例学习材料及其指导语在电脑显示器上呈现，字体均为宋体四号字，1.5倍行距。

（4）实验设计

采用2（规则类型）×2（呈现方式）二因素被试间随机分组实验设计。规则类型分为"完全平方和"和"平方差"两种代数运算规则；呈现方式分为"整体呈现"和"分步呈现"两种方式。因变量为远、近迁移测验成绩。

（5）实验程序

前测阶段：同实验1。

样例学习阶段：四组被试分别在不同的教室里使用电脑显示器同时学习各自的样例学习材料。学习时间限定为15分钟，15分钟后进行迁移测验。

迁移测验阶段：同实验1。

（6）结果分析

各组被试的迁移测验成绩见图6-4。

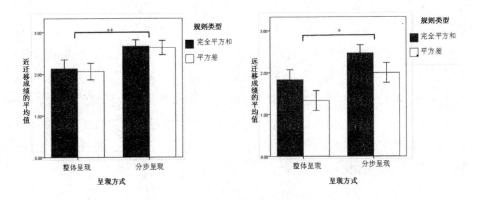

图6-4 各组被试远、近迁移测验成绩及差异检验结果

二因素方差分析结果显示，近迁移测验成绩在两种规则类型之间差异不显著，$F (1, 116) = 0.07$，$p > 0.05$；在两种呈现方式之间差异显著，$F (1, 116) = 8.85$，$p < 0.01$，$\eta^2 = 0.07$；规则类型和呈现方式对近迁移测验成绩的交互作用不显著，$F (1, 116) = 0.01$，$p > 0.05$。远迁移测验成绩在两种规则类型之间差异显著，$F (1, 116) = 4.51$，$p < 0.05$，$\eta^2 = 0.04$；在两种呈现方式之间差异显著，$F (1, 116) = 8.16$，$p < 0.05$，$\eta^2 = 0.07$；但规则类型和呈现方式对远迁移测验成绩的交互作用不显著，$F (1, 116) = 0.01$，$p > 0.05$。

实验3的结果表明，学习"分步呈现"的两种代数运算规则的"解释—标记"样例的远、近迁移测验成绩均明显优于学习"整体呈现"的两种代数运算规则的"解释—标记"样例的远、近迁移测验成绩。这说明"分步呈现"方式对"解释—标记"样例的学习迁移效果有明显的促进作用。

（三）讨论

1."解释法"样例对代数运算规则学习迁移效果的促进作用

在样例设计中给被试提供多少"解释"以及如何提供这些"解释"才能优化学习过程、提高学习效果，一直以来都是研究者广泛关注的问题（Koedinger & Aleven, 2007；Richey & Nokes - Malach, 2013；Wittwer & Renkl, 2010）。在以往的研究中，有人设计了含有指导性解释（instructional explanation）的样例和"过程导向"（process - oriented）的样例。含有指导性解释的样例是对样例中的每一个运算步骤的目的和原理都进行解释（Renkl et al.，2009）。"过程导向"的样例是在呈现问题解决方案的同时，对解决方案的原理加以解释，并呈现策略信息的样例（Van Gog，Paas，& Van Merriënboer，2008）。而且，它们都是在运算样例中附加的文字解释。这样的样例设计对于初学者来说，确实具有易学、易懂、快捷、有效的作用，不失为一种有效的解释方法。可是，这种解释降低了样例学习的难度，对于那些数学学习能力较强和具有挑战精神的学生来说，有些过于简单，并有可能降低这些学生自主探究的学习兴趣和动机水平。而且这种样例的学习效果也存在争议（Renkl et al.，2009；Schworm & Renkl，2006；Wittwer & Renkl，2010）。

不同于这种文字解释，张奇等人（2013）提出的"解释法"是一种"算式解释法"或"数学解释法"（简称为"解释法"）。这种"解释"是用学生已知的算符和运算规则在运算样例中"解释"新算符的运算含义和新运算规则的运算步骤，而且是一种直接运用数学语言的解释。采用这种解释法设计的运算样例突显了数学语言的运用，有助于培养学生的抽象逻辑思维。由于学习这种样例的难度大于用文字解释的样例，所以它更能激发学生的自主探究精神、学习兴趣和动机水平。实验1的结果表明，学习"解释法"样例后的远、近迁移测验成绩均明显优于学习普通样例的迁移测验成绩。这就足以说明，该种解释方法明显地促进了初学者对新算符（如"a^2""ab"）以及"完全平方和""平方差"代数运算规则的理解和运用。也就是说，学习这种数学解释法设计的代数运算样例，足以使一些初学代数运算的六年级小学生理解新算符和代数运算规则的数学含义。当然，为了兼顾学生数学学习能力的个体差异，在教学实践中教师可以先让学生学习数学解释的样例，然后再学习文字解释的样例。这样的结合既可以培养学生对数学语言的理解能力和抽象逻辑思维能力，又可以使学生准确地理解新算符和新规则的定义概念和运算规则，同时兼顾了学生数学学习能力的个体差异。值得一提的是，学生用母语学习了数学概念和运算规则的数学意义后，学生还要在实际运算中运用数学语言。所以，这种"数学解释"具有培养学生直接运用数学语言理解数学概念和运算规则的功能。

实验1与以前的同类研究（林洪新，张奇，2007）相比，被试都是六年级小学生，学习的运算规则也都相同（即都是"完全平方和"和"平方差"运算规则），但学习效果却明显优于以前研究的学习效果。比较前后两种实验研究，所不同的只是运算样例的设计不同。在以前的实验中，让被试学习的是没有数学解释的"完整"样例和"不完整"样例，尽管在不完整的样例学习中运用了"有反馈"和"无反馈"的方法，可是实验结果却表明，除了少数被试外，大多数被试很难学会两种代数运算规则。其原因已经在前文谈过，主要原因就是在样例中缺少对新算符和新运算规则的数学解释。这表明采用"解释法"设计代数运算样例有效地解决了以前研究中六年级小学生难以用完整和不完整样例学会代数运算规则的难题。

"数学解释法"样例设计的提出，不仅成功地解决了小学生运用数学运算样例学习"完全平方和"和"平方差"两种代数运算规则的问题，而且预示着学生通过采用"解释法"设计的其他代数运算样例的学习，还可以学会其他含有新算符的代数运算规则。因为在数学中几乎所有的新算符都可以用已知的算符来解释。前文列举过的例子无须赘述，没有列举的也是不胜枚举。例如，如果小学生学过了乘法运算，那他们就可以通过"$a = a^1$，$a \times a = a^2$，$a \times a \times a = a^3$"等运算样例的学习，学会乘方运算规则以及"n 个 a 相乘等于 a^n"的一般数学原理。再如，如果小学生学过了乘法运算，他们就可以通过"$1! = 1$，$2! = 1 \times 2$，$3! = 1 \times 2 \times 3$"等运算样例的学习，学会阶乘运算规则，并领悟阶乘"$n! = 1 \times 2 \times 3 \cdots (n-1) \times n$"的一般公式。又如，如果被试具有了三角形的几何知识和比例运算知识，就可以运用"$\sin\alpha = a/c$，$\cos\alpha = b/c$，$\tan\alpha = a/b$"等样例的学习，理解三角函数的运算含义，等等。正是因为数学运算规则和运算符号之间普遍存在着这种严密的逻辑关系，所以，在数学运算样例中，几乎所有的新算符都可以用学生已知的算符来解释。这就为数学运算规则的样例学习提供了普遍的可能性或可行性。除了"解释法"的运用之外，还可以运用下面要讨论的"解释—标记法"和"转换标记法"。

2. "解释—标记法"样例设计对代数运算规则样例学习效果的影响

已有大量研究证明，在运算样例中适当地添加运算标记对样例学习有促进作用（邢强，莫雷，2002；张华等，2013；张奇等，2014）。而且，Sturz, Brown 和 Kelly（2009）的研究也表明视觉标记有助于空间关系的习得。Amadieu, Mariné 和 Laimay（2011）的研究证实了"线索"能降低动画学习过程中的认知负荷，提高对高成分互动性材料的理解。

当然，"标记法"的运用也要适当，只有运用得当才能发挥其作用。因为，张奇和林洪新（2005）的研究表明，运算步骤标记对学习较难的"无括号"运算规则的促进作用明显，但对学习较简单的"小括号"运算规则的促进作用不明显。同理，"解释—标记法"的运用也要适当，适当运用就会起到积极的促进作用，例如，在张奇等人（2014）的研究中"解释—标记法"就起到了比"解释法"更好的促进作用。可是，如果运用不当，也会起到消极的妨碍作用。

实验 2 就采用"解释—标记法"设计了"完全平方和"和"平方差"的运算样例，并与"解释法"样例的学习迁移效果进行比较。原来的设想是"解释—标记法"样例的学习效果应该比"解释法"样例的学习效果更好。可是实验结果却表明，"解释—标记法"样例只在"平方差"运算样例学习的近迁移测验成绩上明显优于"解释法"样例，但在远迁移成绩上差异不明显。而且，学习采用"解释—标记法"设计的"完全平方和"运算样例的远、近迁移测验成绩均不明显好于"解释法"样例的学习迁移成绩。究其原因，可能是由于实验 2 中的"解释—标记法"运用不当造成的。因为，在以前的研究（张奇等，2014）中，"解释—标记法"的运用只是对样例中起"解释"作用的内容加上了红色标记，而且没有虚线和箭头等转换标记。可是在实验 2 的"解释—标记法"样例设计中没有给"解释"的内容加上了红色标记，而是在运算样例的前后运算步骤之间加上了用红色虚线和箭头组成的运算步骤转换标记。这种方法实际上就是"解释法"与"转换标记法"的结合运用，应该称为"解释—转换标记法"。采用这种方法设计的运算样例是在"解释法"样例中添加了许多指明运算步骤之间前后对应关系的红色箭头标记。这些转换标记的增加一方面可能会促进被试对前后运算步骤之间关系的理解。但由于这些标记过多地充斥于运算样例中，使被试看起来有眼花缭乱的感觉。也就是说，这些过多的"箭头标记"额外地消耗了被试有限的认知资源，对样例学习反而起到了妨碍作用，从而降低了标记作用的发挥。所以，使得学习"解释—标记法"样例的远、近迁移成绩只是略好于学习"解释法"样例的迁移成绩，而没有达到全部显著好于"解释法"样例。至于为什么"解释—标记法"样例设计只在"平方差"运算样例学习的近迁移测验成绩上明显优于"解释法"样例，还需要进一步地分析和探究。

3. "整体呈现"和"分步呈现"对代数运算规则学习迁移效果的影响

已有研究表明，样例的呈现方式影响其学习效果。例如，Renkl 和 Athinson（2003）验证了以"渐减程序"（fading procedure）的方式呈现样例对学习效果的促进作用。渐减程序即首先呈现完整的样例，然后逐步省略解题步骤，最后仅剩下待解决的问题。Clark 等人（2005）在双内容样例学习的研究中发现，在新手的学习效果上，相继呈现"双内容"样例好于同时呈现两者。Spanjers 等人（2011）在动态样例学习的研究中，将样例分段呈现，即将较长的动态样例分成几个段落呈现。实验结果证明，分段呈现动态样例的学习效果较好。上述实验结果表明，不论是逐步渐减呈现不完整样例，还是相继呈现双内容样例和分段呈现动态样例，其实质都是每次呈现较少的样例内容，这样可以降低每次学习的认知负荷，从而提高样例的整体学习效果。在认真分析了实验 2 运用"解释—标记法"不当的基础上，实验 3 运用了分步呈现"解释—标记法"样例的方式，并与整体呈现样例的学习效果进行了对比实验研究。实验结果表明，在"完全平方和"和"平方差"两种代数运算样例的学习迁移成绩上，学习分步呈现样例的远、近迁移成绩均显著优于学习整体呈现样例的迁移成绩。其原因主要有三：首先，在分步呈现的"解释—标记法"样例中，由于每次呈现的运算步骤和标记较少，被试每次学习都能够清晰地看清前后运算步骤之间的对应关系，避免了样例整体呈现时因标记过多所导致的眼花缭乱的感觉；其次，分步呈现样例时，学生每次学习较少的步骤，降低了每次学习的认知负荷；最后，由于被试在实验过程中可以通过点击"下一步"或"上一步"按钮来自主控制每步的学习时间，并保持与前后步骤的衔接，保持了样例学习的完整性，从而提高了样例的整体学习效果。所以，对于运算步骤较多和"转换标记"过多的样例，采用被试自主控制的"分步呈现"样例的分段学习方式，其学习效果显著优于整体呈现样例的学习效果。

（四）结论

六年级小学生学习采用"解释法"设计的"完全平方和"和"平方差"代数运算样例，其学习迁移成绩明显优于学习普通样例的迁移成绩。

在"解释法"设计的样例上添加"运算标记"要运用适当，如果运用不当，特别是"运算标记"过多时，容易增加样例学习的认知负荷，从而降低标记的使用效果。

对于运算步骤较多和"运算标记"过多的样例，采用被试自主控制的"分步呈现"样例的学习方式，其学习效果显著优于整体呈现样例的学习效果。

作者：杜雪娇，张奇（通讯作者）。发表于《心理学报》，2016 年第 48 卷第 11 期，1445 – 1456 页。

七、碳氢共价键结构式正误样例组合的学习效果

为考察错误样例在样例组合学习中的作用，以烃类物质碳氢共价键结构式为实验材料，以高中一年级学生为被试，对正确和错误样例组合的学习效果进行了实验研究。结果显示，正、误样例组合的学习成绩显著优于正确样例组合的学习成绩；在正、误样例组合的学习中，正、误样例数量相等的学习成绩明显优于数量不等的学习成绩；"对比"呈现正、误样例的学习成绩明显优于"分块"呈现正、误样例的学习成绩。

（一）问题

样例（worked－example）是针对某个问题给学生呈现具体解题步骤的例题。样例学习（worked－example learning）是让学生独立地对样例进行观察和思考，从中掌握解决问题的规则及运用或者从中习得新知识（新概念或新规则）的过程。通过样例学习，既能促进学生的独立思考，又能提高学生的自主学习能力（Mevarech & Kramarski，2003）。正因如此，心理学家们对样例学习进行了大量的实验研究，例如，在单个样例的信息整合方式（Kablan & Erden，2008）、样例的子目标编码（张奇，林洪新，2005）、多重样例的数量（张奇，林洪新，2005）、样例的变异特征（邢强，莫雷，2005；张奇，赵弘，2008）以及采用不完整样例（林洪新，张奇，2007）激发学生对样例的自我解释等方面进行了深入的探讨。

值得注意的是，有些样例学习的研究涉及错误样例。所谓"错误样例"是指包含错误解法（incorrect solution）或错误解题步骤的例题。在错误样例中，错误的解题步骤可能是一步也可能是多步；可能是结构性的错误也可能是运算方面的错误。单纯错误样例的学习无疑会导致知识的错误理解和解题方法的错误运用，并影响正确知识和方法的学习与巩固，这是要极力避免的。可是，在有些情况下，只学习正确的样例也有可能导致学生在学习时发生错误。面对这种情况，我们需要考虑在样例设计和样例学习中如何避免学生在学习时出现错误。如果我们在样例设计或样例教学中能防止错误的发生，样例学习的效果将会更好。

　　如何在样例设计和样例学习中避免错误的发生呢？除了一些积极的、正面的做法（例如，做"子目标编码"或增加样例数量）之外，在样例组合中加入适量的错误样例，以此加强学生对正、误样例的对比，从而避免错误发生，提高样例的学习效果，也不失为一个好方法。在有关文献中也体现了这种思想，例如，Tennyson 和 Cocchiarella（1986）曾明确指出，当遇到容易混淆的概念时，呈现错误样例的样例学习是非常有效的。类似地，Bransford 和 Schwartz（1999）的研究也发现，对突出重要特征的正、误样例的对照学习，能够很好地促进学习迁移。在含有错误样例的样例学习中，学生可以通过正、误样例的对比，增强对正确和错误知识的识别，从而提高学习效果。Siegler（2002）通过考察学生对正确解法和错误解法的解释发现，对正确解法和错误解法均做自我解释学生的学习效果要明显好于那些只对正确解法做出自我解释的学生。

　　Groβe 和 Renkl（2007）以大学生为被试，以概率计算应用题及解题的正、误样例组合为实验材料，对正、误样例组合的学习效果进行了实验研究。实验按照样例的类型和有无自我解释的提示，将被试分为 6 种样例学习组：有提示的正确样例组；无提示的正确样例组；有提示且有错误标记的正、误样例组；无提示且有错误标记的正、误样例组；有提示但无错误标记的正、误样例组；无提示也无错误标记的正、误样例组。他们根据学生最近一次数学考试的成绩和概率知识的"前测"成绩确定每一位被试的数学基础知识（prior knowledge）分数，并将所有被试的分数由高到低连续排列。在分析结果时，根据被试基础知识的标准分数，将标准分高于 0.85 的被试确定为高分组；将标准分低于 −0.85 的被试确定为低分组；介于 0.85 和 −0.85 之间的被试为中分组。实验结果发现，无论有无自我解释的提示，正确样例组合的远、近迁移成绩与有错误标记和无错误标记的正误样例组合的远、近迁移成绩之间均无显著差异。只有高分组的被试在正、误样例组合学习上的远迁移成绩显著好于正确样例组合的远迁移成绩；中、低分组的被试在正、误样例组合学习上的远迁移成绩与正确样例组合的远迁移成绩均无显著差异。

　　显然，在 Groβe 和 Renkl 的研究中，不论是高分组的被试还是中、低分组的被试，他们都学习过概率计算的知识。他们的实验目的是想通过呈现概率计算的应用问题及解题的正、误样例的对比，提高被试正确运用概率运算的原理（规则）解决实际概率计算问题的成绩（或能力）。但是，由于他们的错误样例设计要么是在正确的样例中减少一个必需的计算环节，要么是在正确的样例中增加一个不需要的计算环节（即增加了这个计算环节就会导致整个问题概率计算的错误）。而且，尽管他们还设计了有、无自我解释的提示，但是，中、低分组的被试仍然不能很好地理解增加一个计算环节或减少一个计算环节与具体问题之间的内在对应关系。所以，只在高分组被试的远迁移成绩上，表现出正、误样例组合学习与正确样例组合学习之间的显著差异，即正、误样例组合学习的远迁移成绩明显优于正确样例组合学习的远迁移成绩；而中、低分组都没有这种显著的差异。而且有、无自我解释的提示对学习迁移效果也无显著的影响。

Groβe 和 Renkl 研究的启示是，既然通过正误样例组合的学习可以使数学成绩优秀的学生提高其正确应用概率计算规则解决实际问题的成绩，那么，是否可以通过正误样例的组合学习促进学生发现并掌握样例中隐含的正确规则呢？回答是肯定的。因为，在一些样例学习的研究中已经发现，给被试呈现一定数量和一定形式的运算样例可以使没有学习过四则混合运算规则的二年级小学生不同程度地学会四则混合运算规则（张奇，林洪新，2005），也可以使六年级小学生不同程度地学会简单的代数运算规则（林洪新，张奇，2007）。

为了避免在 Groβe 和 Renkl 的研究结果中所出现的只有在学习成绩优秀的被试中才能表现出正、误样例组合学习效果的优势，必须选择适合一般学习成绩的学生就能够从正、误样例的组合学习中发现和掌握正确规则的样例知识。另外，在 Groβe 和 Renkl 的研究中没有详细考察正误样例的数量比例和呈现方式对正误样例组合学习效果的影响。可以设想，正、误样例的数量比例和呈现方式将影响正误样例对比的充分程度、针对性和便捷性，所以，有可能对正误样例组合学习的效果产生一定的影响。

为此，我们选择了高中教材有机化学知识中烃类物质的共价键结构式为实验材料。为了考察普通高中一年级学生是否能够通过碳氢共价键结构式的样例学习，领悟或发现正确的碳氢共价键规则以及样例的数量对样例组合学习效果的影响，我们进行了预实验。预实验采用的实验材料都是碳氢共价键结构式的正确样例。实验将被试随机分为四组，分别学习由4个、6个、8个和10个碳氢共价键结构式的正确样例组成的学习材料，结果发现，8个和10个样例组的学习成绩明显优于6个和4个样例组的成绩，而且10个与8个样例组学习成绩之间的差异不显著。所以，下面正式实验中各种样例的组合都采用8个样例。实验1的目的是考察由正、误样例数量各半的样例组合的学习效果是否明显优于全部由正确样例组成的样例组合的学习效果。实验假设是前者可能会明显优于后者。实验 2 是在实验 1 的基础上进一步考察，在正、误样例的组合中，正、误样例的数量比例对正误样例组合学习效果的影响。实验假设是，可能会有一定的影响。实验 3 是在实验 2 结果的基础上进一步考察正、误样例的呈现方式对正误样例组合学习效果的影响。实验假设同样是可能会有一定的影响。

（二）实验研究

1. 实验 1：正、误样例组合与正确样例组合对碳氢共价键规则学习效果的影响

（1）实验目的

考察正、误样例组合的学习效果是否比正确样例组合的学习效果更好。

（2）被试选取

从某市的一所普通高级中学随机选取两个高中一年级班的 60 名学生为被试，将被试随机分配到两个实验组，每组 30 人。

（3）实验材料

实验材料包括前测材料、后测材料和样例组合学习材料。

前测材料包含 12 个题目，其中 6 个为正误判断题，6 个为填空题。填空题需要被试填入"C""H"或恰当的共价键（单键、双键或三键）。两类题目均包含了具有单键、双键、三键以及环形结构的烃类物质结构式，既有与样例学习材料中相似的结构式，也有根据共价键规则变异出的结构式。所有题目的化学结构式原型都取自高中化学教科书必修 2（人民教育出版社，2008）。答对每个测题的得分分值均为 1 分，答错计 0 分。测验成绩满分为 12 分。前测材料中的 6 个正误判断题用于测量被试对初中所学化学键概念的掌握情况。只有完全答对这 6 个题目的学生才符合正式被试的第一个基本条件。前测材料中的 6 个填空题用于测量被试学习碳氢共价键规则的成绩，只有在前测中填空题成绩低于 2 分（含 2 分）的学生才符合正式被试的第二个基本条件。同时符合上述两个基本条件的学生才能成为正式被试。

后测材料和前测材料相同。

样例组合学习材料分为两组：正确样例组合只包括烃类物质共价键结构式的正确样例；正误样例组合则同时包含正确和错误两种样例。每组均为 8 个烃类物质共价键的结构式，且都包含有单键、双键、三键以及环形的碳氢共价键。正确样例组合为 8 个正确的烃类物质共价键结构式；正误样例组合为 4 个正确

和4个错误的烃类物质共价键结构式,正、误样例都已标明。而且,正误样例组合中错误的结构式是将正确样例组合中8个结构式中的4个结构式按照错误的类型("多键""少键""碳氢混淆")人为改错而构成的。

在正式实验中,前测材料、后测材料和样例组合学习材料分别打印在210mm×297mm的白纸上,汉字字体为宋体小四号,结构式字体为黑体20号。

(4)实验设计与程序

采用单因素(样例类型)实验设计,样例组合类型分为正确样例组合和正、误样例组合两种。实验在安静的教室内进行,具体实验程序如下:

前测阶段:主试首先向被试发放前测材料。指导语为"请你努力完成下面的试题。试题中的'C'代表碳原子,'H'代表氢原子,'–'表示连接'C'与'H'、'C'与'C'之间的共价键。如果你全部做完了,请举手示意"。前测时间最长为10分钟。

样例学习阶段:两个实验组分别学习两种不同的样例组合学习材料。正确样例组合学习组的指导语为"请你认真观察下面的学习材料,尽可能地归纳出各原子之间共价键的组合规律,并努力记住它。如果你感觉自己已经学会了,请举手示意"。正、误样例组合学习组的指导语为"请你认真观察下面的学习材料,尽可能地归纳出各原子之间共价键的组合规律,并努力记住它。有的结构式共价键是正确的,有的结构式共价键是错误的,正确和错误都已标明。如果你感觉自己已经学会了,请举手示意"。学习时间最长为10分钟。

后测阶段:待两个组的被试都学习完毕后,收回学习材料,发放后测材料。指导语为"请根据你刚才学习中总结出来的共价键规则完成以下各题。做完后举手示意"。后测时间为10分钟。

(5)结果分析

两组被试前、后测成绩的平均分数和标准差见表7-1。

表7-1　两组被试前、后测成绩的平均分数及标准差

样例组合的类型	n	前测		后测	
		M	SD	M	SD
正确样例组合	30	6.67	0.75	9.53	1.33
正误样例组合	30	6.80	0.84	10.73	1.55

对两组被试的前、后测成绩分别进行相关样本 t 检验，结果显示，两组被试的后测成绩均显著好于前测成绩，$t(29) = 10.14$，$p < 0.001$；$t(29) = 13.14$，$p < 0.001$。

对两组被试的后测成绩进行独立样本 t 检验。结果显示，正误样例组合的后测平均成绩明显高于正确样例组合的后测平均成绩，二者差异显著，$t(58) = -3.21$，$p < 0.01$。该结果表明，碳氢共价键结构式正误样例组合的学习效果明显比单一的正确样例组合的学习效果更好。

2. 实验 2：正、误样例的数量比例对碳氢共价键规则学习效果的影响

（1）实验目的

在实验 1 的基础上，进一步考察正、误样例的数量比例对碳氢共价键结构式样例组合学习效果的影响。

（2）被试选取

从某市的一所普通高级中学随机选取三个班的高中一年级的 90 名学生为被试，并随机分配到三个实验组，每组 30 人。

（3）实验材料

实验材料包括前测材料、后测材料和样例组合学习材料。

前测材料和后测材料同实验 1。

样例组合学习材料按碳氢共价键结构式正、误样例数量之比为 2∶6、4∶4 和 6∶2 而分为三组，即第一组有 2 个正确和 6 个错误的样例；第二组有 4 个正确和 4 个错误的样例；第三组有 6 个正确和 2 个错误的样例。

（4）实验设计与程序

采用单因素（三种正误样例的数量比例）实验设计。正误样例的数量比例分别为 2∶6、4∶4 和 6∶2，每组被试只学习其中一组样例组合材料。实验程序同实验 1。

（5）结果分析

三组被试前、后测成绩的平均分数和标准差见表 7-2。

表 7 - 2　三组被试前、后测成绩的平均分数及标准差

正误样例 组合的类型	n	前测		后测	
		M	SD	M	SD
2：6	30	6.53	0.97	9.07	1.43
4：4	30	6.70	0.87	10.67	1.56
6：2	30	6.40	1.00	9.60	1.83

对各组被试的前、后测成绩分别进行相关样本 t 检验，结果显示，三组被试的后测成绩均显著好于前测成绩，$t (29) = 8.08$，$p < 0.001$；$t (29) = 12.40$，$p < 0.001$；$t (29) = 8.38$，$p < 0.001$。

以后测成绩为因变量，样例组合类型为自变量，做单因素方差分析（One Way - ANOVA）。结果显示，三种不同样例组合的学习成绩之间存在显著差异，$F (2, 87) = 8.33$，$p < 0.001$。事后分析（Scheffe 检验）结果显示，4：4 组合的学习成绩显著高于 2：6 组合和 6：2 组合的学习成绩（$p < 0.01$，$p < 0.05$），6：2 组合的学习成绩略高于 2：6 组合的学习成绩，但二者差异不显著（$p > 0.05$）。由此可见，正、误样例数量相等的组合学习效果明显优于正、误样例数量不等组合的学习效果。

3. 实验 3：正、误样例的呈现方式对碳氢共价键规则学习效果的影响

（1）实验目的

在实验 2 的基础上，进一步考察正、误样例的呈现方式对碳氢共价键结构式样例组合学习效果的影响。

（2）被试选取

从某市的一所普通高级中学随机选取三个高中一年级班的 90 名学生为被试，并随机分配到三个实验组，每组 30 人。

（3）实验材料

实验材料包括前测材料、后测材料和样例组合学习材料。

前测材料和后测材料同实验 1。

三组样例组合学习材料均由相同的 4 个正确样例和 4 个错误样例组成，但正、误样例呈现的位置不同，分为以下三种形式："正前—误后"分块式呈现，即 4 个正确样例都在前面呈现，4 个错误样例都在后面呈现；"误前—正后"分块式呈现，即 4 个错误样例都在前面呈现，4 个正确样例都在后面呈现；"正—

误"对比式呈现，即1个正确样例和1个错误样例"配对儿"呈现。

（4）实验设计与程序

采用单因素（正误样例组合的三种呈现方式）实验设计。正误样例组合的呈现方式分为"正前—误后"分块式呈现、"误前—正后"分块式呈现和"正—误"对比式呈现三种，每组被试只学习其中的一种样例组合材料。实验程序同实验2。

（5）结果分析

三组被试前、后测成绩的平均分数和标准差见表7-3。

表7-3　三组被试前、后测成绩的平均分数及标准差

正误样例的呈现方式	n	前测		后测	
		M	SD	M	SD
"正前—误后"分块呈现	30	7.07	0.94	9.63	1.62
"正—误"对比呈现	30	7.10	0.88	10.80	1.54
"误前—正后"分块呈现	30	6.94	1.08	7.73	1.76

对各组被试的前、后测成绩分别进行相关样本 t 检验，结果显示，三组被试的后测成绩均显著好于前测成绩，$t(29) = 9.99$，$p < 0.001$；$t(29) = 14.29$，$p < 0.001$；$t(29) = 2.72$，$p < 0.05$。

以后测成绩为因变量，以呈现方式为自变量，做单因素方差分析（One Way-ANOVA）。结果显示，三种呈现方式的学习成绩之间差异显著，$F(2, 87) = 26.53$，$p < 0.001$。事后分析（Scheffe 检验）显示，"正—误"对比呈现组合的学习成绩既显著高于"正前—误后"分块呈现组合的学习成绩（$p < 0.05$），也显著高于"误前—正后"分块呈现组合的学习成绩（$p < 0.001$）；"正前—误后"分块呈现组合的学习成绩也明显高于"误前—正后"分块呈现组合的学习成绩（$p < 0.001$）。由此可见，正、误样例对比呈现的学习效果最好；正确样例在前呈现、错误样例在后呈现的学习效果次之；而错误样例在前呈现、正确样例在后呈现的学习效果最差。

(三) 讨论

1. 关于正误样例组合的学习效果

与 Groβe 和 Renkl 的实验结果不同的是，实验 1 的结果直接证明了普通高中一年级的学生通过碳氢共价键结构式正、误样例的组合，学习碳氢共价键规则的效果明显优于正确样例组合的学习效果。其主要原因在于，正、误样例的组合呈现为被试准确形成碳氢共价键规则提供了可以比较的条件。这种正、误样例的比较可以使被试更加全面而准确地归纳出正确的碳氢共价键规则。例如，当被试发现 1 个 "C" 原子周围有 4 个共价键的样例是正确的，而有 1 个、2 个、3 个或 5 个共价键的样例都是错误的时候，被试就可能归纳出 "1 个 'C' 原子周围必须有且仅有 4 个共价键才是正确的" 的基本规则。而在正确样例组合的学习材料中由于没有错误样例，无法进行这种比较，所以，归纳出的碳氢共价键规则就可能是不全面或不准确的。由此可见，正、误样例之间的比较可以促进正确规则的形成，从而提高学习效果。在正、误样例组合的学习材料中，我们只对整个分子结构式做出了正确和错误的标明就明显地提高了学习的效果。如果在正误样例中对错误共价键及原子符号加上颜色标记，使正、误共价键之间的对比更加具体，相信这样的实验设计会更加有效地促进被试对碳氢共价键规则做出更加快捷而准确的归纳和概括，学习效果将会更好。当然，这需要在今后的实验中加以验证。

2. 关于正误样例的数量比例对学习效果的影响

以往的研究都没有考察正、误样例的数量比例对学习效果的影响。实验 2 的结果表明，在正误样例组合学习中，正、误样例数量相等 (4∶4) 时的学习成绩明显优于数量不等时的学习成绩。导致这种实验结果的主要原因可能是因为，当正、误样例数量相等 (4∶4) 时，被试对正误样例之间的比较更充分，更有可能对碳氢共价键规则做出更全面而准确的概括。而当正、误样例的数量不等 (2∶6 或 6∶2) 时，降低了正、误样例之间比较的充分程度，影响了被试对碳氢共价键规则做出更全面而准确的概括，所以导致学习成绩下降。由此可见，比较正、误样例的充分程度是影响被试准确概括碳氢共价键规则的重要因素之一。

进一步地推论可以得出，提高正、误样例对比的充分程度，不仅只是增加正、误样例的数量，还要考虑规则变式的数量和错误类型的数量。一般来说，规则变式的数量和错误类型的数量越多，提供正、误样例的数量也要随着增多；反之，可以减少。举例来说，如果一个规则只有两种变式，并犯两种可能的错误，那么在正、误样例组合学习中，提供两种变式的正确样例和两种可能发生的错误样例，原则上就可以使认真的学生准确地概括出正确的规则。可是，如果一个规则有 4 种变式并可能犯 4 种错误，那么，在正、误样例组合学习中，仅提供两种变式的正确样例和两种可能发生的错误样例就不够充分了。当然，这种推论也需要做进一步的实验验证。

3. 关于正误样例的呈现方式对学习效果的影响

综合对前面两个实验结果的讨论可以初步概括出，正、误样例组合的学习优势在于学生可以对正误样例进行比较，从而准确地概括出正确的规则。提高学生比较正、误样例的充分程度是发挥正误样例组合学习优势的重要前提。为了提高学生比较正误样例的充分程度，可以像前面讨论的那样，根据规则变式的数量和可能的错误类型来确定正误样例的数量，也可以在样例数量一定的情况下，通过正、误样例的呈现方式来提高被试比较正误样例的针对性和便捷性，从而提高规则概括的准确性，实验 3 就是出于这种考虑而设计的。实验 3 的结果显示，在由 4 个完全相同的正确样例和完全相同的 4 个错误样例的组合中，只是由于正、误样例呈现的位置和顺序不同（即 3 种呈现方式）就导致了明显不同的实验结果，即正、误样例对比呈现的学习成绩显著优于两种"分块"呈现的学习成绩；"正前—误后"分块呈现的学习成绩也明显高于"误前—正后"分块呈现的学习成绩。对比呈现正、误样例的学习成绩明显优于"分块"呈现的学习成绩的原因就是因为对比呈现正、误样例，提高了被试比较正、误样例之间差异的针对性和便捷性，从而提高了规则概括的准确性，进而提高了学习成绩。而分块呈现的正、误样例组合在比较时针对性较差，从而降低了规则概括的准确性，进而降低了学习成绩。至于"正前—误后"分块呈现的学习成绩明显高于"误前—正后"分块呈现的学习成绩的原因，可能是因为当学生先遇到错误样例时，往往会首先寻找错误点，分析错误的原因。可是，在尚未形成正确规则的情况下，要寻找错误点或分析错误原因是非常困难的，这会消耗学生大量的认知资源。如此，花在正确样例学习上的认知资源就会相对减少，影响正确规则的形成，从而导致学习效果较差。如果把所有错误的样例都放在后面呈现，即按照正确样例在前、错误样例在后的方式呈现，被试就会把较多的认知资源花在正确样例的学习上，并可能根据学习材料中提供的正确样例初步概括出有一定适应性的规则，然后再根据对错误样例的分析对比，对已初步形成的规则做出进一步的修正或调整，从而提高规则的准确性，进而提高学习效果。

（四）结论

在高中一年级学生通过烃类物质碳氢共价键结构式的样例组合发现和概括碳氢共价键正确规则的学习中，正、误样例组合的学习成绩显著优于正确样例组合的学习成绩。

在碳氢共价键结构式的正、误样例组合学习中，正、误样例数量相等（4个正确的和4个错误的样例）时的学习成绩显著优于正、误样例数量不等（6个正确样例与2个错误样例，或者2个正确样例与6个错误样例）时的学习成绩。

在碳氢共价键结构式正、误样例相同的样例组合学习中，正、误样例对比呈现的学习成绩显著优于两种正、误样例"分块"呈现的学习成绩；在两种"分块"呈现的学习成绩上，正确样例在前呈现的学习成绩明显优于正确样例在后呈现的学习成绩。

作者：许德志，张奇（通讯作者）。发表于《心理科学》，2011年第34卷第2期，386－392页。

八、物体受力分析正误样例组合的学习效果

为帮助初三学生采用物体受力分析图的正误样例，掌握物体受力分析规则，实验 1 对比了正确样例组合与正误样例组合的学习效果，结果表明，后者明显优于前者。实验 2 对一组正误样例中的错误受力分析加上了明显的标记，结果表明，有错误标记样例组合的学习成绩显著优于无标记样例组合的学习成绩。实验 3 从实验 2 中选择了被试没有学会的样例，并将其设计为有错误标记的正误样例配对组合和非配对组合两种学习材料，结果表明，配对组合的学习成绩明显优于非配对组合的学习成绩。

（一）问题

样例学习最初源于如何提高学生问题解决技能的学习和训练方面的研究。有研究表明，单纯的问题解决的练习不利于被试更好地理解或运用解决问题的规则或图式。而发现、顿悟或理解解决问题的规则，掌握问题解决的图式才是提高问题解决技能的关键所在（Mawer & Sweller，1982；Sweller & Levine，1982）。由此，学者们开始关注问题解决样例的学习效果。很多研究结果表明被试可以通过样例学习，发现样例中所隐含的解题规则及其应用，并能够更好地解决类似的问题（Anderson & Fincham，1994；Cooper & Sweller，1985；Siegler & Chen，1998）。Cooper 和 Sweller（1987）指出，与单纯的问题解决练习相比，学习问题解决的样例能够减轻学生的认知负荷，有助于问题解决图式的获得。因此，样例学习得到了广泛深入的研究。

20 世纪 80 年代以来，大量研究是针对如何设计、呈现样例来提高问题解决的样例学习效果展开的。其中，不仅涉及样例内特征、样例间特征和对样例的自我解释等对学习效果的影响（Atkinson，Derry，Renkl，& Wortham，2000），而且还开发出各种不同类型的样例并考察其学习效果。诸如完整的样例与不完整的样例（Atkinson & Renkl，2007）、有无子目标编码的样例（邢强，莫雷，2002）、正确的样例与错误的样例（Kopp，Stark，& Fischer，2008；Tsovaltzi，et al.，2010）、"过程导向"的样例和"结果导向"的样例（Van Gog，Paas，& Merriënboer，2004）等等。其中，正误样例组合的学习效果（Grobe & Renkl，

2007）引起了我们的关注。

在高中物理教学中，帮助学生正确掌握物体受力分析规则是运用牛顿定律的基础。可是我们发现，许多高中生在物体受力分析的作业中经常出现错误。帮助学生解决这个问题具有实际意义。在国外的一些当代物理教学研究文献中，有些研究者开发出概念分解（Akeju, Rotimi, & Kenni, 2012）、练习设计（Deslauriers, Schelew, & Wieman, 2011）等方法来提高物理课堂教学的效果；特别是采用计算机模拟技术（Araujo, Veit, & Moreira, 2012），通过图、表、轨迹、动画等方式模拟现实的物理现象，使学生获得真实、直观的认识，加深对抽象物理知识的直观理解（Anne, William, Wolfgang, Mario, & Francisco, 2011）。国内的一些教师和研究者多采用"图示讲解"的方法帮助学生理解物理概念、分析物理现象。因为采用图示讲解的方法可以让物理问题明朗化、模型化，理顺物理问题的复杂关系，大大减轻学生工作记忆的负担，有利于问题的解决（邓铸，余文嘉，2001）。魏金丽（2010）还以高一物理力学应用题为材料，考察了文字表征、朴素表征、原理表征和画图表征对学生物理问题解决的影响，结果表明，画图表征解决物理力学应用题效果最好。这些研究对我们有一定的启示。

物体受力分析是根据牛顿力学的基本原理对物体的真实受力情况做出图解，图解中隐含着物体受力分析的规则。在物体受力分析课堂教学中，教师一般是举例分析某物体的受力情况，并示范地画出正确的物体受力分析图。可是，学生在作业练习中经常出现错误。我们分析了出错的原因，其中之一是学生在学习中产生一些错误认识。例如，一些学生认为在斜面上的物体受到下滑力的作用。而实际上这个所谓的"下滑力"是斜面对物体的反作用力与物体重力两者所形成的合力，而不是物体的真实受力情况。如果把下滑力画出来就错了。为了提醒并纠正学生的错误认识，我们联想到正误受力分析图的对比可能是澄清学生错误认识的一个有效方法。

首先，我们在实验1考察4个不同物体受力分析的正误样例组合（其中2个正确、2个错误）与这4个物体受力分析的正确样例组合的学习效果。如果正误样例组合的学习效果优于正确样例组合的学习效果，则说明正误样例组合的学习也适合物体受力分析规则的学习。

如果实验1的假设得到验证，即正误样例组合的学习效果优于正确样例组合的学习效果，那么，在错误样例中的错误受力分析上加上明显的错误标记，则应该进一步提高正误样例组合的学习效果。因为，视空间注意线索效应认为，注意是否明确指向要加工的客体对客体的信息加工有着显著的影响，视觉标记有助于空间关系中的目标定位（刘登攀，游旭群，张媛，2006；Bradley，Michael，& Debbie，2009）。Catrambone（1998）在研究子目标学习模型时提出，在呈现一个解题方法的样例时，使用一个标记或用视觉分离的方法来着重强调解题的子目标，可以帮助学习者积极地归纳样例的基本目标结构，从而帮助学习者发现有用的规则。张奇和林洪新（2005）的研究也发现，有无"运算标记"对二年级小学生学习四则混合运算规则有明显的影响。不过，在以前的研究中，"子目标编码"或"运算标记"都用在正确的解题样例或运算样例上，既没有用在图形样例上，更没有用在错误样例上。用"标记"标示图形样例中的错误没有先例，是否有效需要实验 2 的验证。如果实验 2 的假设得到验证，则可以进一步设想，在有错误标记的正误样例组合中，正误样例配对组合的学习效果可能优于非配对组合的学习效果。因此，该假设需要实验 3 的验证。

（二）实验研究

1. 实验 1：物体受力分析图正误样例组合与正确样例组合的学习效果比较

（1）实验目的

考察物体受力分析图正误样例组合的学习效果是否比正确样例组合的学习效果更好。预期实验结果是前者可能会明显优于后者。

（2）被试

以一所普通城市中学初三年级的两个平行班学生为被试选择群体，通过前测筛选其中的 60 名学生为正式被试，其中男生 27 人，女生 33 人。将正式被试随机分配到两个实验组：正确样例组合学习组和正、误样例组合学习组，每组30 人。

（3）实验材料

实验材料包括前测材料、样例组合学习材料和后测材料。

前测材料：前测材料有 8 个测题。每个测题都给出一个物体和受力背景条件的示意图，要求被试根据物体的受力背景条件画出每个物体的受力分析图。其中，前 4 个测题是初中物理课学过的，后 4 个测题取自高中一年级物理教材（人教版）。前测的计分标准是每做对一题计 1 分，做错计 0 分，满分是 8 分。前测用于筛选被试，只有前测得分在 4 分或 4 分以下（即可以做对初中测题，但不能做对高中测题）的被试才能作为实验的正式被试。

样例组合学习材料分为两种：一种是正确样例组合材料，由 4 个正确的物体受力分析图组成；另一种是正误样例组合材料，也由 4 个物体受力分析图组成，其中 2 个是正确的，另外 2 个是错误的，每个错误样例中只有一个受力分析是错误的，正、误样例随机排列呈现。两种组合学习材料中的物体和受力分析背景条件与前测材料中的 4 个高中测题相同。

后测材料由前测材料中的 4 个高中测题组成，用于测量被试学习两种样例组合后的学习效果。

（4）实验设计

采用单因素被试间实验设计，自变量是样例组合材料的类型，分两种水平：一种是正确样例的组合；另一种是正、误样例的组合。因变量是后测成绩。

（5）实验程序

实验分为前测、分组样例学习和后测三个阶段。

前测阶段：主试首先给被试发放前测材料。指导语为："请努力完成下面的物体受力分析试题，F_N、G、F、F_f 分别表示物体所受的支持（压）力、重力、推（拉）力和摩擦力，箭头表示受力方向。前测时间最长为 12 分钟。"

样例学习阶段：两个实验组分别学习两种不同的样例组合学习材料。正确样例组合学习组的指导语为："下面是 4 个正确的物体受力分析图，请您认真观察思考每个受力分析，尽可能归纳出物体受力分析的正确规则，并努力记住它。F_N、G、F、F_f 分别表示物体所受的支持（压）力、重力、推（拉）力和摩擦力。学习时间最长为 12 分钟。"正误样例组合学习组的指导语为："下面是 4 个物体受力分析图，其中有两个物体的受力分析都是正确的；另两个物体的受力分析中各有一处受力分析是错误的。请您认真观察思考每个受力分析，尽可能归纳出物体受力分析的正确规则，并努力记住它。F_N、G、F、F_f 分别表示物体所受的支持（压）力、重力、推（拉）力和摩擦力。学习时间最长为 12 分钟。"

后测阶段：待两个组的被试都学习完毕后，收回样例组合学习材料，发放后测材料。指导语为："请您根据刚才学习过的受力分析图和归纳出的正确受力分析规则，画出每个物体的正确受力分析图。评分标准是每做对一个物体的全部受力分析图记 1 分，做错或漏做一处记 0 分。测验满分是 4 分。如果您全部做完并检查无误，请举手示意。"后测时间最长为 12 分钟。

前测材料、后测材料和样例学习材料均打印在 210×297mm 的白纸上，汉字字体为宋体五号。

（6）实验结果

两组被试前、后测成绩的平均分数和标准差见表 8-1。

表 8-1 两组被试前、后测成绩的平均分数及标准差

样例类型	n	前测		后测	
		M	SD	M	SD
正确样例组合	30	1.90	0.96	1.93	1.26
正误样例组合	30	2.07	1.05	2.60	1.07

对两组被试的前测成绩进行单因素方差分析，结果显示，两组被试的前测平均成绩之间差异不显著 $[F(1, 59) = 0.41, p > 0.05]$。对两组被试的前、后测成绩分别进行相关样本 t 检验，结果显示，正确样例组合的前、后测成绩之间差异不显著 $[t(29) = 0.12, p > 0.05]$，正误样例组合的后测成绩显著好于前测成绩 $[t(29) = 2.08, p < 0.05]$。

对两组被试的后测成绩进行单因素方差分析，结果显示，两组被试的后测平均成绩之间存在显著差异 $[F(1, 59) = 4.89, p < 0.05; \eta^2 = 0.08]$，即正、误样例组合学习组的后测成绩明显优于正确样例组合学习组。

2. 实验 2：有与无错误标记的正误样例组合学习效果的比较

（1）实验目的

考察在物体受力分析图正误样例组合的学习中，有错误标记正误样例组合学习的效果是否明显优于无标记正误样例组合的学习效果。

（2）被试

以一所普通城市中学初三年级的三个平行班学生为被试选择群体，通过前测筛选其中的 100 名学生为正式被试，其中男生 49 人，女生 51 人。将正式被试随机分配到两个实验组——有标记组和无标记组，每组 50 人。

（3）实验材料

实验材料包括前测材料、样例组合学习材料和后测材料。

前测材料：前测材料同实验 1。

样例组合学习材料分为两组：有错误标记的正误样例组合学习材料和无错

误标记的正误样例组合学习材料。两种样例组合材料都是前测材料中的 8 个高中物体受力分析图，其中，4 个为正确样例，4 个为错误样例，正误样例随机排列呈现。两种学习材料的区别是：有错误标记的正误样例组合学习材料中，错误样例中的错误受力分析用红色标出；而无错误标记的正误样例组合学习材料中，错误样例中的错误受力分析没有明显标记。每个错误样例中只有一个受力分析是错误的。

后测材料由前测材料中的 8 个高中测题组成，用于测量被试学习两种样例组合后的学习效果。

（4）实验设计

采用单因素被试间实验设计，自变量是样例组合的类型，分为两种水平：一种是有错误标记的正误样例组合；另一种是无错误标记的正误样例组合。因变量是后测成绩。

（5）实验程序

实验分为前测、分组样例学习和后测三个阶段。

前测阶段：前测指导语同实验 1。前测时间最长为 12 分钟。

样例学习阶段：两个实验组分别学习两种不同的样例组合学习材料。有标记组的指导语为："下面是 8 个物体受力分析图，其中有 4 个物体的受力图完全是正确的；另 4 个物体的受力分析中各有一处是错误的，并用红色标记出来。请您认真观察思考每个物体的受力分析，尽可能地归纳出物体各种受力分析的正确规则，并努力记住它。F_N、G、F、F_f 分别表示物体所受的支持（压）力、重力、推（拉）力和摩擦力。学习时间最长为 12 分钟。"无标记组的指导语："下面是 8 个物体受力分析图，其中有 4 个物体的受力图完全是正确的；另 4 个物体的受力分析中有一处是错误的。请您认真观察思考每个物体的受力分析，尽可能地归纳出物体各种受力分析的正确规则，并努力记住它。F_N、G、F、F_f 分别表示物体所受的支持（压）力、重力、推（拉）力和摩擦力。学习时间最长为 12 分钟。"

后测阶段：待两个组的被试都学习完毕后，收回样例组合学习材料，发放后测材料。指导语为："请您根据刚才学习过的受力分析图和归纳出的正确受力分析规则，画出每个物体的正确受力分析图。评分标准是每做对一个物体的全部受力分析图记 1 分，做错或漏做一处记 0 分。测验满分是 8 分。如果您全部做完并检查无误，请举手示意。"后测时间最长为 12 分钟。

前测材料、后测材料和样例学习材料均打印在 $210 \times 297mm$ 的白纸上，汉字字体为宋体五号。

（6）实验结果

两组被试前、后测成绩的平均分数和标准差见表 8－2。

表 8－2 两组被试前、后测成绩的平均分数及标准差

样例类型	n	前测		后测	
		M	SD	M	SD
无标记正误样例组合	50	1.70	0.81	2.20	1.26
有标记正误样例组合	50	1.84	0.96	2.92	1.41

对两组被试的前测成绩进行单因素方差分析，结果显示，两组被试的前测平均成绩之间差异不显著 $[F(1, 99) = 0.62, p > 0.05]$。对两组被试的前、后测成绩分别进行相关样本 t 检验，结果显示，两组被试的后测成绩均显著好于前测成绩 $[t(49) = 2.31, p < 0.05; t(49) = 4.93, p < 0.001]$。

对两组被试的后测成绩进行单因素方差分析，结果显示，两组被试后测成绩之间存在显著差异 $[F(1, 99) = 7.23, p < 0.01; \eta^2 = 0.07]$，即有标记组的学习成绩明显优于无标记组的学习成绩。

3. 实验 3：有错误标记的正误样例配对组合与非配对组合的学习效果比较

（1）实验目的

考察在有错误标记的正误样例组合材料的学习中，正误样例配对组合的学习效果是否明显优于非配对组合的学习效果。

（2）被试

以一所普通城市中学初三年级两个平行班的学生为被试选择群体，通过"前测"筛选其中的 52 名学生为正式被试，其中男生 27 人，女生 25 人。将正式被试随机分配到两个实验组：有错误标记的正误样例配对组合组（以下简称"配对组合"）和有错误标记的正误样例非配对组合组（以下简称"非配对组合"），每组 26 人。

（3）实验材料

实验材料包括前测材料、样例组合学习材料和后测材料。

前测材料：前测材料同实验 1。

样例组合学习材料取自实验 2 错误率高的 4 道物体受力分析题，分别设计为"配对组合"样例学习材料和"非配对组合"样例学习材料。"配对组合"样例学习材料由 4 对物体受力分析的正误样例配对组成。每对正、误样例中的物体和受力分析背景相同，只是在错误样例中有一处受力分析是错误的且用红色标记。"非配对组合"样例学习材料也由 4 对物体受力分析的正误样例配对组成。每对正误样例中的物体和受力分析背景不同，错误样例中有一处受力分析是错误的且用红色标记。

后测材料由从实验 2 选出的错误率高的 4 道测题组成，用于测量被试学习两种样例组合后的学习效果。

（4）实验设计

采用单因素被试间实验设计，自变量是样例类型，分为两种水平：一种是"配对组合"；另一种是"非配对组合"。因变量是后测成绩。

（5）实验程序

实验分为前测、分组样例学习和后测三个阶段。

前、后测程序同实验 1。时间最长均为 12 分钟。

样例学习阶段：两个实验组分别学习两种不同的样例组合学习材料。指导语为："下面是物体受力分析学习材料，每两道题一正一误对比呈现，错误之处已用红色标明。请您认真对比正确和错误的例题，尽可能地归纳出物体各种受力分析的正确规则，并记住它。F_N、G、F、F_f 分别表示物体所受的支持（压）力、重力、推（拉）力和摩擦力。学习时间最长为 12 分钟。"

样例学习材料和后测材料均打印在 210×297mm 的白纸上，汉字字体为宋体五号。

（6）实验结果

两组被试后测成绩的平均分数和标准差见表 8 - 3。

表 8 - 3　两组被试后测成绩的平均分数及标准差

样例组合类型	n	前测		后测	
		M	SD	M	SD
非配对组合	26	1. 77	0. 82	2. 58	1. 03
配对组合	26	1. 81	0. 98	3. 35	. 80

对两组被试的前测成绩进行单因素方差分析，结果显示，两组被试的前测平均成绩之间差异不显著 $[F(1, 51) = 0.02, p > 0.05]$。对两组被试的前、后测成绩分别进行相关样本 t 检验，结果显示，两组被试的后测成绩均显著优于前测成绩 $[t(25) = 3.04, p < 0.01; t(25) = 6.33, p < 0.001]$。

对两组被试的后测成绩进行单因素方差分析，结果显示，两组被试后测成绩之间存在显著差异 $[F(1, 51) = 9.11, p < 0.01; \eta^2 = 0.15]$，即"配对组合"的学习成绩明显优于"非配对组合"的成绩。

（三）讨论

1. 关于物体受力分析正、误样例组合学习的效果

在实验 1 中，4 个后测题的物体及受力的背景条件与 4 个样例学习材料中的物体及受力背景条件是完全相同的。如果说后测成绩是被试对物体受力分析图表象记忆的结果，那么，正确样例学习组的后测成绩应该优于正误样例学习组。因为，正确样例学习组的 4 个受力分析图都是正确的。但实验结果却是正误样例学习组的成绩明显优于正确样例学习组的成绩。所以，该实验结果显然不能完全归结为被试对受力分析图表象记忆的作用。究竟是什么原因使正误样例学习组的成绩明显优于正确样例学习组的成绩呢？这应该从被试学习错误样例时的认知加工过程及深度的分析入手。可以设想，当被试遇到错误样例时，他首先要甄别并找出哪个受力分析是错误的；其次还要找出错误的原因，为了找出错误的原因，他有可能与相近物体的正确受力分析样例进行比较；最后，如果他能找出错误的原因，就有可能形成并掌握正确的受力分析规则，进而避免在后测中出现错误。而正确样例组的被试没有接触错误样例的机会，也就缺少上述认知加工过程。虽然他们可以有更多的时间和精力用于正确样例的学习，可是由于没有错误的挑战，所以，他们在学习时被激发出的心理潜能没有另一组多，认知加工的深度也不如另一组被试。由于认知过程和加工深度不同、激发出的心理潜能或心理资源又少，所以，他们更有可能忽视正确受力分析图中所隐含的正确受力分析规则，或者自己存在的错误理解没有得到及时的澄清或纠正，因此，在后测中更有可能暴露出这些不足和错误。除此之外，如果正误样例组的被试在学习错误样例时做出了上述复杂深入的认知加工，这种认知加工过程和学习态度也有可能用在正确样例的学习上，从而提高正确样例的学习效果。总之，错误样例的学习比正确样例的学习更能激发学生的学习潜能，细化

93

认知过程和加工深度。因此，更可能顿悟出正确的规则，提高学习成绩。

2. 关于错误标记对初中生学习物体受力分析规则的促进作用

在实验2中，两种正误样例组合学习材料的唯一区别就是有标记组中的错误受力分析有明显的红色标记，而无标记组没有。实验结果表明，有标记组的后测平均成绩明显优于无标记组。其原因在于，无标记组的被试在学习错误样例时要花费一定的心理资源用于寻找错误的受力分析；而有标记组的被试在遇到错误样例时可以直接发现错误的受力分析，从而节省了心理资源。节省的心理资源可以用在对错误原因的分析、与相近物体的正确受力分析进行比较和思考正确受力分析规则上。所以，他们比无标记组更有可能形成正确的受力分析规则，进而提高后测成绩。关于标记在样例学习中的促进作用在以往的研究中已经得到了一些证实，但一般都用在正确的样例中，例如，用于标记问题解决样例中的子目标编码或运算步骤等（邢强，莫雷，2002；张奇，林洪新，2005）。有人预言，在正误样例组合学习材料中，如果对错误样例中的错误之处加上标记，将会更进一步地促进正误样例组合的学习效果（许德志，张奇，2011）。实验2的结果就是对这个预言的证实。

3. 关于正误样例配对组合与非配对组合学习效果的差异

实验3的结果表明，"配对组合"的学习成绩明显优于"非配对组合"的成绩。"配对组合"的学习效果之所以比"非配对组合"的学习效果更好，是因为学习配对组合材料的被试可以对同一物体的正、误受力分析图中的正误受力分析进行直接对比，既降低了样例学习的外在认知负荷，又便于发现和纠正错误，有利于被试理解和掌握正确的受力分析规则，因而提高了后测成绩。而学习非配对组合材料的被试则不能像配对组合组的被试那样对正误受力分析进行更有效的对比分析，因而学习成绩不如配对组合组的被试。根据认知负荷理论（Leahy & Sweller, 2008；Paas, Renkl, & Sweller, 2003），配对组合的样例设计降低了被试学习过程中的外在认知负荷，将更多的心理资源用于重要的学习环节和内容，所以，提高了样例学习的效果。值得注意的是，在实验1和实验2的样例学习材料中，正误样例是不同物体受力分析的正误样例，被试学习错误样例时，如果想与正确的受力分析进行比较，也只能是与相似物体的正确受力分析进行比较。这种比较效果远不及实验3中对相同物体正误受力分析进行直接比较的效果好。

4. 研究的教学启示

三个实验结果表明，采用物体受力分析图正误样例组合的学习可以在一定程度上提高中学生学习物体受力分析规则的成绩，而且，在错误样例中标记错误的受力分析、正误样例配对呈现等样例设计方法可以进一步提高物体受力分析规则的学习效果。在一般的课堂教学中，教师往往例举正确的例题多，而错误的例题少；分析正确的例题多，分析错误的例题少。该实验结果启示教师们，在教学中不仅要例举正确的样例，而且还要例举错误的样例，并注重对错误原因的分析和正误样例的对比分析，从而提高教学效果。在课后作业练习中还可以给学生呈现错误的例题，让学生识别错误、找出错误的原因并纠正错误等，这样既可以使学生理解和掌握正确的规则，还可以避免错误。总之，采用错误提示、正误样例对比分析，以及错误的原因分析等方法，可以作为一个基本的教学原则推广到物理课堂教学乃至其他学科的课堂教学中。

（四） 结论

（1）初三学生采用物体受力分析图学习物体受力分析规则时，正误样例组合的学习成绩显著优于正确样例组合的学习成绩。

（2）当采用正误样例组合学习物体受力分析规则时，有错误标记正误样例组合的学习成绩显著优于无错误标记样例组合的学习成绩。

（3）在学习有错误标记的正误样例组合时，相同物体受力分析正误样例配对组合的学习成绩明显优于不同物体受力分析非配对组合的学习成绩。

作者：张奇（通讯作者），张华。发表于《心理科学》，2014 年第 37 卷第 1 期，117 – 123 页。

九、正误样例组合学习的相似性效应和认知加工深度效应

为了考察物体受力分析图正、误样例的相似程度以及被试对错误受力分析的认知加工（即对错误受力分析的辨别、解释和改正）水平对物体受力分析规则正误样例组合学习迁移效果的影响，以初中三年级学生为被试进行了两项实验研究。实验结果表明：在物体受力分析图正误样例组合学习中存在明显的相似性效应，即正、误样例的相似程度越高，学习迁移的效果越好；对错误受力分析进行"改正"加工的学习迁移效果明显优于对错误的"辨别"加工，即存在明显的认知加工深度效应。

（一）问题

近年来，样例学习的研究取得了长足的进展，主要表现为样例学习应用领域的不断扩大和样例类型的不断增多（曲可佳，张奇，2014）。其中，在正误样例组合学习的研究中也取得了可喜的成就。所谓"正误样例组合学习"就是把若干个正确样例和错误样例组合在一起进行学习，其中的错误样例含有一处或几处错误。有研究表明，正误样例组合学习的效果显著优于正确样例组合的学习效果。Große 和 Renkl（2007）以大学生为被试，以概率计算应用题解题的正误样例组合为实验材料，对正误样例组合的学习效果进行了实验研究。结果显示，高分组被试在正、误样例组合学习上的远迁移成绩显著好于正确样例组合的远迁移成绩。在数学自主学习中，高年级中学生学习有反馈的错误样例，其数学概念的学习成绩显著高于无反馈的错误样例组和正确样例组（Tsovaltzi et al.，2010）。许德志和张奇（2011）为进一步考察正误样例组合在规则学习中的效果，以烃类物质碳氢共价键结构式为学习材料，以高中一年级学生为被试，进行了实验研究。结果显示，在碳氢共价键结构式的正误样例组合学习中，正误样例组合的学习效果显著优于正确样例组合的学习效果。对正、误样例的数量和呈现方式的实验结果显示，正、误样例数量相等的样例组合学习效果明显优于正、误样例数量不等的样例组合学习效果；正、误样例对比呈现的学习效果明显优于正、误样例分别呈现的学习效果。张奇和张华（2014）的研究结果表明，当初三学生采用物体受力分析图样例学习物体受力分析规则时，正、误

样例组合的学习成绩明显优于正确样例组合的学习成绩；有错误标记的正误样例组合的学习成绩明显优于无错误标记的正误样例组合成绩；相同物体受力分析图的正误样例配对组合的学习成绩明显优于不同物体的受力分析图正误样例非配对组合的学习成绩。

经过对张奇和张华（2014）实验中的物体受力分析图正、误样例组合材料进行具体的分析后发现，除了正、误样例"配对"呈现这个影响因素之外，相同物体受力分析的正误样例之间的共同特征比不同物体的受力分析图正误样例之间的共同特征多，而且相似程度高。这可能也是导致相同物体受力分析图正误样例组合的学习成绩明显优于不同物体的受力分析图正误样例组合学习成绩的一个原因。Jongmin 等人（2013）曾指出，事物之间的微小区别可以提高相似性对比程度，从而提高学生的相似性知觉并吸引学生的注意力。由此可以联想到，如果提高正误样例之间的相似性，是否会有助于学生对规则的正确理解和掌握呢？为此，我们在实验1中将物体受力分析图的正误样例组合学习材料依据其相似程度的不同设计为三种：①高相似的正误样例组合材料，即每对正、误样例都是相同物体在相同受力条件下的受力分析图，只是错误样例中有一处受力分析是错误的，其他与正确样例完全相同；②低相似的正误样例组合材料，即每对正、误样例也都是相同物体在相同受力条件下的受力分析图，但错误样例图中有两处受力分析是错误的，其他与正确样例完全相同；③不相似的正误样例组合材料，即每对正、误样例都是相同物体在不同受力条件下的受力分析图，正确样例的所有受力分析都是正确的，错误样例的受力分析中有一处是错误的。实验假设是，学习高相似正误样例组合材料的迁移成绩可能优于低相似组合和不相似组合材料的学习迁移成绩。

Melis（2005）在错误样例学习的研究中，通过指导语引导学生对错误样例中的错误进行了错误的识别、错误的解释和错误的改正，从而提高了学生的问题解决技能。他认为，错误识别、错误解释和错误改正是三个连续的认知加工阶段，通过这三个阶段的认知加工，才能使学生对错误的认识不断深化。当学生对知识的掌握程度处于知道"是什么"的初级阶段时，虽然能够发现错误，但还不知道错误的原因。所以，仅知道"是什么"是远远不够的，因为在问题解决或规则应用过程中会遇到很多复杂的问题情境和陷阱，很容易导致错误的再发生。因此，学生不仅要知道什么是正确的和什么是错误的，还要知道"为什么"是正确和错误的，即能够找出错误的原因，这是认知加工的第二个阶段。

改正错误是针对错误所进行的第三个阶段的认知加工，它能够使学生知道在错误的情景中应该"如何做"。能够改正错误的被试起码能使他们再次面对同样的问题情景时，不会犯同类错误。还有研究表明，有反馈的错误样例的学习效果显著优于无反馈的错误样例学习和正确样例学习的效果（Kopp & Stark，2008；Tsovaltzi & Melis，2010）。在错误样例学习中，对错误的反馈主要包括"错误发现""自我解释"和提供"改正错误"的支架（Tsovaltzi etal.，2010）。

受上述研究和观点的启示，我们进一步联想到，如果在物体受力分析图正误样例组合学习中提示被试对错误的受力分析分别进行错误辨别、错误解释和错误改正三种不同的认知加工，可能也会收到不同的学习效果。另外，正误样例之间的相似程度和三种不同认知加工水平是否会对正误样例组合学习的效果产生交互作用，也是值得验证的问题。因此，在实验 2 中采用高相似和低相似两种正误样例组合材料，又将学习两种样例组合材料的被试各自分为三组，并在实验中用指导语提示被试对错误样例中的错误受力分析分别进行"错误辨别""错误解释"和"错误改正"三种不同深度的认知加工，然后比较其学习迁移测验成绩。实验假设是错误"改正"的学习迁移测验成绩可能优于另外两种认知加工的迁移测验成绩。

实验之所以采用物体受力分析图的正误样例组合作为学习材料，主要是因为物体受力分析规则是高中物理学中的基础性规则，对后续物理知识的学习有重要影响。其次，对物体做受力分析图有较高的易错性，开展此项研究具有教学实践意义。最后，物体受力分析图具有直观性，便于正、误样例之间的观察和对比分析，也便于正误样例的设计。

研究的创新之处在于考察了正误样例的相似程度和对错误受力分析的不同认知加工对物体受力分析正误样例组合学习迁移效果的影响。研究意义在于深入探讨了影响正误样例组合学习效果的具体原因，并对物体受力分析的教学有参考价值。

（二）实验 1：正、误样例的相似程度对样例组合学习迁移效果的影响

1. 实验目的

考察物体受力分析图正、误样例的相似程度对学习迁移效果的影响。

2. 实验方法

（1）被试

从某城市的一所普通中学选取两个平行班的初中三年级学生为被试选择群体，通过"前测"筛选出其中的 90 名学生为正式被试，其中男生 46 人，女生 44 人。将其随机分配到 3 个实验组："高相似"组、"低相似"组和"不相似"组。所有被试的裸眼视力或矫正视力均在 1.0 以上。

（2）实验设计

采用单因素被试间随机分组实验设计。自变量是正误样例之间的相似程度，分为三个水平：高相似、低相似和不相似。因变量是学习后的远、近迁移测验成绩。

（3）实验材料

前测材料：前测材料有 12 个测题。每个测题都给出一个物体和受力条件的示意图，要求被试根据物体的受力条件画出每个物体的受力分析图。其中，前 4 个测题是初中物理课学过的，后 8 个测题取自高中一年级物理教材（人教版）。前测成绩的计分标准是每做对一题计 1 分，满分是 12 分。前测用于筛选被试，只有前测成绩得分为 4 至 6 分（即初中测题全做对，高中测题做对不超过两题）的被试才能作为实验的正式被试。

样例学习材料：取自前测材料中的高中测题，分为三组。①高相似的正误样例组合学习材料（简称"高相似"）由 4 对正、误样例组成，每对正误样例都是相同物体在相同受力背景下的受力分析图，两者之间的区别是错误样例中有一处受力分析是错误的。②低相似的正误样例组合学习材料（简称"低相似"）由与"高相似"相同的 4 对正误样例组成，正、误样例都是相同物体在相同受力背景下的受力分析图，两者之间的区别是错误样例中有两处受力分析是错误的。③不相似的正误样例组合学习材料（简称"不相似"）也由 4 对正误样例组成，每对正误样例都是相同物体在不同受力背景下的受力分析图，正确样例的所有受力分析都是正确的，错误样例的受力分析中有一处是错误的。

迁移测验材料：包括 4 个近迁移测题和 4 个远迁移测题。近迁移测题是在高、低相似样例学习材料中错误样例的基础上增加一处错误受力分析形成的，即每个测题中有两处错误的受力分析，其中的一处错误与样例学习材料中错误样例的错误受力分析相同，另一处是根据学生经常犯的错误人为加上去的错误受力分析；远迁移测题的每个测题中有三处受力分析是错误的，其中的一处错误与样例学习材料中错误样例的错误受力分析相同，另两处是根据学生经常犯的错误人为加上去的错误受力分析。测验要求被试标出错误的受力分析并画出正确的受力分析图。计分标准为：每标对一处错误计 1 分；每更正一处错误计 1 分；近迁移每个测题满分是 4 分，总分是 16 分；远迁移每个测题满分是 6 分，总分是 24 分。

前测材料和迁移测验材料打印在 A4 白纸上呈现给被试，汉字字体为宋体五号。样例学习材料在电脑屏幕上呈现。

（4）实验程序

实验在安静教室内进行，具体程序如下：

前测阶段：主试首先给被试发放前测材料。指导语为"请努力完成下面的物体受力分析试题，F_N、G、F、F_f 分别表示物体所受的支持（压）力、重力、推（拉）力和摩擦力，箭头表示受力方向。前测时间为 12 分钟"。

样例学习阶段：

三组被试分别在不同的教室里通过电脑屏幕学习三种不同的样例组合学习材料。电脑屏幕每次呈现一对物体受力分析图正误样例，每对正误样例均为 600×220 像素，正、误样例在屏幕上呈现的左、右位置随机排列。

"高相似"组的指导语为"下面是物体受力分析的例题，每两道例题成对呈现，一个正确，另一个有一处错误。请你认真观察每两道题，尽可能从中总结出物体的正确受力分析规则，并记住它。图中的 F_N、G、F、F_f 分别表示物体所受的支持（压）力、重力、推（拉）力和摩擦力。每对例题的学习时间为 2 分钟，2 分钟后，电脑屏幕自动呈现下一对例题"。

"低相似"组的指导语为"下面是物体受力分析的例题，每两道例题成对呈现，一个正确，另一个有两处错误。请你认真观察每两道题，尽可能从中总结出物体的正确受力分析规则，并记住它。F_N、G、F、F_f 分别表示物体所受的支持（压）力、重力、推（拉）力和摩擦力。每对例题的学习时间为 2 分钟，2 分钟后，电脑屏幕自动呈现下一对例题"。

"不相似"组的指导语为"下面是物体受力分析的例题，每两道例题成对呈现，一个正确，另一个有一处错误。请你认真观察每两道题，尽可能从中总结出物体的正确受力分析规则，并记住它。F_N、G、F、F_f 分别表示物体所受的支持（压）力、重力、推（拉）力和摩擦力。每对例题的学习时间为 2 分钟，2 分钟后，电脑屏幕自动呈现下一对例题"。

后测阶段：各组被试学习完毕后，发放近、远迁移测验材料。指导语为："下面是物体受力分析图，每个图有两或三处错误，请先找出错误的受力分析，用'×'标出，然后在图上画出正确的受力分析。后测时间为 12 分钟"。

3. 结果分析

三组被试前测成绩、近迁移和远迁移成绩的平均分数和标准差见表 9-1。

表 9-1　三组被试前测成绩、近迁移和远迁移成绩的平均分数和标准差

相似度	n	前测成绩		近迁移成绩		远迁移成绩	
		M	SD	M	SD	M	SD
高相似	30	4.36	2.32	14.13	2.10	21.07	3.65
低相似	30	4.02	2.28	12.10	2.03	18.03	2.68
不相似	30	3.93	2.13	10.03	2.24	14.89	2.71

方差分析（One-Way ANOVA）结果显示，前测成绩在三种不同样例组合之间的差异不显著，$F(2, 87) = 1.36$，$p > 0.05$。近迁移成绩在三种不同样例组合之间存在显著差异，$F(2, 87) = 12.01$，$p < 0.001$，$\eta^2 = 0.37$。事后分析（Scheffe）结果显示，高相似组与低相似组和不相似组的成绩差异均显著（$p < 0.05$）；低相似组与不相似组的成绩差异不显著（$p > 0.05$）。远迁移成绩在三种样例组合之间存在显著差异，$F(2, 87) = 9.05$，$p < 0.001$，$\eta^2 = 0.34$。事后分析（Scheffe 检验）结果显示，高相似组与低相似组和不相似组的成绩差异均显著（$p < 0.05$）；低相似组与不相似组的成绩差异显著（$p < 0.05$）。上述统计分析结果表明，高相似的物体受力分析图正误样例组合学习的远、近迁移成绩均明显优于低相似和不相似正误样例组合学习的迁移成绩，而低相似与不相似正误样例组合学习的远、近迁移成绩之间均无显著差异。

（三）实验 2：错误受力分析的认知加工深度对样例组合学习迁移效果的影响

1. 实验目的

考察对错误受力分析的三种不同深度的认知加工和正误样例的相似程度对学习迁移效果的影响。

2. 实验方法

（1）被试

从某市的一所普通中学中选取 6 个平行班的初中三年级学生为被试选择群体，通过"前测"筛选出其中的 180 名学生为正式被试，其中男生 84 人，女生 96 人。将其随机分配到 6 个实验组：高相似错误辨别组、高相似错误解释组、高相似错误改正组、低相似错误辨别组、低相似错误解释组和低相似错误改正组，每组 30 人。

（2）实验设计

采用 2×3 被试间随机分组实验设计，自变量有两个：一个是正误样例之间的相似程度，分为"高相似"和"低相似"两个水平；另一个是对错误受力分析的认知加工深度，分为错误辨别、错误解释和错误改正 3 个水平。错误辨别：要求被试在物体受力分析正误样例组合学习过程中找出错误的受力分析。错误解释：要求被试在学习过程中首先找出错误的受力分析，然后写出错误的原因。错误改正：要求被试在学习过程中找出错误的受力分析、写出错误的原因，并画出正确的受力分析。因变量是远、近迁移测验成绩。

（3）实验材料

前测材料和后测材料与实验 1 的前、后测材料相同。样例学习材料与实验 1 的高相似和低相似样例组合学习材料相同，但指导语不同。样例学习材料中的每对正误样例（即正、误受力分析图）打印在 A4 白纸上（横排版）呈现给被试，汉字字体为宋体五号。

（4）实验程序

前测程序与实验 1 相同。

样例学习分为 6 组进行：

错误辨别组（高/低相似材料）的实验指导语如下："下面是物体受力分析学习材料，每两道例题成对呈现，一个正确，另一个有一处/两处错误。请你对每两道题进行对比，把错误的地方用'×'标记出来。尽可能从中总结出物体的正确受力分析规则，并记住它。图中的 F_N、G、F、F_f 分别表示物体所受的支持（压）力、重力、推（拉）力和摩擦力。学习和作业时间为 12 分钟。"

错误解释组（高/低相似材料）的实验指导语如下："下面是物体受力分析学习材料，每两道例题成对呈现，一个正确，另一个有一处/两处错误。请你对每两道题进行对比，把错误的地方用'×'标记出来，并在旁边写出错误的原因。尽可能从中总结出物体的正确受力分析规则，并记住它。图中的 F_N、G、

F、F_f分别表示物体所受的支持（压）力、重力、推（拉）力和摩擦力。学习和作业时间为 12 分钟。"

错误改正组（高/低相似材料）的实验指导语如下："下面是物体受力分析学习材料，每两道例题成对呈现，一个正确，另一个有一处/两处错误。请你对每两道题进行对比，把错误的地方用'×'标记出来，并画出正确的受力分析。尽可能从中总结出物体的正确受力分析规则，并记住它。图中的 F_N、G、F、F_f 分别表示物体所受的支持（压）力、重力、推（拉）力和摩擦力。学习和作业时间为 12 分钟。"

后测程序与实验 1 相同。

3. 结果分析

六组被试前测成绩、近迁移和远迁移成绩的平均分数和标准差见表 9-2。

表 9-2　六组被试前测成绩、近迁移和远迁移成绩的平均分数和标准差

相似度	加工水平	n	前测成绩		近迁移成绩		远迁移成绩	
			M	SD	M	SD	M	SD
高相似	辨别	30	3.89	1.53	12.80	1.81	17.97	4.34
	解释	30	4.23	1.41	14.17	2.20	19.27	4.70
	改正	30	3.88	1.90	14.87	1.76	21.40	3.68
低相似	辨别	30	3.47	1.57	11.63	2.95	16.93	4.56
	解释	30	4.46	1.50	12.23	1.91	17.37	3.68
	改正	30	4.45	1.93	12.87	1.55	19.03	2.68

方差分析（Univariate）结果表明：前测成绩在两种样例之间的差异不显著，$F(1, 174) = 2.20$，$p > 0.05$；在三种加工水平之间的差异不显著，$F(2, 174) = 0.20$，$p > 0.05$；样例的两种相似程度与三种加工水平对前测成绩无显著的交互作用，$F(2, 174) = 1.01$，$p > 0.05$。

近迁移成绩在样例相似程度之间的差异显著，$F(1, 174) = 30.08$，$p < 0.001$，$\eta^2 = 0.15$；在三种加工水平之间的差异显著，$F(2, 174) = 9.56$，$p < 0.001$，$\eta^2 = 0.10$；事后分析（Scheffe）结果显示，改正组和解释组之间差异不显著（$p > 0.05$），改正组和辨别组之间差异显著（$p < 0.05$），解释组和辨别组之间差异不显著（$p > 0.05$）。两种相似程度与三种加工水平对近迁移成绩无显著

的交互作用，$F_{(2, 174)} = 0.74$，$p > 0.05$。

远迁移成绩在两种相似度之间的差异显著，$F_{(1, 174)} = 8.78$，$p < 0.01$，$\eta^2 = 0.05$；在三种加工水平之间的差异显著，$F_{(2, 174)} = 7.51$，$p < 0.01$，$\eta^2 = 0.08$；事后分析（Scheffe）结果显示，改正组和解释组之间差异不显著（$p > 0.05$），改正组和辨别组之间差异显著（$p < 0.05$），解释组和辨别组之间差异不显著（$p > 0.05$）。两种相似程度与三种加工水平对远迁移成绩无显著的交互作用，$F_{(2, 174)} = 0.43$，$p > 0.05$。

上述统计分析结果表明，高相似的物体受力分析图正误样例组合学习的远、近迁移成绩均明显优于低相似的正误样例组合学习的迁移成绩。对错误受力分析进行"改正"加工的远、近迁移成绩均明显优于"辨别"加工；对错误受力分析的"辨别"与"解释"加工之间、"解释"与"改正"加工之间的远、近迁移成绩均无显著差异。正误样例的相似程度与三种加工水平对远、近迁移成绩均无显著交互作用。

（四）讨论

1. 正误样例的相似程度对学习迁移效果的影响

实验1的结果表明，在近迁移成绩上，高相似组的成绩显著优于低相似组和不相似组，低相似组与不相似组成绩差异不显著。在远迁移成绩上，高相似组的成绩显著优于低相似组和不相似组；低相似组的成绩显著优于不相似组。总之，正、误样例之间的相似程度越高，学习迁移成绩越好，即初三学生在物体受力分析图正误样例组合学习中存在明显的正误样例相似性效应。导致上述实验结果的原因可以从三个认知层面上做出具体解释：

首先，从正、误物体受力分析图样例的知觉层面上分析，正、误样例之间的细小区别可以引起被试的注意并提高其相似性知觉水平，便于对正、误受力分析的分析和对比，即"人的相似性知觉很容易被相似事物的微小区别所吸引，并提高相似性知觉水平。相似性知觉水平的提高有助于对事物性质的理解和掌握"（Jongmin etl.，2013）。对于相似程度不同的三组正误样例组合学习材料来说，从吸引被试注意力的程度和知觉水平来看，高相似组的正、误样例之间区别最小，最容易吸引被试的注意力和细致观察；低相似组的正、误样例之间区别较大，增加了知觉难度；不相似组的正、误样例之间区别最大，正、误受力分析之间的区别最难识别。因此，高相似组正误样例组合材料最便于被试的观察，也利于被试察觉到错误受力分析的错误之处。而低相似和不相似的正误样例，由于其相似性较低，既不利于集中被试的注意力，又不利于察觉和识别错误，从而也影响了下面的对比分析。

其次，从正、误受力分析的对比分析层面上来看，不同相似程度的正、误样例也影响了被试对正、误受力分析的对比分析效果。从正、误受力分析的对比分析难度上看，高相似的正、误样例只有一处不同，被试最容易对其进行对比和分析；而低相似的正、误样例存在两处不同，这对很多被试来说增加了不小的对比分析难度；而不相似的正、误样例组合材料是两个不同物体受力分析的正误样例，对比分析的难度更大。而且对正、误受力分析的对比分析过程正是分析错误原因的过程，也是直接影响被试对受力分析规则正确理解的关键认知环节。因此，正、误样例之间的相似程度必然影响被试对正确物体受力分析规则的理解和掌握，从而影响学习迁移成绩。

最后，从正确理解和运用物体受力分析规则的学习效果上看，正、误样例的相似性程度高，不仅可以使被试更容易发现和识别错误的受力分析，还可以使学生经过正、误受力分析的直接对比，分析错误的原因，正确地理解和掌握物体受力分析规则，同时避免错误的发生，从而提高了迁移测验成绩。而正、误样例的相似性程度低，既不利于错误受力分析的识别，也不利于正、误受力分析之间的直接对比，更不利于正确物体受力分析规则的理解和掌握，因此导致学习迁移成绩较差。对于不相似的正、误样例来说，既不利于被试对错误的识别，又不利于正误的对比分析，也就不能很好地理解和掌握正确的物体受力分析规则，因此学习迁移成绩更差。

Medin 等人（1990）在概念学习的相似性理论中指出，两个事物的相似性程度越高，即共同特征越多，越有利于概念的学习。实验 1 的结果与 Medin 等人（1990）的观点基本一致。由此看来，正、误样例的相似程度不仅影响概念的学习也影响规则的学习。

至于低相似组的近迁移成绩与不相似组的近迁移成绩之间差异不显著的原因，可能是因为对于初中三年级的被试来说，低相似的正、误样例学习材料就足以使他们在错误受力分析的觉察、对比分析和正确理解上出现较大的困难，因此与不相似正、误样例学习的迁移效果之间差异不显著。

该实验结果提示教师在采用正误样例组合进行教学时，尽可能采用相似程度高的正误样例进行对比分析。这样有利于学生更好地澄清错误的原因并改正错误，从而提高教学效果。

2. 错误受力分析的认知加工深度影响学习的迁移效果

实验 2 的结果表明，对错误受力分析的三种不同认知加工对初三学生学习物体受力分析规则的远、近迁移成绩有明显的影响。在远、近迁移测验成绩上，都是改正组的迁移成绩均明显优于辨别组，改正组和解释组之间差异不显著，解释组和辨别组之间差异不显著。

上述实验结果表明，在远、近迁移测验成绩上，对错误样例中错误受力分析进行"改正"加工的学习迁移效果都明显优于"辨别"加工。这是因为"辨别"加工只需要从错误样例中辨别出错误的受力分析，这在知觉层面上经过正误样例对比即可完成。而"改正"加工不仅需要从错误样例中找出错误的受力分析，还要解释错误的原因并把错误的受力分析改正过来。因此，两者相比，"改正"是包括了"辨别"和"解释"在内的深层次认知加工，而"辨别"认知加工属于浅加工。由于两种认知加工的深度不同，对规则的理解和掌握程度也就不同，所以学习迁移效果也不同。

实验结果表明，改正组与解释组的远、迁移成绩差异均不显著。其原因主要是因为能够改正错误的被试一定能够解释错误，不能解释错误的被试也不能改正错误。由于能够解释错误而不能改正错误的情况较少。因此，"解释"和"改正"这两种认知加工的迁移成绩差异不显著。

实验结果还表明，解释组和辨别组之间远、近迁移成绩差异都不显著。其原因是能够解释错误的一定能够识别错误，由于能够识别错误而不能解释错误的情况较少，因此，"辨别"和"解释"这两种认知加工的学习迁移成绩差异不显著。

该实验结果提示教师在教学中不仅要求学生识别错误，还要鼓励学生分析错误的原因并改正错误，进而提高学习效果。

（五）结论

初三学生在物体受力分析图正误样例组合学习中存在明显的相似性效应，即正、误样例的相似程度越高，学习迁移的效果越好。

初三学生在物体受力分析图正误样例组合学习中，对错误受力分析进行错误改正的认知加工，其学习迁移效果明显优于错误辨别的认知加工，即存在明显的加工深度效应。

作者：蔡晨，曲可佳，张华，张奇（通讯作者）。发表于《心理发展与教育》，2016 年第 32 卷第 3 期，310–316 页。

十、阅读范文对小学生作文成绩的影响

为考察阅读范文是否能够提高三年级小学生记叙文写作的成绩，在建立低年级小学生记叙文写作评价指标的基础上，选择 1 篇完整范文并设计 8 篇不同类型的不完整范文，选取 300 名三年级小学生为被试进行了实验研究。实验结果表明：阅读完整范文和联结内容式、补充中间式、补充开头式、补充结尾式等不完整范文能够明显提高小学生记叙文写作结构分项的成绩，阅读其他 4 种类型的不完整范文作用不明显；阅读完整的和 8 种不完整范文均能明显提高小学生在记叙文写作内容分项的成绩；除了补充开头式、补充中间和结尾式两种不完整范文之外，阅读其他 7 种范文均能明显提高作文词句分项的成绩；阅读范文对避免写作中出现错别字、错用标点符号和病句无显著作用。

（一）问题

记叙文写作是小学语文教学的重点和难点之一。如何提高小学生记叙文写作的教学效果，一直是小学语文教学研究的重要课题。中外学者也都为此做出过研究和探索。Olinghouse（2008）在总结作文教学经验时指出，Scardamalia 和 Bereitert（1986）在写作教学实验中采用"程序性促进法"，把写作任务分解成多个步骤，同时为学生提供合适的写作样例，取得了较好的教学效果。朱小斌和张积家（2005）就"自由目标效应"与"样例效应"对学生写作成绩的影响做了研究，结果表明"自由目标效应"和"样例效应"受学生写作水平的影响；"自由目标效应"对高水平写作者有促进作用，但会降低低水平写作者的成绩；"样例效应"对低水平写作者有促进作用，但对高水平写作者的写作成绩无显著影响。这两项研究中谈到的"写作样例"和"样例"实际上就是范文。阅读范文的过程就是写作样例的学习过程，即写作的样例学习过程。因此，有关样例学习的研究范式可以借鉴并推广到范文设计和范文学习的实验研究中。

在问题解决样例学习的研究中，根据样例的完整与否，一般把样例划分为完整样例（complete worked – example）和不完整样例（incomplete worked – example）。在问题解决样例中，删除了部分解题步骤的样例称为"不完整样例"；解题步骤保持完整的样例称为"完整样例"。关于完整样例和不完整样例的学习

效果存在两种不同的实验结果：一种是完整样例与不完整样例的学习效果无显著差异（Paas，1992）；另一种实验结果是不完整样例的学习效果好于完整样例的学习效果（Renkl，Atkinson & Maier，2002；Renkl & Atkinson，2003；邢强，莫雷，2003）。这一分歧引起了许多研究者的关注，林洪新，张奇（2007）在小学生代数运算规则的样例学习研究中得出的解释是，用不完整样例学习较难的运算规则，效果较差；而用它来学习比较简单的运算规则，效果则较好。那么，在记叙文范文的学习中，完整的或不完整的范文，究竟阅读哪一种范文能够提高小学生初学记叙文写作的成绩呢？这是一个很有价值的研究课题。尽管在小学写作教学中，教师们建议学生广泛阅读范文并尝试了多种教学方法，但是，所采用的范文都是完整范文，没有全面考察完整范文与各种不同类型的不完整范文的阅读效果。

可以设想，在小学生初学写作记叙文的过程中，让他们阅读不同类型的范文可能会导致不同的写作效果。为了检验这个设想，我们为初学记叙文写作的三年级小学生设计了一篇完整的记叙文范文和8种不完整范文：①补充开头式，即范文只有中间和结尾内容，让被试在阅读范文时补写开头的内容；②补充中间式，即范文只有开头和结尾的内容，让被试在阅读范文时补写范文中间缺失的内容；③补充结尾式，即范文只有开头和中间的内容，让被试在阅读范文时补写范文的结尾内容；④补充中间和结尾式，即范文只有开头的内容，让被试在阅读范文时补写范文中间和结尾的内容；⑤补充开头和结尾式，即范文只有中间的内容，让被试在阅读范文时补写范文的开头和结尾的内容；⑥补充开头和中间式，即范文只有结尾的内容，让被试在阅读范文时补写范文开头和中间的内容；⑦补充要素式，即"范文"只是一个记叙文的"框架"，其中缺少记叙文6个要素（时间、地点、人物、开头、经过和结尾）的具体内容，让被试在阅读"范文"时将缺少的6个要素补充完整；⑧联接内容式，即"范文"给被试提供了记叙文写作所需要的6个要素的具体内容，要求被试在阅读时将"范文"所提供的6个要素的内容有机地联接起来，形成一篇完整的记叙文。

要考察小学生阅读不同类型范文后的写作效果，必须制定出小学生记叙文写作的评分标准。国内的作文的评分方法大致有以下两种。一是整体评分法。一般没有确定的评分标准，具体评定形式也各有不同。整体评分法虽然能较好地评价作文的整体效果，且评分过程简便、省时、易于操作。但这种评分方法主观性太强，评定结果偏差较大，不适合研究使用。二是分项评分法。根据学生写作能力的结构，分项编制作文的评分标准，逐项评定学生的作文成绩。具体又可分为以下两种。一是分项标准给分法。首先制定各评定项目的等级特征和相应的分数，然后将学生的作文分项与评分标准对照，逐项给分，最后得出总成绩。二是分项标准扣分法。首先制定出学生作文中可能出现的各种错误类型和相应的扣分标准，然后逐项找出学生作文中的各种错误和数量，并扣除相应的分数，最后根据剩余分数评定作文的优劣。分项评分法具有评分标准明确、可操作性强、评分严格细致、客观性强等优点。因此，目前我国多采用这种作文评分方法，在大规模的高考作文阅卷中也要求采用此法。

国外的作文评分方法也大多采用分项评分法。例如，Natalie（2008）在三年级学生记叙文写作指导的研究中采用了分项评分法。他以写作前的计划、文章的流畅性、单词拼写、写作质量、书写的流畅性作为四个分项来评定被试的写作成绩。英国教学大纲和学历委员会针对英国国家课程设置，也提出了针对一年级到七年级学生的写作评价标准，共有 8 个分项，分别是：作文具有创造性、趣味性、意义深刻；符合题目和读者的要求，符合写作目的；作文内容和组织具有逻辑性，内容前后连贯；过渡流畅；句子表达清晰，有修饰语句；语法和标点使用正确；用词准确恰当；没有拼写错误。

美国西北地区教育实验室（Northwest Regional Educational Laboratory）基于他们所倡导的"6+1 特质"的写作模式，提出了一种名为"6+1 特质"的作文评分方法。虽然这种写作模式和写作评分方法尚未系统地介绍到国内，但它们已经被世界上多个国家所借鉴和采用。"6+1 特质"作文评分方法注重小学生写作的 7 个特质：观点和内容；文章的结构；语音和语态；词语的选用；句子的流畅性；标点和拼写；书写格式。评阅时对文章的每一种特质逐一进行评分。每一种特质有三个评分等级，分别为 5 分、3 分和 1 分，每一个分数下面都有六条解释作为评定分数时的参考依据。"6+1 特质"作文评分方法实际上是一种分项评分法，它具有分项评分法的优点，具有可操作性和规范性，是一种标准化的小学写作评分方法。借鉴"6+1 特质"作文评分方法，并根据汉语写作以及汉语语言文化的特点，结合本研究的实际情况，制定了"低年级小学生记叙文写作的评价指标"。评价指标采用分项评分法，4 个分项分别是文章结构、文章内容、词与句子、写作错误（详见表 10-1）。

表 10 – 1 低年级小学生记叙文写作的评分指标

评价分项	评价指标	计分标准
文章结构	记叙文六要素：时间、地点、人物、开头（故事的起因）、经过和结尾（故事的结果）	出现一处计 1 分
文章内容	1. 故事经过是否具体、完整 2. 故事内容是否符合文章主题 3. 叙事顺序是否条理清晰	1 – 3 等级计分 0 – 3 等级计分 1 – 3 等级计分
词与句子	修辞手法（比喻、拟人、夸张和排比）的正确运用 成语和形容词的正确运用	出现一处计 1 分
写作错误	1. 标点符号错误 2. 错字、别字 3. 用词错误 4. 病句	出现一处计 – 0.1 分 出现一处计 – 0.25 分 出现一处计 – 0.3 分 出现一处计 – 1 分

综上所述，实验的目的是考察阅读范文对小学生记叙文写作成绩的影响。根据评价标准，提出研究假设如下：阅读范文（完整和各种不完整范文）可能会提高记叙文的写作成绩；阅读某些类型的不完整范文可能会比阅读完整范文更能提高记叙文的写作成绩。

（二）实验方法

1. 被试

从大连市某普通小学三年级的 10 个班级中，按前两次语文考试的平均分（85 ~ 90 分）选择被试 300 人，男女生各半。随机分为 10 组，每组 30 名被试，男女生各半。其中一个组为控制组，其余的 9 个组为实验组。实验组中有一个组为完整范文学习组，其余 8 个组分别为 8 种不完整范文学习组。

2. 实验设计

采用单因素实验设计。自变量是各组被试学习的范文类型，分为 10 个水平：控制组（不阅读任何范文）、完整范文组和 8 个不完整范文组。因变量为被试学习范文前后两次作文的成绩。

3. 实验材料

完整范文选自《小学生优秀作文大全》，作文题目是《记一件有意义的事》。根据"低年级小学生记叙文写作的评分指标"对原文做了适当修改，使其符合以下 4 个标准：文章结构完整，六要素具备；事件经过具体、完整，符合文章主题，叙事清晰流畅；文章中正确地运用修辞手法（比喻、拟人、夸张和排比）、成语和形容词；没有错别字、病句和错用标点符号。8 篇不完整范文都是在完整范文的基础上，删除其中的不同内容所形成的。

4. 实验程序

10 个组的实验分别在 10 个小学教室内同时分 3 个阶段进行。被试之间空一个座位。实验期间，被试之间不得进行任何交流。

第一阶段为独立写作阶段。

主试分别给每组被试呈现同一个记叙文作文题目：记一件有意义的事。指导语是"请同学们根据给定的作文题目独立写出一篇记叙文，时间是 30 分钟，没有字数的要求。请同学们尽可能地写好这篇作文"。

30 分钟后，主试收回个各组被试的作文。休息 10 分钟后进行第二阶段的实验。

第二阶段为范文学习阶段。

主试分别给各实验组被试发放不同的范文学习材料，让被试独立阅读或补写。各实验组的指导语根据阅读范文类型的不同而略有不同，例如，完整范文学习组的指导语是：请同学们认真、仔细地阅读这篇范文，并努力从中学习到自己在写作中需要的东西。

补充开头式不完整范文学习组的指导语是"请同学们认真、仔细地阅读这篇范文，并根据范文的中间和结尾的内容，开动脑筋试着把文章的开头部分补写出来，字数不限"。

控制组的被试不阅读任何范文，由教师管理上自习课。

学习范文的时间为 10 分钟。学习结束后休息 5 分钟。

第三阶段为学习范文后的第二次写作阶段。

10 个组的被试都参加第二次写作。实验组的指导语是"同学们的前一篇作文完成得很好、很认真。大家通过范文学习后，肯定会有新的写作思路和想法，现在请同学们根据前一篇作文的题目，重写这篇作文，时间还是 30 分钟，也没有字数的要求，请同学们认真努力地完成它"。

控制组的指导语是"同学们的前一篇作文完成得很好、很认真。现在请同学们根据前一篇作文的题目，重写这篇作文，时间是 30 分钟，也没有字数的要求，请同学们认真努力地完成它"。

5. 作文评分

由三名经过培训并熟练掌握"低年级小学生记叙文写作评分指标"的发展与教育心理学专业硕士研究生为评分人。

为了防止评分时的系统误差，将所有的作文编号，随机排列顺序进行评分。三位评分人依据评分指标分别对同一篇作文进行独立评分，并按照每个评价分项分别给出相应的分数。三名评分人给出的各个分项分数的一致性系数为 0.86，$p < 0.001$。不一致的评分经过三名评分人的讨论，最后达成一致的分数。

（三）结果分析

1. 前后两次作文结构分项得分的差异分析

各组被试前后两次作文结构分项得分的平均分和标准差见表 10-2。

表 10-2　前后两次作文结构分项得分的描述统计及配对 t 检验结果

实验组别	n	前测		后测		t
		M	SD	M	SD	
控制组	30	4.25	0.63	4.75	0.84	0.54
完整范文组	30	4.05	0.77	5.55	0.40	2.48*
补充开头组	30	3.95	0.83	5.25	0.65	2.47*
补充中间组	30	4.15	0.58	5.05	0.84	2.75**
补充结尾组	30	4.54	0.46	5.50	0.51	1.98*
补充中间和结尾组	30	4.68	0.25	4.40	0.75	-0.54
补充开头和结尾组	30	4.36	0.66	4.52	0.75	1.36
补充开头和中间组	30	4.45	0.91	4.76	0.79	1.76
补充要素组	30	4.43	0.62	4.26	0.76	-1.36
联接内容组	30	4.21	0.57	5.90	0.85	3.98**

注：*表示 $p < 0.05$；**表示 $p < 0.01$。

以前测作文结构分项成绩为因变量，以组别为因素变量进行单因素方差分析，方差分析结果显示，各组被试前测作文结构分项成绩之间无显著差异，F (9，299) = 1.63，$p > 0.05$。

以后测作文结构分项成绩为因变量，以组别为因素变量进行单因素方差分析，方差分析结果显示，各组被试后测作文平均成绩之间差异显著，F (9，299) = 3.29，$p < 0.05$。事后分析（方差齐性检验结果是方差不齐，所以采用 Dunnett"T3）的结果显示：联接内容组、完整范文组、补充结尾组、补充开头组补充中间组的成绩分别明显优于控制组的成绩，$ps < 0.05$；补充中间和结尾组、补充开头和结尾组、补充开头和中间组和补充要素组与控制组的成绩差异均不显著，$ps > 0.05$。

分别对各组被试两次作文结构分项的成绩进行相关样本的 t 检验，t 检验结果（见表 10 - 2）表明完整范文组、补充开头组、补充中间组、补充结尾组和联接内容组的后测作文成绩显著优于前测作文成绩。

2. 前后两次作文内容分项得分的差异分析

各组被试前后两次作文内容分项成绩的平均分和标准差见表 10 - 3。

表 10 - 3   前后两次作文内容分项得分的描述统计及配对 t 检验结果

实验组别	n	前测		后测		t
		M	SD	M	SD	
控制组	30	2.45	0.59	2.85	0.71	0.52
完整范文组	30	2.25	0.72	4.45	0.80	5.84**
补充开头组	30	2.95	0.52	3.98	0.78	2.85**
补充中间组	30	2.15	0.72	4.05	0.74	3.25**
补充结尾组	30	2.54	0.83	4.98	0.87	4.52**
补充中间和结尾组	30	2.68	0.68	3.40	0.83	1.96*
补充开头和结尾组	30	3.36	0.28	3.52	0.68	5.37**
补充开头和中间组	30	2.45	0.70	3.76	0.98	1.99*
补充要素组	30	2.65	0.73	3.26	0.61	1.97*
联接内容组	30	2.89	0.54	5.10	0.85	8.93**

注：* 表示 $p < 0.05$；** 表示 $p < 0.01$。

以前测作文内容分项成绩为因变量，以组别为因素变量进行单因素方差分析，方差分析结果显示，各组被试前测作文内容分项平均成绩之间无显著差异，$F_{(9, 299)} = 0.94$，$p > 0.05$。

以后测作文内容分项成绩为因变量，以组别为因素变量进行单因素方差分析，方差分析结果显示，各组被试后测作文内容分项平均成绩之间差异显著（$F_{(9, 299)} = 8.96$，$p < 0.01$。事后分析（方差齐性检验结果是方差不齐，所以采用 Dunnett' T3）结果显示：9 个实验组的成绩均显著优于控制组（$ps < 0.05$）。

分别对各组被试两次作文内容分项的成绩进行相关样本的 t 检验。t 检验结果（见表 10-3）表明，控制组的前后两次写作成绩间差异不显著；9 个实验组后测作文的内容分项成绩均明显优于前测作文成绩。

3. 前后两次作文词句分项得分的差异分析

各组被试前后两次作文词句项分项得分的平均分和标准差见表 10-4。

表 10-4　前后两次作文词句分项成绩的描述统计及配对 t 检验结果

实验组别	n	前测		后测		t
		M	SD	M	SD	
控制组	30	3.45	0.59	2.95	0.71	-1.44
完整范文组	30	3.52	0.72	5.10	0.80	2.54*
补充开头组	30	3.55	0.52	3.68	0.78	0.70
补充中间组	30	3.15	0.72	4.75	0.74	2.57*
补充结尾组	30	3.54	0.83	4.98	0.87	4.68**
补充中间和结尾组	30	3.68	0.68	4.10	0.83	1.28
补充开头和结尾组	30	3.06	0.28	4.52	0.68	1.96*
补充开头和中间组	30	3.45	0.70	4.76	0.98	3.25**
补充要素组	30	3.65	0.73	4.26	0.61	3.52**
联接内容组	30	3.89	0.54	5.02	0.85	5.73**

注：＊表示 $p < 0.05$；＊＊表示 $p < 0.01$。

以前测作文词句分项成绩为因变量，以组别为因素变量进行单因素方差分析，方差分析结果显示，各组被试前测作文词句分项平均成绩之间无显著差异，

F（9，299）=1.29，$p > 0.05$。

以后测作文词句分项成绩为因变量，以组别为因素变量进行单因素方差分析，方差分析结果显示，各组被试后测作文词句分项平均成绩之间差异显著，F（9，299）=5.62，$p < 0.05$。事后分析（方差齐性检验结果是方差不齐，所以采用 Dunnett'T3）结果显示，完整范文组、补充结尾组、联接内容组、补充开头组、补充中间组、补充开头和结尾组的成绩明显优于控制组的成绩（$ps < 0.05$）；而补充中间和结尾组、补充开头和中间组、补充要素组与控制组的成绩差异不显著（$ps > 0.05$）。

分别对各组被试两次作文词句分项成绩进行相关样本的 t 检验，t 检验结果（见表 10 – 4）表明，除了控制组、补充开头组、补充中间和结尾组前后两次作文词句分项成绩之间差异不显著之外，其他各实验组后测作文词句分项成绩明显优于前测作文词句分项成绩。

4. 前后两次作文写作错误分项得分的差异分析

各组被试前后两次作文写作错误分项成绩的平均分和标准差见表 10 – 5。

表 10 – 5　前后两次作文写作错误分项的描述统计结果

实验组别	n	前测		后测	
		M	SD	M	SD
控制组	30	− 0.29	0.46	− 0.40	0.65
完整范文组	30	− 0.10	1.36	− 0.55	1.23
补充开头组	30	− 0.32	0.94	− 0.74	0.35
补充中间组	30	− 0.31	3.12	− 0.08	2.98
补充结尾组	30	− 0.76	0.23	− 0.07	0.64
补充中间和结尾组	30	− 0.97	1.24	− 0.99	1.95
补充开头和结尾组	30	− 1.02	0.27	− 0.79	0.24
补充开头和中间组	30	− 0.96	0.10	− 0.17	0.04
补充要素组	30	− 0.69	1.36	− 0.38	1.23
联接内容组	30	− 0.96	1.23	− 0.92	2.44

以前测作文写作错误分项成绩为因变量，以组别为因素变量进行单因素方

差分析，方差分析结果显示，各组被试前测作文写作错误分项平均成绩之间无显著差异，$F_{(9, 299)} = 1.88$，$p > 0.05$。

以后测作文写作错误分项成绩为因变量，以组别为因素变量进行单因素方差分析，考察 10 个组的成绩差异。方差分析结果显示，各组被试后测作文写作错误分项平均成绩之间差异不显著，$F_{(9, 299)} = 1.26$，$p > 0.05$。

（四）讨论

1. 阅读范文对写作的多重增益

实验结果表明，三年级小学生阅读完整的和 8 种不完整的记叙文范文后，记叙文写作内容分项的成绩都明显提高；阅读完整范文和其中的 4 种不完整范文（补充开头、补充中间、补充结尾、联结内容）后，记叙文写作的结构分项成绩明显提高；阅读完整范文和其中的 6 种不完整范文（补充中间、补充结尾、补充开头和结尾、补充开头和中间、补充要素、联结内容）后，记叙文写作的词句分项成绩明显提高。这表明阅读范文对小学生初学记叙文写作的增益是多方面的。

近年来，有人提出单内容样例（single – content examples）和双内容样例（double – content examples）的划分（Schworm & Renkl, 2007；Renkl, Hilbert & Schworm, 2009）。单内容样例只包含一个方面的内容，即所要学习的概念、原理和规则等，这被称为学习域（learning domain）的知识。而双内容的样例包括学习域（learning domain）和示例域（exemplifying domain）两个方面的内容。其中，学习域是指样例中所包含的概念、原理和规则性知识，而示例域是指样例中所涉及的具体内容。Renkl 等人（2009）以范文为例，说明了双内容样例中学习域与示例域两种知识的内涵和关系。学生学习范文的写作，必须理解和掌握范文中两个方面的内容：一个是文章写作的基本规则和内容结构，即文章写作的学习域知识，另一个是与作文主题相关的背景知识，即示例域的知识。学习者必须进行双内容的加工，并整合两方面的知识，才能学会写出一篇符合要求的文章。本研究结果表明，范文不仅是双内容样例，而且是多内容样例。小学生阅读范文后，不仅在记叙文写作内容结构的完善和主题内容的表述上获得增益，而且在句子的修辞和形容词的正确运用上也获得增益。

2. 关于阅读不完整范文对写作增益的类型差异

在小学生作文教学实践中，教师也多采用范文教学策略，引导、鼓励学生阅读范文，并为学生推荐和讲解范文。但所采用的范文都是完整范文，没有具体考察不完整范文的学习效果。本研究发现，不仅阅读完整范文有助于小学生作文成绩的提高，而且阅读一些不完整范文也有助于小学生作文成绩的提高。其中，阅读补充开头、补充中间、补充结尾、联结内容等的不完整范文，明显提高了作文内容结构的成绩。这样的实验结果为小学生的范文教学提供了有益的参考。教学中可以让学生阅读删除了开头、中间或结尾的不完整范文，并要求他们补写删除的部分，这样会收到更好的学习效果。

选择或设计不完整范文要有针对性。例如，为了提高初学写作小学生记叙文写作内容结构的成绩，应该选择或设计联结内容式和删除开头、中间或结尾的不完整范文，并要求他们补写删除的部分。学生为了补写不完整的范文，必须认真阅读范文的内容，以保证补写内容与范文内容的连贯性和完整性。这种补写不完整范文的训练既降低了初学写作的难度，又有助于写作成绩的提高，会收到事半功倍的学习效果。同时也要注意，不能给初学写作的小学生提供删除内容较多的不完整范文，例如，删除了开头和中间、中间和结尾、开头和结尾的不完整范文。因为实验结果表明，初学写作的小学生很难补写这种删除 2/3内容的不完整范文，而且不利于写作成绩的提高。原因很清楚，删除的内容过多会破坏范文的完整性，增加补写难度，这对初学写作的小学生来说是不利的。就补写不完整范文的难易程度而言，补写联结内容式不完整范文最容易，只需将开头、中间和结尾的内容有机地联系起来，适合初学写作或写作能力较差的学生；其次是补写开头、中间或结尾的不完整范文。因为补写这类不完整范文，有 2/3 的内容可供学生阅读和参考；而补写删除 2/3 内容的范文，由于范文的整体性差，可供学生阅读和参考的内容太少，补写难度较大，不适合初学写作的小学生，但可能适合于有了一定写作基础和写作能力的学生。

关于阅读不完整范文对小学生记叙文写作词句成绩的增益没有发现明显的规律性结果。实验结果表明，阅读补充中间、补充结尾、补充开头和结尾、补充开头和中间、补充要素、联结内容等不完整范文后，作文的词句成绩得到明显提高；而阅读补充开头、补充中间和结尾的不完整范文对记叙文写作词句成绩的提高却不显著。其中的原因尚不清楚，容留后续研究。

3. 阅读范文与纠正写作错误

实验结果表明，从写作错误分项的成绩来看，各实验组与控制组的后测作文成绩之间无显著差异；各组前、后两次作文的错误分项得分之间也无显著差异。这表明阅读范文并不能使初学写作的小学生在写作中更有效地避免出现错别字、用错标点符号、用词不当和病句等写作错误。可能是因为初学记叙文写作的小学生阅读范文时，主要关注的是范文的内容结构、叙事顺序及方法。他们虽然可以从范文中学习到一些他们关注的形容词及句子修辞方法。但是，他们在后测作文的写作中要独立编写事件发生的时间、地点和人物，独立用词和造句并用自己的语言表述事件经过。所以，难免出现错别字、用错标点符号、用词不当和病句等错误。小学生在作文中出现上述错误是普遍现象，不仅在初学写作中出现，在以后的写作中也会出现，甚至在阅读了许多范文后还会出现。避免和纠正这种写作错误，仅靠阅读范文来纠正是远远不够的，更需要教师在批改学生作文时及时加以纠正。

（五）结论

阅读完整范文和联结内容式、补充中间式、补充开头式、补充结尾式等不完整范文能够明显提高三年级小学生记叙文写作内容结构的成绩，阅读其他 4 种类型的不完整范文作用不明显。

阅读完整范文和不完整范文均能明显提高小学生记叙文内容写作的成绩。

除了补充开头式、补充中间和结尾式两种不完整范文之外，阅读其他 7 种范文均能明显提高作文词句分项的成绩。

阅读范文对避免学生在写作中出现错别字、错用标点符号和病句的作用不显著。

作者：王瑶，张奇（通讯作者），发表于《心理发展与教育》，2012 年第 28 卷第 5 期，495－501 页。

第二部分　理论研究论文

一、数学运算规则样例学习的理论探索

本文概述了问题解决样例学习研究的进展，评述了已有样例学习理论的价值，提出了学生可以通过数学运算样例学习新运算规则的理论解释，并用自己已有的实验研究结果论证了理论解释的科学性。该理论认为学生可以通过精心设计好的数学运算样例并根据已知的数学运算规则顿悟或推断出新的数学运算规则。关键运算步骤的样例设计是数学运算规则样例学习的关键。根据数学运算规则的逻辑特点，可以分别采用分解法、逆运算法和解释法设计运算样例中的关键步骤，从而促进学生对新运算规则的顿悟和运用。

（一）样例学习研究的进展概述

样例学习的研究起源于问题解决技能上的个体差异研究。20 世纪初，问题解决技能的学习和训练开始成为教育家和心理学家关注的主题，特别是科学与数学领域内问题解决技能的学习和训练。[①] 70 年代，研究者们对专家和新手在解决诸如下棋、几何证明、代数运算和物理学习题上的差异研究显示，完全以问题解决练习的方式训练学生的问题解决技能并不一定符合认知技能获得的规律。在记忆上，De Groot（1966）的研究发现，职业棋手与业余棋手的记忆广度

---

① DEWEY J. How we think［M］. Boston：Heath. 1910.

没有显著差异，但在棋局复盘时，职业棋手比业余棋手再现的棋子更多。① 在问题解决的策略上，Simon 和 Simon（1978）的研究发现，在使用"手段—目的"分析策略解决物理学习题时，新手首先采用逆向分析策略找到能够实现目标或子目标的公式，然后再进行正向的计算；而专家则会利用相应的公式直接进行正向的计算。② 在对问题的分类上，新手常常注意问题的表面特征，而专家则更关注问题的结构特征。③ 由此，学者们指出，专家与新手在问题解决技能上的差异主要是因为前者拥有相关领域的知识结构，而后者没有形成相应的知识结构，即问题解决的图式。随后，Anderson（1987）又提出，程序性知识的获得起始于陈述性知识的学习。④

单纯进行问题解决的练习不利于甚至会阻碍陈述性知识的学习与问题解决图式的获得。Mawer 和 Sweller（1982）在实验中给被试呈现"字谜"问题，被试们可以直接采用手段—目的分析策略解决问题，也可以根据这些问题的共同结构特征推导出相应的解题规则，然后利用规则解决问题。结果显示，采用手段—目的分析策略不能解决问题，因此，这部分被试大多没有发现相应的解题规则。⑤ Sweller 和 Levine（1982）以迷津问题为实验材料，设计了两种实验条件：一种是目标明确条件，即给出迷津出口的位置；另一种是自由目标条件，即没有给出迷津出口的位置。结果表明，目标明确条件下的被试基本都没有发现迷津的结构特征，而自由目标条件下的很多被试发现了迷津的结构特征。⑥ 这两个实验结果都表明，单纯的问题解决练习（亦即解习题的练习）似乎不利于被试更好地发现、理解或运用解决问题的规则或图式。而发现、顿悟或理解解决问题的规则，掌握问题解决的图式才是提高被试问题解决技能的关键所在。

如何才能帮助被试在问题解决的学习过程中更好地发现和掌握问题解决的

① DE GROOT A D. Thought and choice in chess［M］. The Hague：Mouton Publishers，1965.
② SIMON D P，SIMON H A. Individual differences in solving physics problems［M］. Hillsdale，NJ：Lawrence Erlbaum Associates，1978：352 – 348.
③ CARROLL J S，GALEGHER J，WIENER R. Dimensional and categorical attributions in expert parole decisions［J］. Basic and Applied Social Psychology，1982，3：187 – 201.
④ ANDERSON JR. Skill acquisition：Compilation of weak – method problem solutions［J］. Psychological Review，1987，94：192 – 210.
⑤ MAWER R，SWELLER J. The effects of subgoal density and location during problem solving ［J］. Journal of Experimental Psychology：Learning and Cognition，1982，8：252 – 259.
⑥ SWELLER J，LEVINE M. Effects of goal specificity on means – ends analysis and learning ［J］. Journal of Experimental Psychology：Learning and Cognition，1982，8：463 – 474.

图式呢？学者们开始关注问题解决样例学习的效果。采用的研究范式是给被试呈现解决某个问题的样例，然后考察被试能否通过样例学习学会使用其中的规则去解决类似的问题。很多研究结果都证实了被试可以通过样例学习更好地解决类似的问题。① 与此同时，Cooper 和 Sweller（1987）的研究发现，与单纯的问题解决练习相比，学习问题解决的样例能够减轻学生的认知负荷，有助于解题图式的获得。② Sweller 等人还对样例的选择、呈现方式和呈现顺序等方面进行了大量研究，这些研究兴起了一个新的研究领域，即问题解决的"样例学习研究"。

截至目前，学者们已经实验考察了多种类型问题解决样例学习的不同效果，其中包括有无自我解释的样例、完整与不完整的样例、有子目标编码和无编码的样例、有反馈的和无反馈的不完整样例、正确的样例与错误的样例等。在样例的呈现方式上也考察了图文同时与不同时呈现的样例、视听同步呈现与不同步呈现的样例、分组呈现和交替呈现样例、呈现一个或多个样例，乃至正误样例组合等的学习效果。③ 而且，还根据样例在学习中的不同用途，设计出"过程导向"的样例和"结果导向"的样例④等。不仅如此，学者们还对问题解决样例的学习过程做出了各种理论解释。

① COOPER G, SWELLER J. The use of worked examples as a substitute for problem solving in learning algebra [J]. Cognition and Instruction, 1985, 2: 59 – 89.
ANDERSON J R, FINCHAM J M. Acquisition of procedural skills from examples [J]. Journal of Experimental Psychology: Learning, Memory and Cognition, 1994, 20: 1322 – 1340.
SIEGLE R S, CHEN Z. Developmental differences in rule learning: microgentic analysis [J]. Cognitive Psychology, 1998, 36: 273 – 310.
② COOPER G, SWELLER J. Effects of schema acquisition and rule automation on mathematical problem solving transfer [J]. Journal of Psychology, 1987, 79: 347 – 362.
③ 许德志，张奇. 碳氢共价键分子结构式正误样例组合的学习效果 [J]. 心理科学，2011, 34（2）: 386 – 392
④ VAN GOG T, PAAS F, VAN MERRIëNBOER J J G. Process – oriented worked examples: improving transfer performance through enhanced understanding [J]. Instructional Science, 2004, 32: 83 – 98.

（二）问题解决样例学习的几种理论解释

1. 相似性理论

Murphy 和 Medin（1985）根据概念学习的研究提出了样例学习的相似性理论。① 样例学习的相似性理论认为，样例学习是通过对多个相似的样例进行总结并归纳出原理而实现的。因此，在样例学习过程中，至少要呈现两个以上的样例。②

将这个理论应用到问题解决样例的学习上所涉及的研究课题有样例问题与待解决问题的相似性以及问题解决规则的相似性等。根据问题解决样例的相似性，研究者们对多重样例的呈现方式和变异性进行了大量研究③。

2. 解释性理论

样例学习的解释性理论也是基于概念学习的解释理论提出来的。概念的解释理论认为，决定概念之间区别的并不是类比成员之间的相似性，而是某一假设或解释性框架在起作用。

Lewis（1988）较早提出了问题解决样例学习的解释性理论。该理论认为样例学习是通过对一个或几个样例进行自我解释而实现的。随后，以 Chi 为代表的心理学家对学生在样例学习中的自我解释进行了大量研究④。虽然相似性理论与解释性理论是两种不同的样例学习理论，并且存在着不一致的观点，但大部分研究者都很关注如何根据这两种理论提高样例学习效果的研究。

3. 问题解决技能习得的四阶段模型

---

① MURPHY G L, MEDIN D L. The role of theories in conceptual coherence [J]. Psychological Review, 1985, 92: 289–316.

② REED S K, BOLSTAD C R. Use of examples and procedures in problem solving [J]. Journal of Experimental Psychology: Learning, Memory, and Cognition, 1991, 17: 753–766.

③ SPIRO R J, FELTOVICH P J, JACOBSON M, et al. Cognitive flexibility, constructivism and hypertext: Advanced knowledge acquisition in ill–structured domains [J]. Educational Technology, 1989, 31: 24–33.
GENTNER D, LOEWENSTEIN J, THOMPSON L. Learning and transfer: A general role for analogical encoding [J]. Journal of Educational Psychology, 2003, 95: 393–408.

④ CHI M T H, DE LEEUW N, CHIU MEI–HUNG, et al. Eliciting self–explanations improves understanding [J]. Cognitive Science, 1994, 18: 439–477.
CONATI C, VAN LEHN K. Toward computer–based support of metacognitive skills: A computational framework to coach self–explanation [J]. International Journal of Artificial Intelligence in Education, 2000, 11: 389–415.

　　Anderson 和他的同事提出了认知技能获得的 ACT，又称为思维的"适应控制理论"（adaptive control theory）①。该理论将知识分为陈述性知识和程序性知识两大类，前者是以命题网络的形式表征的，后者是以产生式系统表征的，二者可以相互转化。根据 ACT 理论，认知技能的获得过程是：知识先以陈述性的形式进入记忆系统，然后用"弱方法"（weak method）产生问题解决的方案，再通过知识编辑过程形成新的产生式，即认知技能。所谓"知识编辑"就是根据问题情景生成有效的专门领域的产生式的过程。它包括两个不同的过程——"程序化"与"合成"。程序化是指将陈述性知识转化为程序性知识，从而使问题解决的方法由弱方法转化为专门的产生式，即形成专门的问题解决方法；合成是指一系列产生式组合成一个大的产生式，并仍具有产生式的功能。

　　20 世纪 90 年代后，Anderson 及同事（1994）对 ACT 进行了修改，提出了 ACT - R（adaptive control theory - rational）。与 ACT 不同的是，首先，ACT - R 开始强调陈述性知识的习得，并且认为样例学习是陈述性知识习得的重要方法和途径；其次，ACT - R 强调样例在程序性知识应用中的重要作用②。随后，Anderson，Fincham 和 Douglass（1997）在 ACT - R 的基础上，提出了问题解决技能获得的四阶段重叠模型③：第一阶段，问题类比解决阶段，即学生搜索记忆中贮存的样例，检查它与所要解决的问题之间的关系；第二阶段，规则提取阶段，即学生通过观察样例归纳出抽象的陈述性规则，并指导他们解决问题和进行相应的练习；第三阶段，程序性规则形成阶段，即学生经过大量的练习后成绩平稳上升，在解决问题时不需要太多的注意资源；第四阶段，样例贮存阶段，即在对大量不同类型的问题解决进行练习之后，学生的记忆中贮存了许多具体样例，这样，他们在遇到相同问题时就可以迅速而直接地从

①　ANDERSON J R. Acquisition of cognitive skill ［J］. Psychological Review，1982，89：369 - 406.

　　ANDERSON J R. Skill acquisition：Compilation of weak - method problem solutions ［J］. Psychological Review，1987，94：192 - 210.

　　ANDERSON J R，FINCHAM J M. Acquisition of procedural skill from examples ［J］. Journal of Experimental Psychology：Learning，Memory，and Cognition，1994，20：1322 - 1340.

②　ANDERSON J R，FINCHAM J M. Acquisition of procedural skill from examples ［J］. Journal of Experimental Psychology：Learning，Memory，and Cognition，1994，20：1322 - 1340.

③　ANDERSON J R，FINCHAM J M，DOUGLASS S. The role of examples and rules in the acquisition of a cognitive skill ［J］. Journal of Experimental Psychology：Learning，Memory，and Cognition，1997，23：932 - 945.

记忆中提取问题解决的方法。他们认为，每两个阶段之间没有明显的界线，存在着重叠。

4. 认知负荷理论

所谓认知负荷（cognitive load）是指人在加工某种信息或学习材料时所需要的认知资源的总量。① 人的学习或认知加工是在工作记忆系统进行的。而且工作记忆系统内用于加工和短时储存信息的认知资源是有限的。如果人的认知加工所需要的认知资源超过了工作记忆系统的认知资源总量，就会造成认知超负荷（cognitive overload），从而制约学习或认知加工的进行。

不同类型材料的认知加工所需要的认知资源是不同的。Sweller（1994）把彼此之间相互独立、没有联系的学习材料或信息称为"低成分互动材料"（low element interactivity material）；把彼此之间紧密联系的学习材料或信息称为"高成分互动材料"（high element interactivity material）②。由于学习材料之间的关系不同，对其认知加工所需要的认知负荷也不同。低成分互动材料如人名、外语词汇或者化学符号等。由于这种材料彼此独立，一个成分的学习受其他成分的影响较小，因此，可以采用继时性加工方式学习这种材料的每个成分。所以这种材料的学习不会产生较高的认知负荷，也不会降低学生对学习材料的理解和掌握。高成分互动材料包括语法、化学反应方程式的配平或数学运算规则等。由于这种材料在工作记忆中需要作为一个整体同时被加工，如果采用继时性加工，就会失去其原有的意义，加上工作记忆容量有限，因此，这种材料的学习需要较高的认知负荷。加工比较熟悉的高成分互动材料时，由于长时记忆中已经形成了这种材料的图式，它们在工作记忆中可以作为一个成分而被加工，因此，不需要太多的认知资源，从而克服了工作记忆容量有限这个问题；但在加工不熟悉的材料时，由于长时记忆中没有相应的图式，往往需要采用问题解决搜索策略对材料进行加工，这往往会给工作记忆带来沉重负担。因此，低成分互动材料和熟悉的高成分互动材料往往不需要较高的认知负荷，而不熟悉的高

① SWELLER J. Cognitive load during problem solving: Effects on learning [J]. Cognitive Science, 1988, 12: 257 – 285.
② SWELLER J, CHANDLER P. Why some material is difficult to learn [J]. Cognition and Instruction, 1994, 12: 185 – 233.

成分互动材料常常会产生高认知负荷甚至认知超负荷①。

Paas 等人（2003）根据其影响因素及作用的不同将认知负荷分为三种类型：外在认知负荷、内在认知负荷和相关认知负荷。② 外在认知负荷（extraneous cognitive load）是由学习材料的组织和呈现形式所引起的不利于信息加工与知识获得的认知负荷。它是与材料设计有关的一种无效认知负荷。外在认知负荷主要与教学设计有关③。内在认知负荷（intrinsic cognitive load）是由学习材料本身的复杂性所引起的认知负荷。内在认知负荷的高低取决于学习材料的复杂性和学生已有的知识经验④。由于每种学习材料本身所包含的成分数量和成分之间的关系，即学习材料的复杂性是固定的。因此，教学设计无法改变学习材料本身所引起的内在认知负荷。但如果学生具有与学习材料相关的专业知识，那么他们在学习时，就会比新手需要更少的内在认知负荷。这是因为专家具有与学习材料相关的图式或自动化图式，即使这类材料包含多种成分并且各种成分之间关系复杂，它们在工作记忆中也只作为一个组块，这就大大减小了工作记忆负荷。因此，由学习材料所引起的内在认知负荷的高低不仅取决于学习材料本身的复杂性，还受学生已有知识水平的影响。相关认知负荷（germane cogni-

① KIRSCHNER P A. Cognitive load theory: Implications of cognitive load theory on the design of learning [J]. Learning and Instruction, 2002, 12: 1 – 10.

MORENO R. When worked examples don't work: Is cognitive load theory at an impasse? Learning and Instruction [J], 2006, 16: 170 – 181.

CORBALAN G, KESTER L, VAN MERRIëNBOER J J G. Selecting learning tasks: Effects of adaptation and shared control on learning efficiency and task involvement [J]. Contemporary Educational Psychology, 2008, 33: 733 – 756.

② PAAS F, RENKL A, SWELLER J. Cognitive load theory and instructional design: Recent developments [J]. Educational Psychologist, 2003, 38: 1 – 4.

③ TINA S, ROLAND B. Cognitive load and the format of instructional aids for coherence formation [J]. Applied Cognitive Psychology, 2006, 20: 321 – 331.

PILLAY H K. Cognitive load and assembly tasks: Effects of instructional formats on learning assembly procedures [J]. Educational Psychology, 1997, 17: 285 – 299.

④ YEUNG A S. Cognitive load and learner expertise: Split – attention and redundancy effects in reading comprehension tasks with vocabulary definitions [J]. The Journal of Experimental Education, 1999, 67: 179 – 217.

POLLOCK E, CHANDLER P, SWELLER J. Assimilating complex information [J]. Learning and Instruction, 2002, 12: 61 – 86.

LEAHY W, SWELLER J. Interactions among the imagination, expertise reversal, and element interactivity effects. Journal of Experimental Psychology: Applied, 2005, 11: 266 – 276.

tive load）是由学习材料的组织和呈现形式所引起的有利于信息加工与获得的认知负荷，它是与材料设计有关的一种有效认知负荷。相关认知负荷也与教学设计有关，但与外在认知负荷不同的是相关认知负荷不仅不阻碍样例学习，反而促进样例学习。例如，学生对样例的自我解释会促使学生把有限的认知资源分配到有效的学习活动中去①。

综合上述实验和理论研究，不难发现，这些研究的目的是试图让学生通过问题解决的样例学习来提高他们应用规则解决问题的能力。确切地说，就是通过问题解决样例的学习，扩大解决问题规则运用的迁移效果。所以，更确切地说，这些样例学习研究的是"问题解决样例"的学习。因为，实验研究的前提条件是在被试学习了相应的解决问题的规则之后才学习问题解决的样例，进而考察问题解决样例学习之后，对问题解决的促进作用。

上述样例学习的理论也主要是用来解释或说明问题解决样例学习的。而且，前两个理论是从概念样例学习理论引申发展而来的，并不是针对问题解决样例学习提出的。认知负荷理论主要用于解释认知学习过程中，学习内容的难易程度和学习材料的设计及呈现方式与学生心理资源的分配以及学习效果三者之间的关系。原则上讲，它适合解释学习任何知识内容的认知资源分配。由于它与样例的设计有关，即如何减少样例的外在认知负荷、增加相关认知负荷等，所以，它可以在一定程度上解释样例设计与样例学习效果之间的关系。但是，它并没有回答知识是如何被学会的，而实际上是在解释认知加工过程（知识学习过程）中认知资源是怎样分配的。

Anderson 等人的 ACT－R 描述了问题解决的过程，并与问题解决的样例学习有关。尤其是它明确指出，对当前的问题与已知的问题解决样例的类比和抽象，可以概括出解决当前同类问题的陈述性规则，这是形成解决同类问题的程序性规则的前提条件。也就是说，只有概括出解决问题的陈述性规则，才能形成程序性规则，进而解决问题。但是，在问题解决的样例学习过程中，被试完

---

① LEAHY W, SWELLER J. The imagination effect increases with an increased intrinsic cognitive load ［J］. Applied Cognitive Psychology, 2008, 22：273－283.
AINSWORTH S, LOIZOU A T. The effects of self－explaining when learning with text or diagrams ［J］. Cognitive Science, 2003, 27：669－681.
DEMETRIADIS S N, PAPADOPOULOS P M, STAMELOS I G, et al. The effect of scaffold students' context－generating cognitive activity in technology－enhanced case－based learning ［J］. Computers and Education, 2008, 51：939－954.

全有可能按照问题解决样例的程序去解决当前的问题，而没有真正理解或没有全面理解这个程序性规则背后的陈述性规则。

（三）数学运算规则样例学习的理论解释及实验例证

如上所述的样例学习研究主要考察了学生在学习了解决有关问题的规则后，如何通过某种形式和数量的问题解决样例的学习，来提高学生解决问题的能力。所以，我们把这种样例学习称为"问题解决样例"的学习，即学生通过对问题解决样例的学习，学会成功地解决问题，从而提高问题解决能力的过程。这种样例学习的过程实际上是学生如何通过学习解决问题的样例，学会正确选择、组合和运用已知规则并用正确的规则解决问题的过程。这种学习的主要特征是学生在学习问题解决样例之前已经学习过了解决问题所需要的有关规则。样例学习的目的主要是学会如何运用规则解决问题并获得更好的问题解决的迁移效果。

既然学习问题解决的样例可以提高问题解决的效率和效果，那么，是否可以通过样例学习，学习问题解决的规则，诸如数学运算规则、物理和化学规则、写作规则和语法规则？如果能够设计出各种有效的样例，使学生通过学习这些样例来理解和掌握相关的规则，就可以实现规则的自主学习，这无疑具有学习和教育意义。为了有别于问题解决的样例学习，我将这种样例学习称为"规则样例学习"。为此，从本世纪开始，我和研究生们开始了这方面的实验研究和理论探索。

我们的规则样例学习实验研究已经由最初的数学运算规则的样例学习扩展到记叙文写作和化学知识等方面的规则样例学习。实验研究结果表明，小学生可以通过算术运算样例"学会"其中的部分运算规则，进行相应的算术运算；甚至六年级小学生可以通过代数运算的样例部分地学会代数运算规则。显然，用上述解释问题解决样例学习的几种理论是不能解释这些实验结果的。为此，国内的一些专家也建议我建构规则样例学习理论。对系列实验结果做出一般的理论解释或者说建构一个规则样例学习理论应该具备四个基本条件：首先，理论解释要与已有的实验结果相吻合；其次，能得到后续实验研究的进一步验证；再次，理论解释的范围要有一定的局限性；最后，做出的理论解释不应该与学界公认的一般学习理论相悖。根据上述条件，我对"数学运算规则的样例学习"做出如下理论解释。

1. 科学数理逻辑规则的一般含义

抽象地讲，规则是两个或两个以上概念之间关系的表述和相应活动的操作性准则。它的实质是一事物与他事物之间内在的逻辑关系或因果关系。规则的种类很多，教课书上常见的科学数理逻辑规则有数学定理、运算法则、物理学定律、化学反应方程式等。前科学时代，人们主要通过自然观察和实践经验的总结来发现和概括科学的数理规则，如"24 节气"和"勾股定理"等。科学时代，科学家主要通过科学实验的手段探索和发现事物运动变化的规律或规则，如"欧姆定律""左手定则""右手定则"等。科学的数理逻辑规则隐藏在事物表面现象的背后，但确是可以被人发现、抽象、概括和认识的。学生学习科学的数理逻辑规则有以下三个主要途径：一是通过重复或演示前人的实验来认识科学的数理逻辑规则，例如，学生通过做物理或化学实验来理解隐含在现象背后的逻辑规则；二是通过已知的数理逻辑规则推演出新的逻辑规则，例如，通过物理或数学公式的逻辑推导获得新的规则；三是通过运算样例来学习或顿悟数理逻辑规则，例如，通过运算样例学习运算规则等等。数学运算规则的样例学习就是通过后一种途径习得运算规则的。

2. 间接经验知识学习的一般原理

我们把人们获得科学知识的途径分为两大类：一类是通过自身直接经历的实践活动（如科学实验）所获得的知识，简称"直接经验的知识"，例如，中国古人总结的"24 节气歌"、物理学家欧姆发现的电流定律（即欧姆定律）等；另一类是通过阅读他人著述的科学书籍或编撰的专业教材、聆听老师的讲授、观察他人的行为操作所获得的知识，简称"间接经验的知识"。学生在课堂上所获得的知识主要是间接经验的知识。

学生学习数学运算规则可以通过聆听数学教师的课堂讲授获得，也可以通过观察教师的演算过程（黑板上的演算和公式推导）获得，还可以通过自己阅读数学教材获得。不论教师讲授还是学生自己阅读教材，数学运算规则的传授和习得都离不开运算样例。所谓"数学运算样例"就是依据一定的运算规则、用数字和符号记载运算过程和结果的记录。在一般的数学课堂教学中，教师首先向学生提出需要解决的运算问题，然后讲解运算中要用到的数学概念和运算规则，最后在黑板上演算例题的运算步骤和结果。一般情况下是教师边提问学生已知的知识、边演算、边讲解演算所依据的运算规则，这就是数学运算规则的讲授教学。这是学生学习数学运算规则最省时、省力且最容易的途径，也就是奥苏伯尔所说的"有意义的接受学习"。这样的学习可以培养学生的聆听能力和意义接受能力。但长此以往，学生容易形成依赖教师讲解的习惯，而使自己独立阅读教材的机会减少，严重的还可能使阅读能力得不到及时的发展和提高。如果学生有了必备的数学基础知识和阅读教材的能力，可以先不听教师讲解，自己阅读教材也可以在一定程度上学会运算规则。这就是读书学习，也就是布鲁纳所说的"发现学习"。这样的学习可以培养学生的阅读能力、自主学习能力和发现能力，也会在学懂之后增强自信心和自尊感。但是，这种学习的效率和效果个体差异较大，阅读能力强的学生可能比较容易；但学习能力较差的学生会感到吃力，导致学习效率下降和学习效果不良，甚至降低自信。当然，把这两种学习有机地结合起来，可以扬长避短，收到更好的学习效果。不论聆听教师课堂讲授还是学生自己阅读教材学习数学运算规则，虽然都离不开运算样例，但教师在讲解运算样例时会有对运算规则的语言解释，教材中列出的运算样例也有解释运算规则的文字说明，因此，学习起来都比仅仅通过阅读数学运算样例理解运算规则容易得多。我这里所说的数学运算规则样例学习就是让学生仅仅通过阅读数学运算的样例来理解和掌握新运算规则的学习过程。我们在一些实验研究中（张奇，林洪新，2005；张奇，郭菲菲，2008；林洪新，张奇，2007）[①] 所考察过的数学运算规则样例学习都属于这种学习。

在这样的学习条件下，那些学会了新运算规则的小学生被试是怎样通过数学运算样例的学习掌握新的运算规则并取得较好迁移效果的呢？我用实验结果及理论解释回答如下。

（四）运算规则样例学习的实验验证和理论解释

首先，为了考察学生可否通过数学运算样例学会新运算规则，我们以二年级小学生为被试（因为他们学过了加、减、乘、除运算），以四则混合运算规则为样例学习的内容（因为他们还没有学习四则混合运算），用前测严格筛选被

---

① 张奇，林洪新．四则混合运算规则的样例学习［J］．心理学报，2005，37（6）：784 - 790.

张奇，郭菲菲．小学生"去括号"运算规则的样例学习［J］．心理科学，2008，31（1）：70 - 74.

林洪新，张奇．小学生代数运算规则的样例学习［J］．心理学报，2007，39（2）：257 - 266.

试，并将四则混合运算规则分解为"小括号"、"中括号"和"无括号"三种子规则，设计了有运算标记和无运算标记的运算样例，在样例的数量上分别考察了学习一个、两个或三个样例的不同学习效果。实验的结果表明，二年级小学生被试通过学习不同类型和数量的四则混合运算样例，可以不同程度地学会四则混合运算规则。具体来说，对于"有括号"的运算规则，被试一般通过一个运算样例就可以学会，对于较难掌握的"无括号"运算规则（即先算乘、除法，后算加、减法），被试要通过 2 至 4 个样例才能学会。同时实验还证明，在问题解决样例学习研究中采用的子目标编码技术可以应用在四则混合运算规则样例的设计上，并收到促进学习的明显效果（张奇，林洪新，2005）。

第一项实验研究结果验证了我们最初提出的研究假设，即小学生可以通过运算样例学会算术运算规则。为了进一步考察小学生能否通过运算样例学会新的运算规则，我们精心选择了初中数学教材中有理数运算的"去括号"运算规则为样例学习的内容，通过前测严格筛选了三至五年级的小学生为被试，并将去括号规则分解为四种子规则，即"＋（＋）＝＋""＋（－）＝－""－（＋）＝－"和"－（－）＝＋"。实验分别考察了三个年级小学生的样例学习效果。实验结果表明，三个年级的小学生都可以不同程度地学会去括号运算规则，学习效果随年级增高而提高。而且，被试对样例的正确分类与样例学习的迁移测验成绩有显著正相关（张奇，郭菲菲，2008）。

第二项研究结果不仅进一步验证了数学运算规则的样例学习具有一定的普适性，而且验证了通过运算样例的学习能够使小学生学会新的运算规则。然而，前面这两项实验研究用的都是算术运算样例。要想进一步证明通过数学运算样例的学习可以使学生学会新运算规则的普遍性，必须做代数运算规则的样例学习实验。

为此，我们以六年级小学生为被试，以"完全平方和"与"平方差"的代数运算规则为样例学习的内容，设计了完整的和不完整的两种运算样例，考察了六年级小学生能否通过代数运算样例学会新的代数运算规则。然而，实验结果却表明，多数被试难以学会"平方差"运算规则，只有少数被试学会了"完全平方和"运算规则（林洪新，张奇，2007）。为什么代数运算规则样例学习的效果如此之差呢？经过分析，我们发现在运算样例中有被试没有学过的运算符号 a^2 和 b^2。正是由于被试不认识这种新的运算符号，也不能理解它所表示的新运算规则，所以大多数被试的样例学习失败了。

　　数学运算样例的每一步运算都是按照一定的运算规则进行的。也就是说，数学运算样例中的每一步骤运算都隐含着一个运算规则。适合用于样例学习的运算样例中应该既有运用学生已知的运算规则（以前学过的）进行运算的步骤，也应该有用学生未知的运算规则（未学过的）作出运算的步骤。如果在一个数学运算样例中每个步骤都隐含着学生未知的新运算规则，这样的运算样例是不适合进行样例学习的，学生也不可能通过这种样例学会新的运算规则。相反，如果在数学运算样例中，每个运算步骤运用的都是学生已知的运算规则，这种样例对于学生来说没有新的运算规则可学，等同于复习已知的运算规则。

　　所以，用于学习新的运算规则所采用的运算样例中一定既有学生已知的运算规则，也有未知的新运算规则。这是我们对数学运算规则样例学习做出理论解释的大前提。学生在学习数学运算样例时，当他们遇到用已知的运算规则进行运算的步骤时，可以通过对已知运算规则的回忆或再认迅速理解和掌握这个运算步骤。可是，当他们遇到新的运算符号所隐含未知运算规则的运算步骤时，就会出现学习困难。例如，没有学习过乘方运算的学生，如果在所学的运算样例中遇到 a^2 和 b^2 这样的算符时就会表现出困惑和不解，并因此制约样例学习的进行。我们把数学运算样例中出现新运算符号的运算步骤称之为"关键步骤"。之所以这样称谓，主要是因为运算步骤中的"新算符"（新运算符号的简称）隐含着学生未知的新运算规则，它成为制约样例学习成败的关键因素。如果能用有效的样例设计，帮助学生利用已知的运算规则领会或顿悟新运算符号所表达的新运算规则，那就可以解决数学运算样例中关键步骤的学习。

　　在我们的积极努力下，探索出一些利用被试已知的运算规则推断出（或顿悟）新算符所表示的新运算规则的关键运算步骤的样例设计方法。一是"分解法"，即在数学运算样例的设计中，如果遇到学生没学过的新算符，就把运用新算符进行运算的步骤分解为学生可以利用已知的运算规则推断出新算符运算含义的运算步骤。例如，学过乘法运算的学生都知道乘法的运算规则，但不了解乘方运算的算符所表达的运算规则。因此，在有乘方运算符号的运算样例中，我们就可以把乘方运算分解为乘法运算的步骤，即把 a^2 分解为 $a \times a$。这样，没学过乘方运算的学生就可以通过已知的乘法运算规则顿悟出乘方运算的规则并领会乘方运算符号的数学意义。二是"逆运算法"。数学运算都有逆运算。因此，在有学生未知新算符的关键步骤的样例设计中，我们可以把它用逆运算步骤表示出来。这样被试就可以利用已知的运算规则推断出新算符的数学含义。

例如，被试学习过乘方运算，但还没学习开方运算。在有开方运算的样例中我们可以把开方运算的关键步骤设计成先乘方、再开方的的运算步骤，这样被试就比较容易理解开方运算算符的数学含义和开方运算规则了。第三种方法是"解释法"。这种方法是将新算符所表示的运算步骤用学生已知运算规则的运算样例来加以解释。例如，我们可以在运算样例中用加法的运算样例来解释乘法算符的意义及乘法运算规则；用同底数幂指数的加、减法运算样例来解释同底数幂的乘、除法运算规则等。

更多利用学生已知的数学运算规则顿悟或推断出新算符意义即新运算规则的关键步骤样例设计方法还在进一步的深入探索中。我们确信，任何学生未知的或没学过的新算符或者新的数学运算规则都可以用学生已知的算符和运算规则表示出来，使学生利用已知的数学运算规则领悟新的运算规则。因此，经过对数学运算样例中的关键步骤进行各种有效的样例设计，可以使学生利用已知的数学运算规则学习新算符或未知的数学运算规则。

我们之所以探讨运算规则的样例学习，是因为这种数学运算规则的样例学习既可以满足学生自主学习的需要，又可以激发学生自主学习的兴趣和积极性。它虽然比阅读教材的发现学习更有难度（因为教材中有运算规则的文字解释和概括），但它比阅读教材的发现学习更富有挑战性。那些富有挑战精神的学生可能更乐于接受这种富于智慧挑战性的学习方式。它既为教材编写中的例题设计和科普读物的写作提供直接的理论和技术指导，也可为广大教师选择或设计例题进行规则课堂教学提供有实用价值的参考。按照本文中提出的关键运算步骤的样例设计方法，可以把数学教材中的运算样例、应用题解题样例和其他教材中（例如物理学）的公式推导过程以及用运算步骤所表达的问题解决样例（例题）设计得更容易被学生接受。这就是数学运算规则样例学习研究的实际应用价值。

目前，关于规则样例学习的实验研究已经超出了数学运算规则样例学习和数学运算样例中关键步骤学习的范畴。但是，为了慎重起见，本文所做出的理论解释还仅限于数学运算规则的样例学习，涉及多学科和多领域规则样例学习一般理论的建构还有待进一步的努力。

二、数学运算规则的样例学习：实验研究与理论探索

在样例学习研究领域，作者着眼于规则的样例学习研究，尤其是对数学运算规则的样例学习做了一系列的实验研究和理论探索。最初的实验研究在小学生四则混合运算规则和"去括号"运算规则的实验中取得了预期结果，但在小学生代数运算规则的样例学习实验研究中却遇到了问题。经过对问题原因的深入分析，提出了数学运算样例中新算符及新规则设计的"解释法""转换标记法"和"解释—标记法"，并在指数与对数转换规则和对数运算规则以及分数和比例运算规则的样例学习实验中证实了这些样例设计方法的优越性。根据上述实验研究，对样例学习的性质、样例学习理论的建构等理论问题以及样例学习如何兼顾学生个体差异等教学实践问题做出了明确的回答。

（一）引言：样例学习研究的简要回顾

1. 样例学习研究的源起

问题解决技能的培训，尤其是科学与数学领域问题解决技能的培训，早在20世纪初就引起教育家和心理学家们的关注。[1] 有关专家与新手问题解决能力的差异研究表明，单纯让学生进行问题解决的练习，不一定符合问题解决技能形成的一般规律。有些研究发现，专家与新手在棋局复盘成绩上的差异、采用策略解决问题上的差异，以及在问题分类上的差异主要是因为专家拥有相关领域的知识结构，而新手没有形成相应的知识结构或图式[2]。因此，Anderson 提出

---

[1] DEWEY J. How we think [M]. Boston：Heath，1910.

[2] DE GROOT A D. Thought and choice in chess [M]. The Hague：Mouton Publishers，1965.
SIMON D P，SIMON H A. Individual differences in solving physics problems [M] // SIEGLER R S. Children's thinking：What develops? . Hillsdale，NJ：Lawrence Erlbaum Associates. 1978：325 – 348.
CARROLL J S，GALEGHER J，WIENER R. Dimensional and categorical attributions in expert parole decisions [J]. Basic and Applied Social Psychology，1982，3：187 – 201.

了"程序性知识的习得应该从陈述性知识的学习开始"① 的观点。

由于单纯的问题解决训练不利于问题解决图式的获得，学者们开始关注如何通过问题解决的样例学习，来提高学生的问题解决技能。一些研究发现，学生可以通过样例的学习，发现并运用规则来解决类似的问题。② 而且，与单纯的问题解决练习相比，样例学习能够减轻学生的认知负荷，有助于规则的学习和问题解决图式的获得。③ 20 世纪 80 年代以来，以 Sweller 为代表的心理学家们对样例学习进行了大量实验研究，并提出了认知负荷理论。这些研究使"样例学习"成为一个倍受心理和教育学者们关注的研究领域。

2. 样例学习早期实验研究所关注的问题

样例学习早期实验研究所关注的研究课题是样例内特征、样例间特征和"自我解释"对样例学习效果的影响。

样例内特征是单个样例的信息结构特征。整合样例中的各种信息，能够促进并提高样例学习的效果。④ 需要整合的信息包括文本与图示信息的整合、视觉与听觉信息的整合以及对解题步骤加上子目标编码。

如果样例中既有图形又有文字，例如，在几何证明例题中，既有几何图形（即图示信息）又有文字证明（即文本信息），如果两者过于分散，就会耗费学生的注意力、降低样例学习的效率。有人将这种现象称为"分散注意效应"⑤。

---

① ANDERSON J R. Skill acquisition：Compilation of weak – method problem solutions [J]. Psychological Review，1987，94：192 – 210.

② COOPER G，SWELLER J. The use of worked examples as a substitute for problem solving in learning algebra [J]. Cognition and Instruction，1985，2：59 – 89.
ANDERSON J R，FINCHAM J M. Acquisition of procedural skills from examples [J]. Journal of Experimental Psychology：Learning，Memory and Cognition，1994，20：1322 – 1340.
SIEGLE R S，CHEN Z. Developmental differences in rule learning：microgentic analysis [J]. Cognitive Psychology，1998，36：273 – 310.

③ COOPER G，SWELLER J. Effects of schema acquisition and rule automation on mathematical problem solving transfer [J]. Journal of Psychology，1987，79：347 – 362.

④ BODEMER D，POLETZNER R，FEUERLEIN I，et al. [J]. Learning and Instruction，2004，14：325 – 341.

⑤ TARMIZI R A，SWELLER J. Guidance during mathematical problem solving [J]. Journal of Educational Psychology，1988，56：40 – 71.

避免分散注意效应的方法就是将文本信息整合到图示信息中。①

有人认为，工作记忆的视、听通道是相对独立的。② 许多研究发现，同时采用视、听两个通道加工信息其效果好于单通道加工信息的效果。③ 这种现象称为"通道效应"④。有学者以中学生为被试，以几何证明题为样例材料进行了实验研究。实验设计了三种样例：一种是视觉呈现几何图形和证明过程（即"视—视"）；另一种是视觉呈现几何图形、听觉呈现证明过程（即"视—听"）；第三种是视觉呈现几何图形，并以视、听两种形式呈现证明过程（即"视—视—听"）。实验结果表明，第一种样例的学习效果最差。⑤ 后来，有人又创设了"视—视—视觉提示"呈现的样例，即利用一个"视觉提示"（即一个闪烁的光

———————————

① WARD M, SWELLER J. Structuring effective worked examples [J]. Cognition and Instruction, 1990, 7: 1 – 39.

CHANDLER P, SELLER J. Cognitive load theory and the format of instruction [J]. Cognition and Instruction, 1991, 8: 293 – 332.

CHANDLER P, SWELLER J. The split – attention effect as a factor in the design of instruction [J]. British Journal of Educational Psychology, 1992, 62: 233 – 246.

许远理，朱新明，李亦菲. 材料的呈现方式如何影响学习的效果和过程 [J]. 心理科学，1998, 21: 560 – 561.

KEHOE E J, BEDNALL T C, YIN L, et. al. Training adult novices to use computers: Effects of different types of illustrations [J]. Computers in Human Behavior, 2009, 25: 275 – 283.

CHANDLER P, SWELLER J. The split – attention effect as a factor in the design of instruction [J]. British Journal of Educational Psychology, 1992, 62: 233 – 246.

② MAYER R, ANDERSON R B. Animations need narrations: An experimental test of a dual – coding hypothesis [J]. Journal of Educational Psychology, 1991, 83: 484 – 490.

③ MAYER R, ANDERSON R B. The instructive animation: Helping students build connections between words and pictures in multimedia learning [J]. Journal of Educational Psychology, 1992, 84: 444 – 452.

ARGUEL A, JAMET E. Using video and static pictures to improve learning of procedural contents [J]. Computers in Human Behavior, 2009, 25: 354 – 359.

CLARK J M, PAIVIO A. Dual coding theory and education [J]. Educational Psychology Review, 1991, 3: 149 – 210.

④ GINNS P. Meta – analysis of the modality effect [J]. Learning and Instruction, 2005, 15: 313 – 331.

MOUSAVI S Y, LOW R, SWELLER J. Reducing cognitive load by mixing auditory and visual presentation modes [J]. Journal of Educational Psychology, 1995, 87: 319 – 334.

⑤ JEUNG H, CHANDLER P, SWELLER J. The role of visual indicators in dual sensory mode instruction [J]. Educational Psychology: Learning, Memory, and Cognition, 1997, 8, 252 – 259.

标）将被试的注意力集中在几何图形与证明过程上。结果表明，该种样例的学习效果显著好于前者。①

Catrambone 等人采用"子目标编码"的样例设计方法来克服学生在样例学习过程中出现的分散注意效应。② 子目标编码是使用一种"标记"，提醒学生着重注意样例中问题解决的子目标③。有研究发现，有标记的样例比无标记的样例明显地提高了学习成绩。④ 国内学者对子目标编码在解决新问题中的作用进行了研究，结果显示，采用子目标编码的解题步骤有利于学生消除由于表面概貌及对应变化所带来的消极影响，并能够促进原理的理解和概化图式的获得。⑤

样例间特征研究所考察的主要问题是多重样例的数量、多重样例之间的变异及样例与练习的结合方式对样例学习效果的影响。

样例既有表面特征又有结构特征。样例的表面特征是由样例中的具体事物或内容所决定的特征；而样例的结构特征则是直接关系问题解决规则的选择和运用，并直接影响问题能否被解决的内部结构特征⑥。多重样例之间的变异性是指样例之间的各种不同，其中，既有表面特征的不同也有结构特征的不同。国内学者在研究中发现，多重样例的变异和自我解释虽然对近迁移成绩影响不

---

① MOUSAVI S Y, LOW R, SWELLER J. Reducing cognitive load by mixing auditory and visual presentation modes [J]. Journal of Educational Psychology, 1995, 87: 319 –334.

② CATRAMBONE R. Improving examples to improve transfer to novel problems [J]. Memory and Cognition, 1994, 22: 606 –615.
CATRAMBONE R, JONES C M, JONIDES J, et al. Reasoning about curvilinear motion: Using principles or analogy [J]. Memory and Cognition, 1995, 23: 368 –373.
CATRAMBONE R. The subgoal learning model: Creating better examples so that students can solve novel problems [J]. Journal of Experimental Psychology: General, 1998, 127: 355 – 376.

③ CATRAMBONE R, HOLYOAK K J. Learning and subgoals and methods for solving probability problems [J]. Memory and Cognition, 1990, 18: 593 –603.

④ 邢强，莫雷. 样例的子目标编码对新问题解决中原理运用的作用研究 [J]. 心理发展与教育, 2002, 4: 55 –59.

⑤ HOLYOAK K J. The pragmatics of analogical transfer [J]. The Psychology of Learning and Motivation, 1985, 19: 59 –87.

⑥ BLESSING S B, ROSS B H. Content effects in problem categorization and problem solving [J]. Journal of Experimental Psychology: learning, Memory, and Cognition, 1996, 22: 792 – 810.

大，但却能明显提高远迁移成绩。① 还有研究发现，二重样例表面特征的变异对初学者近迁移成绩的提高有明显的促进作用，但对提高远迁移成绩的促进作用不明显。而结构特征的变异却能明显提高被试的远迁移成绩。② 也有研究发现，表面特征变异的样例学习也可以提高迁移成绩。③

Chi 及同事较早对样例学习的个体差异进行了研究。他们发现，被试在样例学习过程中，如果能够发现自己的知识中存在"缺口"，就会尝试提出解释"缺口"的一个暂时性假设，并结合样例的后续学习来检验自己所提出的假设。Chi将这种现象称为"自我解释"效应。④

很多学者进行了自我解释效应的实验研究，并关注对学生进行自我解释的训练。一些研究取得了明显的实验结果和训练效果。⑤

3. 样例学习的理论

在样例学习实验研究的过程中，有学者借鉴概念学习的理论，提出了样例学习的相似性理论和解释性理论。相似性理论用对多个相似样例进行分析、综合、抽象和概括得出规则来解释样例学习。⑥ 解释性理论则用对一个或几个样例的自我解释而领悟规则来说明样例学习过程。

Anderson 等人根据 ACT－R，提出了四阶段模型来描述认知技能的习得过程。该理论模型将问题解决技能的习得或形成过程划分为紧密联系且相互重叠的四个阶段，即问题类比解决阶段、规则提取阶段、程序性规则形成阶段和样

---

① 邢强，莫雷. 多重样例的变异性和编码对迁移影响的实验研究 [J]. 心理科学，2005，28：1382－1387.

② 张奇，赵弘. 算术应用题二重变异样例学习的迁移效果 [J]. 心理学报，2008，40：409－417.

③ CHI M T H, BASSOK M, LEWIS M W, et al. Self－explanations：How students study and use examples in learning to solve problems [J]. Cognitive Science, 1989, 13：145－182.

④ BIELACZYC K, PIROLLI P L, BROWN A L. Training in self－explanation and self－regulation strategies：Investigating the effects of knowledge acquisition activities on problem solving [J]. Cognition and Instruction, 1995, 13：221－252.

⑤ NATHAN M J, MERTZ K, RYAN R. Learning through self－explanation of mathematics examples：effects of cognitive load [C] //The Annual Meeting of the American Educational Research Association. New Orleans, LA：American Educational Research Association, 1994：1－9.

⑥ KENDLER T S. Concept formation [J]. Annual Review of Psychology, 1961, 12：447－472.

例贮存阶段。①

　　20 世纪后期，Sweller 和 Paas 等人提出了与样例学习和样例设计密切相关的认知负荷理论。该理论以工作记忆认知资源总量的有限性为基本前提，明确指出学习任何知识或进行任何信息加工都要占用工作记忆的有限认知资源，即产生认知负荷。所以，认知负荷就是学习知识或加工信息所需要的认知资源总量②。如果某种知识的学习所需要的认知资源超过了学生的认知资源总量，就会出现"认知超负荷"，从而降低学习效果或使学习中断。

　　Paas 等人还将认知负荷划分为内在认知负荷、外在认知负荷和相关认知负荷三种。③ 内在认知负荷是由知识内容本身的复杂程度所引起的认知负荷。内在认知负荷的高低取决于所学知识内容的复杂程度和学生已有的知识水平。④外在认知负荷则是由学习材料的组织形式和呈现方式不当所引起的干扰信息加工并影响知识习得的认知负荷。⑤ 一般来说，教学信息越是模糊不清、传递不畅，学习材料越分散、学习活动方式越复杂，所引起的外在认知负荷就越大。因此，样例设计就是要尽量减少外在认知负荷，使学生把认知资源尽可能多地

---

① ANDERSON J R, FINCHAM J M, DOUGLASS S. The role of examples and rules in the acquisition of a cognitive skill [J]. Journal of Experimental Psychology: Learning, Memory, and Cognition, 1997, 23: 932 – 945.

② SWELLER J. Cognitive load during problem solving: Effects on learning [J]. Cognitive Science, 1988, 12: 257 – 285.

③ PAAS F, RENKL A, SWELLER J. Cognitive load theory and instructional design: Recent developments [J]. Educational Psychologist, 2003, 38: 1 – 4.

④ POLLOCK E, CHANDLER P, SWELLER J. Assimilating complex information [J]. Learning and Instruction, 2002, 12: 61 – 86.
LEAHY W, SWELLER J. Interactions among the imagination, expertise reversal, and element interactivity effects [J]. Journal of Experimental Psychology: Applied, 2005, 11: 266 – 276.
LEAHY W, SWELLER J. The imagination effect increases with an increased intrinsic cognitive load [J]. Applied Cognitive Psychology, 2008, 22: 273 – 283.

⑤ TINA S, ROLAND B. Cognitive load and the format of instructional aids for coherence formation [J]. Applied Cognitive Psychology, 2006, 20: 321 – 331.
PILLAY H K. Cognitive load and assembly tasks: Effects of instructional formats on learning assembly procedures [J]. Educational Psychology, 1997, 17: 285 – 299.
YEUNG A S. Cognitive load and learner expertise: Split – attention and redundancy effects in reading comprehension tasks with vocabulary definitions [J]. The Journal of Experimental Education, 1999, 67: 179 – 217.

用到学习知识内容上，从而提高学习效果。

相关认知负荷是学生专门用于处理与知识相关联内容的内在认知负荷。它与学习材料的关系，是由相关联内容与学习材料的元素交互性而产生的间接联系，除此之外，相关认知负荷与呈现的知识无关。

4. 样例学习研究的新进展

近年来，样例学习的研究取得了新的进展，主要表现为以下三点。一是样例学习所应用的学科领域和学习功能不断扩大，应用的范围已经由原来的数学、物理学等少数学科扩展到化学、医疗、写作、艺术等诸多学科领域。样例学习的功能也由原来的问题解决能力训练扩展到学习策略、教学策略、人际交往策略等策略学习和各种操作、运动技能训练等诸多实践领域。二是样例类型的划分维度越来越多，由原来比较单一的完整与不完整的数学应用题解题样例发展为多维度的样例划分，相继出现了正确样例与错误样例的划分和组合、单内容样例与双内容样例以及多内容样例的划分与运用、动态样例与静态样例的划分与利用等。三是样例学习的理论不断完善、丰富和发展。

（二）小学生数学运算规则样例学习的实验研究

在诸多样例学习研究中，我们所关注的是如何设计样例，使学生通过样例的学习，领悟和学会运用隐含在其中的原理或规则（以下统称"规则"）。由此，我们首先开展了小学生数学运算规则样例学习的实验研究。

1. 二年级小学生四则混合运算规则样例学习的实验研究

（1）研究的问题

小学生能否通过数学运算样例的学习，领悟并学会运用隐含在样例中的新的运算规则呢？这是我们的实验要考察的首要问题。其次要考察的是"子目标编码"在运算样例设计上的运用是否会提高样例学习的效果。

（2）研究的方法

我们以二年级小学生为被试选择群体。因为他们学习了整数的加减法运算和乘法口诀内的乘除法运算，但是还没有学习四则混合运算。我们以整数的四则混合运算样例为实验材料（即让被试学习的样例学习材料）。因为，四则混合运算规则对于这些被试来说是还没有学习的新运算规则。为了防止个别二年级小学生已经了解了四则混合运算规则，我们用"前测"筛选那些不会作四则混合运算测题的学生为正式实验的被试。为了进一步考察"子目标编码"在运算样例上的运用是否会提高样例学习的效果，我们设计了"有运算标记"和"没有运算标记"的两种四则混合运算的样例。两种运算样例除了有、无运算标记之外，其他都相同。将筛选出的被试随机分为两组。实验时，一个组被试学习有运算标记的样例，即"有标记"组；另一组被试学习无运算标记的样例，即"无标记"组。四则混合运算规则有 3 个子规则：①有小括号算式的运算规则；②有大、中、小括号算式的运算规则；③没有任何括号算式的运算规则。为了考察二年级小学生学习三个子规则的难易程度和所需样例的数量，实验采用运算样例和练习题"交替呈现"的方式，即先给被试呈现一个运算样例让他学习，学习后给他一个同类练习题让他尝试解题。如果被试能够正确算出练习题的结果，则表明他掌握了该运算规则；如果被试不能正确算出练习题的结果，就再给他一个运算样例进行学习，学习后再算一个练习题。由此可以得出被试掌握该运算规则所需要学习的样例数量。

（3）实验结果

主要的统计分析结果如下：

有、无标记组的被试学习"无括号"运算规则的通过率分别是 62.5% 和 20.8%；学习"中括号"运算规则的通过率分别是 91.7% 和 75%；学习"小括号"运算规则的通过率分别是 91.7% 和 95.8%。

统计分析结果表明，大多数被试可以通过样例学习掌握"小括号"和"中括号"运算规则，但多数被试较难掌握"无括号"运算规则。

从学习"无括号"规则的通过率来看，"有标记"组被试分别经过 1 至 3 个样例学习的通过率显著高于"无标记"组（$Z=3.719$，$p<0.001$；$Z=2.015$，$p<0.05$；$Z=5.233$，$p<0.001$）。

从学习"小括号"规则的通过率来看，"有标记"组与"无标记"组的通过率之间无显著差异（$Z=0.799$，$p>0.05$；$Z=1.202$，$p>0.05$）。

用 1 个样例学会"中括号"规则的，"有标记"组被试的通过率显著高于"无标记"组（$Z=4.375$，$p<0.001$）；而分别用 2 个、3 个样例学会的，有、无标记的样例之间无显著差异（$Z=1.083$，$p>0.05$；$Z=0.858$，$p>0.01$）。也就是说，运算标记对学习"无括号"和"中括号"运算规则有明显促进作用，但对学习"小括号"规则促进作用不显著。原因是"小括号"运算规则显而易学，没有运算标记也可以学会。

分析结果还表明，学习不同子规则所需要的样例数量不同。在有标记情况下，用 1 个样例就可以学会"小括号"和"中括号"运算规则。而要学会"无括号"运算规则，至少需要 3 个样例。在无标记情况下，用 1 个样例可以学会"小括号"运算规则；用 1 到 2 个样例可以学会"中括号"规则；用 3 到 4 个样例才能学会"无括号"规则。[①]

（4）研究结论

实验研究表明二年级小学生可以通过运算样例的学习，不同程度地掌握并运用四则混合运算规则。运算标记对样例学习起到了明显的促进作用。样例学习所需要的样例数量与子规则学习的难易程度有关。

2. 三至五年级小学生"去括号"运算规则样例学习的实验研究

（1）研究的问题

虽然二年级小学生可以经过运算样例的学习，掌握四则混合运算规则。可是，小学生是否可以经过其他运算样例的学习，掌握其他运算规则呢？即小学生采用运算样例学习新运算规则是否具有普遍性呢？为了回答这个问题，我们以有理数加、减法运算的样例为实验材料，考察三至五年级小学生可否经过样例学习，掌握有理数加、减法运算规则（即"去括号"规则）。

（2）实验方法

实验之所以选择学习"去括号"运算规则，是因为我们在深入小学进行实验研究的过程中发现，多数三年级小学生已经有了负数的概念。选择三至五年级的小学生为被试，是想考察小学生样例学习能力的发展情况。"去括号"规则有 4 个子规则，每个子规则设计两个运算样例。所以，让被试学习的共有 8 个去括号运算样例。它们随机排成两列，要求被试在学习样例时，将自己认为是同类子规则的两个运算样例用直线连接在一起。连对一个计 1 分，满分是 4 分。这个任务称为"分类任务"或"分类作业"。这样做的目的是想考察分类作业成绩与样例学习成绩的相关程度。

实验程序也是先用"前测"筛选被试，每个年级各 30 名被试，男女生各半。正式实验是先给被试呈现样例学习材料（即 8 个去括号运算样例），让被试学习并完成分类作业。然后做 8 个去括号运算题（即"后测"）。被试作对一题计 1 分，满分是 8 分。

---

① 张奇，林洪新. 四则混合运算规则的样例学习［J］. 心理学报，2005，37：784 – 790.

（3）实验结果

根据实验数据所做的统计分析结果显示：①四个子规则测验成绩的年级差异均显著 $[F_{(2, 267)} = 36.074，p < 0.001；F_{(2, 267)} = 56.282，p < 0.001；F_{(2, 267)} = 23.153，p < 0.001；F_{(2, 267)} = 17.732，p < 0.001]$。事后分析结果显示，各年级之间的差异均显著（$ps < 0.05$）。②被试分类作业成绩与后测成绩有显著的正相关（$r = 0.535，p < 0.01$）。①

（4）研究结论

三年级以上的小学生可以通过运算样例的学习，学会运用"去括号"运算规则。这种样例学习的能力随年级的增长而提高。样例分类作业成绩与样例学习成绩有显著的正相关。

3. 六年级小学生代数运算规则样例学习的实验研究

（1）研究的问题

既然小学生可以通过运算样例学会算术运算规则，他们是否可以经过两种因式分解代数运算样例的学习，掌握代数运算规则呢？这是本实验要考察的主要问题。其次要考察完整样例与不完整样例的学习效果。还要考察在各种不完整样例的学习过程中，有、无反馈对学习效果的影响。

（2）实验方法

六年级小学生经过"前测"，从中筛选被试。样例学习材料是运算步骤完整和不完整的"完全平方和"和"平方差"因式分解代数运算样例。实验程序是先用"前测"筛选被试并将其随机分配到完整样例学习组和各个不完整样例学习组，不完整样例的各个组又分为"有反馈"的学习组和"无反馈"的学习组。然后分组进行样例学习。最后进行远、近迁移测验。

（3）实验结果

实验数据统计分析的主要结果如下：

近迁移测验的通过率表明，学会"平方差"运算规则的人数极少（$\chi^2 = 67.222，p < 0.001$）；学会与没学会"完全平方和"的人数之间差异不显著（$\chi^2 = 1.422，p > 0.05$）。远迁移测验的通过率显示，学会"平方差"和"完全平方和"运算规则的人数都极少（$\chi^2 = 160.556，p < 0.001；\chi^2 = 160.556，p <$

---

① 张奇，郭菲菲. 小学生"去括号"运算规则的样例学习 [J]. 心理科学，2008，31（1）：70 - 74.

0.001）。近迁移测验测验通过率之间的差异分析表明，学习"平方差"的通过率分别低于或显著低于学习"完全平方和"的通过率。远迁移测验通过率之间的差异分析表明，各组学习"平方差"与学习"完全平方和"的通过率之间均无显著差异。

有、无反馈的各种不完整样例学习组迁移测验通过率之间的差异检验结果表明，在近迁移测验的通过率上，反馈对步骤删除较少的样例学习效果有显著促进，但对步骤删除较多的样例无显著促进；而在远迁移测验上，反馈对学习的促进作用均不显著。

在有反馈的条件下，用4种不完整样例学习"平方差"和"完全平方和"的通过率差异都显著（$p_s < 0.01$ 或 $p < 0.05$）。在无反馈的条件下，用删除首步和首尾步样例学习"平方差"与学习"完全平方和"的通过率之间差异不显著（$p_s > 0.05$），用删除中间步和首中步样例学习"平方差"与学习"完全平方和"的通过率差异显著（$P_s < 0.05$）。分析结果表明，用不完整样例学习"平方差"代数运算规则效果较差，用不完整样例学习"完全平方和"运算规则的效果较好。

完整样例（完整样例的学习无反馈）与有反馈的各种不完整样例学会两种代数运算规则的非参数检验结果显示：完整和4种不完整样例学会"平方差"因式分解规则的人数之间差异显著（$\chi^2 = 11.756$，$p < 0.05$）；学会"完全平方和"代数运算规则的人数之间差异显著（$\chi^2 = 10.873$，$p < 0.05$）。[①]

（4）研究结论

六年级小学生不论学习完整的或不完整的"平方差"和"完全平方和"代数运算样例，多数被试很难学会代数运算规则，其原因值得深入探究。

（三）小学生代数运算规则样例学习中遇到的问题与理论思考

上述三个实验结果表明，小学生可以通过运算样例的学习掌握算术运算规则，却很难学会代数运算规则。难道小学生只能用运算样例学习算术运算规则，而不能学习代数运算规则吗？回答当然是否定的。究竟是什么原因导致小学生不能用运算样例学习代数运算规则呢？

---

① 林洪新，张奇. 小学生代数运算规则的样例学习［J］. 心理学报，2007，39：257 - 266.

1. 促进"关键步骤"学习的样例设计方法的提出

经过对比分析和思考，我们发现，对于代数运算样例，被试并不是每个运算步骤都看不懂，只有个别步骤看不懂，从而导致整个样例学习的失败。因此，我们把被试看不懂（即学不懂）的运算步骤称为样例学习的"关键步骤"（又称"难学步骤"）。我们提出一种检测"关键步骤"的方法——"补写法"，即给被试呈现删除一个运算步骤的代数运算样例，并要求被试在学习时，根据上下运算步骤的联系将缺失的步骤补写出来。如果被试能够正确补写出来，则该步骤就不是关键步骤；如果被试不能补写或补写错误，则可判定该步骤为"关键步骤"。

为了解决运算样例中关键步骤的学习问题，我们还提出了"解释""分解"和"整合"三种化解关键步骤学习难度的样例设计方法。

我们分别用解释法设计了绝对值不等式运算样例、用分解法设计了同底数幂数字运算样例、用整合法设计了求解一元二次方程的数字运算样例，并分别与对应的普通样例（即"原样例"）进行了对比实验研究。实验结果表明3种方法设计的运算样例的学习迁移成绩均明显优于各自对应的普通样例的学习迁移成绩。①

2. 促进"新算符"学习的样例设计新方法的提出

"关键步骤"概念的提出以及化解关键步骤学习难度的三种样例设计方法的运用虽然收到了显著的效果，可是这三种方法设计的运算样例都是数字运算样例，而不是代数运算样例。究竟是什么原因导致小学生不能用运算样例学习代数运算规则的问题仍然没有得到回答和解决。我们重新陷入分析和思考。经过一段时间的分析和思考之后，我们有了新的发现。我们注意到代数运算符号与算术运算符号有一些明显的不同之处。数字的乘法运算式在被乘数和乘数之间有个乘法运算符号"×"，例如"2乘以5"，写作"2×5"。可是代数乘法运算却没有任何算符，例如"a乘以b"，写作"ab"。六年级小学生之所以难以用代数运算样例学习"平方差"和"完全平方和"的代数运算规则，主要因为他们不理解代数运算符号的运算含义。这些代数运算符号对于没有代数知识的小学生来说，属于新的运算符号（以下简称"新算符"）。在代数运算中有很多运算

---

① 林洪新. 初一学生数学运算样例中关键步骤的学习研究 [D]. 大连：辽宁师范大学，2009.

符号，例如 log、ℓn、sin、cos、∑等。如果想让学生经过代数运算样例的学习来掌握新的代数运算规则，那么，他们在代数运算样例中就难免会遇到这样的新算符。学生不理解这些新算符的运算含义，就很难通过运算样例的学习，掌握新的运算规则。

如何在运算样例中帮助学生理解新算符的运算含义呢？方法当然很多，例如，可以用"文字解释法"，即在新算符旁边加上文字解释或说明。还可以像 van Gog 等人设计"以过程为导向的样例"（process - oriented worked examples）那样，将新算符的运算含义、原理和运用策略等知识用语言文字解释得清清楚楚。① 其实，这两种方法和其他带有指导性解释的样例设计方法如出一辙，都是在运算样例中附加文字解释。可是，这样的运算样例虽然容易学，但却如同听教师的讲解一样，降低了样例学习的难度和作用。

经过对数学运算规则的逻辑分析，我们清楚地认识到，所有的数学运算规则之间都有逻辑联系。我们完全可以根据这种逻辑联系，用被试已经熟知的运算规则解释新算符的运算含义。例如，如果一年级小学生学习过加法运算，但还没有学习乘法运算，也不理解"×"的运算含义。我们就可以设计诸如"$2 \times 5 = 2 + 2 + 2 + 2 + 2$"的运算样例，让他们学习。他们学习了这样的运算样例后，就可以理解"×"的运算含义（虽然他们还不知道这个符号是乘法的运算符号）。再如，如果小学生学习了算术的加减乘除运算，但还没有学习代数运算，也不理解"ab"和"a^2"的运算含义。我们就可以设计诸如"$ab = a \times b$""$a^2 = a \times a$"这样的运算样例，让他们学习。他们学习了这样的运算样例后，就可以理解"ab"和"a^2"的运算含义了。我们将这种新算符的样例设计方法仍然称为"解释法"。为了区别于前面提出过的解释法，将前一种解释法称为"文字解释法"，后一种称为"算式解释法"（以下简称"解释法"）。这种解释法与前面提出的文字解释法相比，既实现了简捷明快的数学运算样例设计、突出了数学语言的运用，又省去了对新算符的运算含义所做出的文字解释。

除了用解释法设计运算样例中的新算符外，我们还开发出"转换标记法"和"解释—标记法"两种新算符的样例设计方法。所谓"转换标记法"就是用

---

① VAN GOG T, PAAS F, VAN MERRIëNBOER J J G. Process - oriented worked examples：improving transfer performance through enhanced understanding ［J］. Instructional Science，2004，32：83 - 98.

连线标记转换运算前后变量的对应关系，以此帮助学生理解转换运算的数学含义。例如，指数与对数的转换运算就可以运用转换标记法来设计运算样例。"解释—标记法"是解释法与标记法的结合，即对运算样例中起解释作用的算式加上不同的颜色（如红色），目的是引起学生的关注和思考，提高解释的效率和效果。这些方法的有效性和优越性将在下面介绍的实验研究中得到证实。

（四）"转换标记法""解释法"和"解释—标记法"的运用及实验结果

1. 指数与对数转换运算规则样例学习的实验研究

（1）实验目的

主要考察学习用"转换标记法"设计的样例，其学习的效果是否优于学习无标记样例的效果。其次考察样例学习的数量对学习迁移效果的影响。

（2）实验方法

被试选取：

经过"前测"从初三学生中选出男、女各60名，共120名被试。随机分为4组，每组男女生各半，共30人。第一组和第二组学习有"转换标记标记"的样例（第一组学习其中的3个样例，第二组学习6个样例）。第三、四组学习无"转换标记标记"的样例（第三组学习其中的3个样例，第四组学习6个样例）。

实验设计：

采用2（样例类型）×2（样例数量）被试间随机分组实验设计。样例类型分为有、无转换标记两种。有转换标记的用红色虚线箭头标示出指数与对数转换前后的对应关系。样例的数量分两种：一种是3个样例；另一种是6个样例。以样例学习后的迁移测验成绩作为因变量。

实验材料：

"前测"材料由指数运算和对数运算各6道题组成。

样例学习材料分为有、无转换标记的两种。每种样例学习分为3个样例和6个样例各两组。

迁移测验材料由6道"指—对数"转换运算题组成。近迁移测题是3道指数向对数转换的题目；远迁移测题是3道对数转换为指数的题目。每作对一道迁移测题计1分，远、近迁移测验成绩满分各是3分。

实验程序：

首先进行"前测"。选择正确完成6道指数运算题，但不能正确完成6道对数运算题的学生为被试。其次是样例学习。将印有指导语和运算样例（均用4号宋体字、1.5倍行距打印在A4白纸上）的4种不同的样例学习材料分发给4个不同组的被试。要求各组被试在15分钟内各自学习不同的样例学习材料。最后要求被试在15分钟内完成迁移测验。

（3）实验结果

两个有标记组（3个样例组、6个样例组）近迁移成绩的平均分和标准差分别是"2.63±0.96""2.63±0.93"；两个无标记组（3个样例组、6个样例组）近迁移成绩的平均分和标准差分别是"2.00±1.34""1.93±1.23"。

两个有标记组（3个样例组、6个样例组）远迁移成绩的平均分和标准差分别是"2.90±0.55""2.80±0.61"；两个无标记组（3个样例组、6个样例组）远迁移成绩的平均分和标准差分别是"2.17±1.26""2.10±1.30"。

统计分析结果表明，两种样例类型之间的近迁移成绩差异显著 $[F(1, 116) = 400.00, p < 0.05]$，但两种样例数量间的近迁移成绩差异不显著 $[F(1, 116) = 1.00, p > 0.05]$；样例数量与类型的交互作用差异不显著 $[F(1, 116) = 0.03, p > 0.05]$。两种样例类型间的远迁移成绩差异显著 $[F(1, 116) = 1.85, p < 0.01]$，但两种样例数量间的远迁移成绩差异不显著 $[F(1, 116) = 25.00, p > 0.05]$；样例数量与类型的交互作用不显著 $[F(1, 116) = 0.01, p > 0.05]$。[①]

（4）研究结论

初中三年级学生在指数与对数转换运算规则的样例学习中，学习采用"转换标记法"设计的样例，与学习普通样例相比明显地提高了样例学习的迁移成绩，说明这种样例设计方法对含有新算符的代数运算样例学习有促进作用，比普通样例更优越。学习样例的数量对迁移测验成绩无显著影响，可能是因为指数与对数转换运算只有三种类型，学习3个样例就涵盖了这三种类型。所以，与学习6个样例的效果没有显著差别。

2. 对数运算规则样例学习的实验研究

（1）实验目的

采用"解释法"设计对数运算的样例。主要考察学习"解释法"样例的迁

----

① 张华，曲可佳，张奇. 含有新算符的代数运算规则学习的有效样例设计 [J]. 心理学报，2013，45（10）：1104－1110.

移成绩是否优于学习普通样例。其次考察学习过"指—对数"转换运算的被试是否会提高对数运算样例学习的迁移成绩。

（2）实验方法

被试选取：

从参加过前面"指数与对数转换运算规则样例学习实验"的被试中选取60名成绩优秀的学生，随机分为两组：一组学习"解释法"样例；另一组学习普通样例。再用"前测"，从未参加过"指数与对数转换运算规则样例学习实验"的初三年级学生中选取60名学生并随机分为两组（每组30人）：一组学习"解释法"样例；另一组学习普通样例。

实验设计：

采用2（被试类型）×2（样例类型）被试间随机分组实验设计。被试类型是学过和未学习过转换规则的两种学生；两种样例类型是"解释法"样例和普通样例，因变量是迁移测验成绩。

实验材料：

其中的样例学习材料分为两种：一种是6个普通的对数运算样例，另一种是采用"解释法"设计的。两种样例的题目和题目数量都相同，只有运算步骤的设计不同。迁移测验由6道与样例题目相似但不同的题目组成。

实验程序：

正式实验分为学习和测验两个阶段进行。

在样例学习阶段，要求被试在20分钟内学习各自的样例学习材料。在迁移测验阶段要求被试在15分钟内完成6道迁移测题。

（3）实验结果

学习"解释法"样例的两组被试（学过和未学过转换规则）迁移测验成绩的平均分与标准差分别是"5.87 ± 0.73""2.13 ± 2.56"，学习普通样例的两组被试（学过和未学过转换规则）迁移测验成绩的平均分与标准差分别是"4.00 ± 2.57""2.30 ± 2.00"。

方差分析结果是：学习"解释法"样例的迁移成绩明显优于学习普通样例 $[F_{(1, 116)} = 4.90, p < 0.05]$；学习了转换规则被试的迁移成绩明显优于未学过的被试 $[F_{(1, 116)} = 50.04, p < 0.001]$；样例与被试类型的交互作用显著 $[F_{(1, 116)} = 7.01, p < 0.01]$。

经过简单效应分析，在学过转换规则的被试中，学习"解释"样例的迁移成绩显著优于学习普通样例的 $[F (1, 117) = 8.32, p < 0.01]$；在未学转换规则的被试中，学习普通与"解释"样例的迁移成绩之间没有显著差异 $[F (1, 117) = 0.07, p > 0.05]$。不论学习哪种样例，两种被试的迁移成绩差异都显著 $[F (1, 117) = 45.73, p < 0.001; F (1, 117) = 9.48, p < 0.01]$。也就是说，学过"指—对数"转换规则被试的迁移成绩显著高于未学过的被试。①

（4）研究结论

"解释法"样例的学习明显提高了学习迁移测验成绩，即促进了对数运算规则的学习。指数与对数转换规则的学习对学习对数运算规则也有显著促进作用。

3. 分数和比例运算规则样例学习的实验研究

（1）实验目的

实验的主要目的是考察"解释—标记法"样例是否会对学习起促进作用，而且是否优于"解释法"样例。其次考察学生的分数运算知识对学习比例运算规则的影响。

（2）实验方法

实验研究分为 3 个实验，分别依次进行。

第一个实验研究的被试来自一所城市普通小学的四年级学生。先经过"前测"选出男女各 30 名、共 60 名被试，再将他们随机分到每组 30 人的两个实验组。实验材料有前测、样例学习和迁移测验三种材料。前测材料有 8 个算术题，前 4 道题是两位整数加、减运算题，后 4 道是分数加、减运算题。只有能够在"前测"中做对前 4 题而不能正确计算后 4 题的学生才能成为正式的实验被试。样例学习材料的设计分为两种：一种是普通的 8 个分数加、减法运算样例；另一种是用"解释法"设计的 8 个样例。两种样例的题目和题目数量都相同，只是含有新规则的运算步骤设计不同。迁移测验材料：迁移测题共 8 道，远、近迁移测验题各 4 道。被试答对一个题计 1 分，答错计 0 分。迁移测验成绩满分共 8 分，远、近迁移测验满分各 4 分。实验采用单因素被试间随机分组实验设计。实验在教室内分 3 个阶段进行。首先进行前测，前测时间 8 分钟。其次进入样例学习阶段，被试分组在不同的教室里同时学习各自不同的样例材料。一组学习"解释法"样例；二组学习普通样例材料。学习时间 16 分钟。最后进行迁移

---

① 张华，曲可佳，张奇. 含有新算符的代数运算规则学习的有效样例设计［J］. 心理学报，2013，45（10）：1104－1110.

测验，让被试在 16 分钟内完成 8 个测验题。

第二个实验与第一个实验相似，不同的是筛选出 90 名被试，随机分为三组，样例学习材料也设计为 3 种：第一种是采用"解释—标记法"设计的；第二种是用"解释法"设计的；第三种是 8 个分数乘除法运算的普通样例。三种样例题目和题目数量都相同，只是含有新运算规则的运算步骤设计不同。实验设计和实验程序与第一个实验基本相同。

第三个实验的被试选取比前两个实验复杂些。先用前两个实验的"前测"，从四年级学生中选择待选被试，再通过本实验的"前测"从中筛选出 60 名被试，男女生各半，随机分到第一和第四组。又从第一个实验的被试中选取迁移成绩得满分的被试为待选被试，再通过本实验的"前测"从中筛选 60 名被试，男女生各半，随机分到第二和第五组。最后，从第二个实验的被试中选取迁移成绩得满分的被试作为待选被试，再通过本实验的"前测"从中筛选 60 名被试，男女生各半，随机分到第三和第六组。这样选择被试的目的是想考察被试学习过分数加减运算或乘除运算后，哪种运算对学习比例运算的影响较大。实验中的样例学习材料设计为两种：一种是比例运算的普通样例；另一种是采用"解释法"设计的比例运算样例。实验程序与前两个实验基本相同。

（3）实验结果

第一个实验的结果如下：

"解释"组的远、近迁移验成绩（平均分和标准差）分别是"1.23 ± 0.63" "3.03 ± 0.57"。普通样例组被试远、近迁移测验成绩的平均分和标准差分别为"1.07 ± 0.25" "2.20 ± 0.49"。

方差分析结果表明：两组被试的近迁移成绩之间差异显著 $[F(1, 59) = 38.319, p < 0.001]$；但远迁移成绩之间差异不显著 $[F(1, 59) = 1.826, p > 0.05]$。

第二个实验的结果如下：

"解释—标记"样例组被试远、近迁移测验成绩的平均分和标准差分别为"2.63 ± 1.21" "3.60 ± 0.50"。"解释"样例组被试远、近迁移测验成绩的平均分和标准差分别为"1.77 ± 0.82" "3.53 ± 0.57"。普通样例组被试远、近迁移测验成绩的平均分和标准差分别为"1.20 ± 0.41" "3.27 ± 0.58"。

方差分析结果如下：近迁移成绩的组别差异不显著 $[F(2, 89) = 3.565, p > 0.05]$。远迁移成绩的组别差异显著 $[F(2, 89) = 20.260, p < 0.001]$。事

后分析（*Tamhane*）结果是："解释—标记"组分别与"解释"组和普通组的远迁移成绩之间差异显著（$p < 0.01$；$p < 0.001$）；"解释"组与普通组的远迁移成绩之间差异也显著（$p < 0.05$）。

第三个实验的实验结果如下：

三组学习"解释"样例被试的远、近迁移成绩（均值和标准差）分别是：第一组"1.10 ± 0.31""1.60 ± 0.72"；第二组"1.53 ± 0.51""2.47 ± 0.78"；第三组"1.97 ± 0.18""3.03 ± 0.45"。学习普通样例的三组被试远、近迁移测验成绩的平均分和标准差分别是：第四组"0.10 ± 0.31""0.24 ± 0.50"；第五组"0.17 ± 0.38""0.43 ± 0.90"；第六组"0.40 ± 0.67""0.67 ± 1.12"。

方差分析结果是，两种迁移成绩的样例类型主效应都存在显著差异 $[F (1, 179) = 431.41, p < 0.001; F (1, 179) = 270.30, p < 0.001]$；被试类型的主效应也都差异显著 $[F (2, 179) = 28.66, p < 0.001; F (2, 179) = 21.37, p < 0.001]$；样例和被试类型的交互作用都显著 $[F (2, 179) = 6.91, p < 0.01; F (2, 179) = 6.32, p < 0.01]$。

对二因素交互作用做简单效应分析的结果是，两种学习"解释"样例的被试，其两种迁移测验成绩都存在显著差异 $[F (2, 179) = 9.08, p < 0.001; F (2, 179) = 10.01, p < 0.001]$，普通样例的近迁移成绩差异均不显著 $[F (2, 179) = 1.20, p > 0.05; F (2, 179) = 0.90, p > 0.05]$。[①]

（4）研究结论

"解释法"样例设计对四年级小学生通过运算样例学习分数运算规则和比例运算规则均有明显的促进作用。"解释—标记法"样例设计对四年级小学生通过运算样例学习分数乘除法运算规则所起的促进作用明显优于"解释法"。四年级小学生学习了分数乘、除法运算后，对他们学习比例运算规则起明显的促进作用。

（五）规则样例学习的理论建构与教学实践

1. 规则样例学习的性质

规则样例学习的性质如何？当然包括记忆和模仿。因为任何学习都包括记

---

① 张奇，郑伟，万莹."解释法"样例对小学生学习新运算规则的促进 [J]. 心理发展与教育，2014，30（2）：153 – 159.

忆；任何样例学习都不能摆脱模仿的影子。但是，规则样例学习绝不是机械地记忆和简单地模仿。因为从规则样例学习的内容来看，它学习的是某种规则（如写作规则、运算规则、操作规则等）和实际运用规则的方法及程序。规则是人们对事物之间内在关系的认识。如果用概念来表征事物，那么规则就是人们对概念之间内在关系的认识。事物之间有各种各样的关系，例如：结构关系、数量关系、顺序关系、因果关系等。人们认识世界，不仅要认识同类事物的共同属性和不同事物之间的差别，更重要的是认识事物之间的内在关系。因为掌握了事物之间的内在关系，才能实现对事物运动和变化的预测、控制和调整。也就是说，只有掌握了规则，才能用规则解决问题。规则既是人类认识的结晶，又是解决实际问题的有利工具。概念学习只是规则学习的前提和基础，掌握和运用规则才是学习的真正目的。所以，规则学习比概念学习更为重要。可是，以往的学习理论主要是关于行为反应和概念学习的理论，而一直没有规则学习的理论和实验研究。样例学习的研究终于改变了这种持续了很久的状况，使规则学习的研究出现在样例学习研究的平台之上。从对样例学习研究的简要历史回顾来看，学者们最初所关注的是样例学习如何促进学生应用规则，即关注的是样例学习对学生解决问题能力的培训功能。这显然是本末倒置了。因为，他们没有首先关注规则的学习，而是首先研究规则的应用。我们则一直关注于学生经过怎样的样例学习来学习规则，从而将规则学习的研究放在了规则应用研究的前面。我们的研究与 Anderson 等人提出的四阶段模型也有不同。Anderson主张要想掌握解决问题的技能，得先学习规则的陈述性知识，再经过 4 个阶段的学习和练习，熟练掌握问题解决的程序化规则。我们所从事的规则样例学习研究直接从样例学习入手，考察学生在样例学习过程中如何领悟隐含在样例中的规则，并学会规则的运用。规则既可以用文字和符号来表述，也可以表现为操作和运用的程序。所以，它既是程序性知识，也是陈述性知识。可是，学习和掌握规则未必都要像 Anderson 主张的那样，从陈述性知识的学习开始。

规则是人们根据在科学研究和各种社会实践活动中发现的规律总结、归纳、概括出来的。后人对规则的学习却可以采用阅读、聆听和模仿等有效途径，经过自己的思考或认知加工领悟规则，并经过反复应用逐步加深对规则的理解。学生可以经过以下几种途径或方法学习规则：一是通过重复前人做过的实验来领悟规则，例如，做物理和化学实验等；二是经过逻辑推理或公式推导领悟规则，例如，数学定理的推导和证明等；三是观察前人的实际操作来学习操作规则，例如，观察工程师如何操作仪器等；四是经过类比推理来领悟规则，例如，用水流与水压的关系来理解电流与电压的关系；五是通过样例学习，领悟隐含在样例中的解题规则，例如，阅读教材中的例题等。由此看来，规则样例学习只是规则学习的有效途径之一。

以往样例学习的研究，有的既关注学生在样例学习时对规则的领悟，也关注规则的应用，更关注规则应用技能的训练、提高和熟练运用；有的却只关注规则的应用和解决问题能力的提高。我们的研究却着重关注学生在样例学习过程中对规则的领悟和掌握。因为，样例都是应用规则解决问题或完成作业的样例，所以，样例学习不可能与学习规则的应用分开。

从规则样例学习的外显活动来看，它是阅读、思考、观察和模仿等活动。从学习的主动性来看，规则样例学习属于学生自主的发现学习，而不是聆听教师讲解的接受学习。从规则样例学习的功能来看，它有使学生领悟规则、学习应用规则的功能。如果样例设计和呈现得当，学生经过样例学习不仅可以学会掌握和运用规则，还能激发学生的智慧潜能、学习兴趣和学习动机。

2. 如何建构规则样例学习理论？

如前所述，相似性理论和解释性理论只涉及相似性对比、概括和自我解释等认知过程，不足以解释或说明规则样例学习复杂的推理过程。四阶段模型描述了问题解决技能的形成过程。它虽然强调了陈述性知识的掌握对技能形成的重要作用。但是，由于它没有说明规则的陈述性知识是怎样习得的，所以，不能从根本上解释规则样例学习的过程和条件。认知负荷理论较好地回答了样例学习者必备的自身条件——认知资源总量和已有知识水平，以及样例学习的外部条件——知识内容的复杂程度或元素交互性水平。但是，它没有解释规则样例学习的认知活动过程，属于样例学习的条件性理论。社会—认知学习理论既较详细地阐释了观察学习的过程（四个阶段），又论述了观察学习的条件或影响因素（如榜样的行为特征、学生的自身特征、学生与榜样的关系和三种强化作用等）。所以，该理论可以解释行为动作、操作和运动技能的样例学习。但是，对于解释非行为动作的样例学习，尤其是解释许多静态样例（如数学例题和范文等）的学习就显得鞭长莫及了。我们在数学运算规则样例学习的研究中也揭示出一条数学运算规则样例学习的基本规律：只要利用"解释法""转换标记法"和"解释—标记法"等有效的样例设计方法设计并解释运算样例中新算符和新规则的运算含义，且学生具备学习新规则的基础知识，就能够通过样例学习，自主领悟并学会运用隐含在运算样例中的新运算规则。所以，可以将其称为数学运算规则样例学习的可行性理论。

关于规则样例学习中学生学习动机的激发可以做出如下解释：如果在运算样例中既有学生已知的运算规则，又有未知的新算符和新运算规则；而且在采用解释法和解释—标记法设计的运算样例中，又用学生已知的算符和规则解释和标记了新算符和新规则。面对这样的运算样例，一定能够激发起学生的认知兴趣、求知欲望和学习动机，从而利用已知规则与新算符和新规则之间的逻辑关系，并经过逻辑推理领悟新算符和新规则的运算含义，掌握新算符和新规则的运用。所以，采用解释法和解释—标记法设计的运算样例具有激发学生学习动机的功能。正是由于这种动机功能激发了学生的学习动机，进而推动他们学习新算符和新规则。

由于个体规则样例学习的思维活动或认知加工有较大的个体差异，所以描述个体规则样例学习的具体认知过程比较困难。但是，在数学运算规则中，新旧运算规则之间存在着特定的逻辑联系。正如前文所列举的那样，乘法运算符号可以用加法算式来解释，乘方运算符号和运算规则可以用乘法算式来解释，等等。解释法正是利用新旧算符和新旧运算规则之间的这种逻辑联系，在运算样例中用学生已知的算式解释新算符的运算含义，用已知的运算规则解释新规则。所以，学生可以在这种运算样例的学习中，利用已知算符和已知规则，经过新旧算符和新旧规则之间的逻辑推理领悟新算符的运算含义，理解、概括并学会运用新算符和新规则。由此看来，数学运算规则样例学习的一般认知过程就是新旧规则之间的逻辑推理过程。当然，在数学运算规则样例学习中只是新旧算符和新旧规则之间数理逻辑的关系推理和转换推理，而在其他规则样例学习中还会涉及其他推理。

3. 规则样例学习能使学生对新规则的理解达到何种程度？

有人担心，这样的规则样例学习可能会导致学生对新规则的肤浅理解，甚至根本就没有理解新规则，只是对新规则"依样画葫芦"似的模仿式应用。有这种担心是正常的，在一些甚至多数初学者中，这种情况是不可避免的。规则样例学习当然达不到那种听懂了老师的精彩讲解之后，学生对新学规则的理解水平甚至达到了老师的理解水平，而且在应用新规则解决问题时达到准确无误的学习效果。可是，单纯进行这样的接受学习，学生的自主学习能力怎么培养，学生的求知欲望和挑战心理怎么满足，学生的探究精神怎么发挥呢？况且，人们对规则的理解是一个由浅入深的过程。学生对新规则的应用也是一个逐步熟练并在应用过程中不断加深理解的过程。老师讲解的再细致、再深入，也不一定能够涵盖规则的全部内涵或达到对规则认识的极至；学生听了老师的讲解后也不可能把规则理解和应用到极至。人们对事物的认识是不断深入的，任何学生都不可能从老师那里学到将来再不需要做进一步的思考和修正的知识。学习有多种类型、途径、方式和功能，任何单一的学习模式都不能适应任何知识的学习。教学也是多样的，再有效的教学模式也不能适应所有学生学习各种知识的需求。尽管学生最初的规则样例学习可能是"依样画葫芦"，可是学会了"依样画葫芦"总比不会画的进步了。况且，儿童早期的学习乃至成人对新规则的最初学习，有哪些人没有经历过这种"依样画葫芦"的过程和阶段呢？担心学生经过样例学习后对新规则的理解肤浅甚至根本就没理解。没关系，理解肤浅的以后可以加深，不理解的还可以再学习。那种一蹴而就式的学习只能满足一时的功利需求，而满足不了学生一生的求知需要。

4. 规则样例学习怎样兼顾学生的个体差异？

还有一种担心是，规则样例学习可能只适用于优秀的学生或领悟能力较强的学生，而不适用于一般的学生或学习能力较差的学生。这种担心没有必要。因为只要我们了解每个学生学习能力和知识基础的实际情况，加上对样例精心而有效的设计和呈现，只要给学生呈现适合他学习的样例，就不愁学生不能进行样例学习，也不愁学生不能从样例学习中获益。完全可以针对不同的学生，分别设计出适应各种学生甚至每个学生学习需要和实际情况的样例，从而兼顾学生样例学习的个体差异。只是教师要懂得规则样例学习的原理和样例设计的方法，加上耐心和细心，有效的样例学习就可以满足各种学生的求知需要，并适用于各种学习能力和知识水平的学生。

研究规则样例学习并不追求一体化的样例学习和教学模式，而是提供满足各种学生学习需要的有效样例学习材料。规则样例学习是学生自主发现式学习的一种，也有发现学习的缺点和局限，例如耗时较多、学习效率较低、受个体差异的影响较大等。可是，如果样例设计得适当，学习中的一些缺点是可以弥补的，其应用的范围也可以扩大。

三、数学运算规则样例学习的研究与教学实践

我们首先划分了两种性质不同的样例学习，即"问题解决的样例学习"和"规则样例学习"；然后介绍了自己与团队成员近年来在数学运算规则样例学习方面所做的系列实验研究。特别是在小学生四则混合运算规则和去括号运算规则的实验研究取得了预期结果后，针对小学生代数运算规则样例学习实验研究中遇到的实际问题，我们提出了代数运算规则样例中新的运算符号（以下简称"新算符"）及新规则设计的"解释法""转换标记法"和"解释—标记法"，进而在指数与对数转换规则、对数运算规则以及分数和比例运算规则的样例学习实验中证实了这些样例设计方法的优越性。根据实验结果，我们提出了数学运算规则样例学习的可行性理论、动机理论和过程理论，并阐述了在教学实践中将数学运算规则的样例学习与课堂教学有效结合的具体建议。

（一）引言：两种性质不同的样例学习研究

在以往数学运算和问题解决的样例学习研究中，有些研究（Sweller, Cooper, 1985；Cooper, Sweller, 1987；Tarmizi, Sweller, 1988；Anderson, Fincham, 1994；Renkl et al., 1998；Renkl et al., 2002；Renkl, Atkinson, 2007；van Gog, Paas, van Merriënboer, 2004；Baars et al., 2013；Hoogerheide, Loyens, van Gog, 2014；Bokosmaty, Sweller, Kalyuga, 2015；Hu, Ginns, Bobis, 2015）是在被试学习了一定解题原理的条件下，考察他们经过问题解决的样例学习后，运用规则解决具体问题的效果。而有些研究（Thompson, Riding, 1990；Carroll, 1994；Siegler, Chen, 1998；Wynder, Luckett, 1999；Clarke, Ayres, Sweller, 2005；Hilbert et al., 2008；Booth et al., 2013；Pachman, Sweller, Kalyuga, 2014；Adams et al., 2014；Lee, Chen, 2015）则是在被试还没有学习一般解题原理的条件下，考察他们学习解题样例后，领悟、概括和运用新规则的效果。

这是两种性质不同的样例学习，前者主要考察的是样例学习对应用已知规则解决具体问题的促进作用，及其对应用规则解决具体问题能力的培训功能，是规则的应用学习；而后者考察的是被试通过样例学习，领悟新规则及其应用的效果，

是新规则的学习。简言之，前一种样例学习，被试学习的是已知规则的具体运用；而后一种样例学习，被试却经过样例学习领悟了新规则和新规则的运用。更明确地说，前者不涉及新规则的学习，而后者既需要学习新规则，也需要学习新规则的运用。两者相比较，后者的学习过程比前者更为复杂，难度更大。为了区别这两种不同性质的样例学习，我将前者称为"问题解决的样例学习"，将后者称为"规则的样例学习"（以下简称"规则样例学习"）。

　　我们所从事的样例学习研究是后一种，即规则样例学习的研究。规则样例学习所关注的核心问题是如何设计样例，使学生通过样例的学习，领悟和学会运用隐含在其中的新规则，即通过规则样例学习，使学生领悟新规则及新规则的运用。在规则样例学习中，我们首先开展的是小学生数学运算规则样例学习的实验研究和理论建构。

（二）小学生数学运算规则样例学习的实验研究

1. 四则混合运算规则样例学习的实验研究

　　该实验的主要目的是考察小学生能否通过四则混合运算样例的学习，领悟并运用隐含在样例中的四则混合运算规则，同时考察运算样例中的"子目标编码"能否提高样例学习的效果。

　　实验以学习过整数加减法运算和乘法口诀内的乘除法运算，但还没有学习四则混合运算的二年级小学生为被试，以整数的四则混合运算样例为实验材料。为了防止被试中有个别二年级小学生已经了解或自学了四则混合运算规则，我们通过前测筛选出那些不会做四则混合运算测题的学生为正式被试。为了考察运算样例中的"子目标编码"能否提高样例学习的效果，我们设计了有运算标记和没有运算标记两种四则混合运算样例。所谓"运算标记"，就是在运算样例中用"下划线"和"箭头"标注前一步运算与下一步运算之间的关系的标记。这种样例设计方法是从"子目标编码"（一种已有的样例设计方法）发展而来的。将经过前测筛选出的被试随机分为两组：一组学习有运算标记的样例，称为有标记组；另一组学习无运算标记的样例，称为无标记组。将四则混合运算规则分为3个子规则：含有小括号的运算规则；含有中括号和小括号的运算规则；无括号的运算规则。实验采用运算样例和测验题"交替呈现"的方式，即先给被试呈现一个运算样例让他们学习，然后再给他们呈现一个与样例题相同的练习题让他们尝试解决。如果被试能够做对练习题，则表明他掌握了该运算规则；如果被试不能正确解决练习题，就再给他一个运算样例进行学习，然后再呈现一个练习题让他解决，以此类推，直至被试做对练习题。这样做可以得出被试学会运算规则所需样例的数量。

实验数据的统计分析结果显示：有93.8%的被试可以通过样例学习掌握小括号运算规则；有83.3%的被试掌握了中括号运算规则，但只有41.7%的被试掌握了无括号运算规则。样例中的运算标记显著促进了运算规则的学习，有或无标记组的被试学习小括号运算规则的通过率分别是91.7%和95.8%，学习中括号运算规则的通过率分别是91.7%和75.0%，学习无括号运算规则的通过率分别是62.5%和20.8%。学习不同的子规则所需要的样例数量不同，在有运算标记的情况下，用1个样例就可以学会小括号或中括号运算规则，而要学会无括号运算规则，则至少需要3个样例；在无运算标记的情况下，被试用1个样例可以学会小括号运算规则，用1至2个样例可以学会中括号运算规则，用3至4个样例才能学会无括号运算规则。

实验结果表明，二年级小学生可以通过运算样例的学习，不同程度地学会运用四则混合运算规则；运算标记对样例学习起到了明显的促进作用；样例学习所需要的样例数量与子规则学习的难易程度有关。

2. "去括号"运算规则样例学习的实验研究

该实验的目的是考察小学生能否通过去括号运算样例的学习，掌握有理数加减法运算规则，即在四则混合运算规则样例学习研究的基础上，进一步考察小学生采用运算样例学习新规则是否具有普遍性。为此，实验以有理数加减法运算的样例为实验材料，考察三至五年级小学生能否通过样例学习，学会运用有理数加减法运算规则，即去括号运算规则。

去括号运算规则有4个子规则，即"+（+）=+""+（-）=-""-（+）=-"和"-（-）=+"。样例学习材料是根据每个子规则设计的两个运算样例，每个被试都要学习8个去括号运算样例。样例学习材料的设计为：将8个样例随机排成两列，要求被试在学习样例之前，将自己认为是同类子规则的两个运算样例用直线连接在一起，共有4个连接。被试每正确做出一个连接计1分，满分是4分；此任务称为"分类任务"，设计该任务的目的是考察子规则分类作业成绩与样例学习成绩是否有一定的相关。

实验先通过前测从三至五年级学生中筛选出只会正整数加减乘除运算，而不会有理数运算的学生为被试。最终，每个年级各有30名被试，男女生各半。

实验程序为：给被试呈现样例学习材料，即 8 个去括号运算样例，然后，让被试完成分类作业，再学习运算样例。样例学习结束后进行后测，即要求被试做 8 个去括号运算题，每做对一题计 1 分，满分为 8 分。

实验数据的统计分析结果显示：4 个子规则测验成绩的年级差异均显著 [$F_{(2, 267)} = 36.07$，$p < 0.001$；$F_{(2, 267)} = 56.28$，$p < 0.001$；$F_{(2, 267)} = 23.15$，$p < 0.001$；$F_{(2, 267)} = 17.73$，$p < 0.001$]，事后分析结果显示，各年级之间的差异均显著（$p < 0.05$）；被试分类作业成绩与后测成绩有显著的正相关（$r = 0.535$，$p < 0.01$）。

实验结果表明：三至五年级小学生可以通过运算样例的学习，学会运用去括号运算规则；这种样例学习的能力随年级的增长而提高；样例分类作业与样例学习成绩有显著的正相关。

3. 代数运算规则样例学习的实验研究

该实验的目的是考察六年级小学生是否可以通过代数运算样例的学习，掌握代数运算规则，同时考察完整样例与不完整样例的学习效果，以及在各种不完整样例的学习过程中，有无反馈对学习效果的影响。

通过前测从六年级小学生中筛选出不会做完全平方和与平方差代数运算的学生为被试。样例学习的材料是运算步骤完整和不完整的完全平方和及平方差代数运算样例。实验程序是将筛选出的被试随机分配到完整样例学习组和各个不完整样例学习组（学习不完整样例的各组又分为有反馈的学习组和无反馈的学习组），然后要求被试分组进行样例学习，最后进行远近迁移测验。其中的完整样例就是运算步骤齐全的样例；不完整样例就是删除了部分运算步骤的样例。有反馈组的被试在学习了不完整样例后，由主试呈现删除的运算步骤；对无反馈组，主试不呈现删除的运算步骤。

实验数据的统计分析结果显示：学会平方差代数运算的人数极少（$\chi^2 = 67.222$，$p < 0.001$），学会与没学会完全平方和的人数之间差异不显著（$\chi^2 = 1.422$，$p > 0.05$）；在不完整样例学习组中，反馈对删除步骤较少的不完整样例的学习效果有显著促进，但对删除步骤较多的样例无显著促进。

实验结果表明，多数六年级被试很难通过代数运算样例学会代数运算规则，其原因值得我们深入探究。

4. 代数运算规则样例学习中所遇问题的原因分析和解决方法

上述数学运算样例学习的实验结果表明，小学生可以通过运算样例的学习，学会运用算术运算规则，却很难学会运用代数运算规则。究竟是什么原因使小学生不能很好地用代数运算样例学习代数运算规则呢？这个问题令人深思。

（1）对代数运算规则样例学习实验结果的思考

经过深入分析和思考，我发现了六年级小学生用代数运算样例难以学会代数运算规则的三个基本原因：第一，算术运算可以计算出数值结果，而代数式运算只能得出预期的代数公式。小学生养成了算术运算的习惯，一时很难适应代数运算。第二，为了得出理想的代数公式，代数运算往往需要在运算中增加某项或减去某项。例如，在证明"$a^2 - b^2 = (a + b)(a - b)$"的运算中，最关键的运算步骤就是在等式中"$+ ab$"和"$- ab$"，即通过"$a^2 - b^2 = a^2 + ab - ab - b^2$"，才能得出"$a^2 - b^2 = (a + b)(-b)$"的运算结果。对于没有代数运算经验的小学生来说，这是从未学习过的运算策略，对其而言难度过大。第三，代数运算符号与算术运算符号有一些明显的不同。算术乘法运算在被乘数和乘数之间有个乘法运算符号"$\times$"，例如"2乘以5"，写作"2×5"。而代数乘法运算却没有运算符号，例如"a乘以b"，写作"ab"。六年级小学生难以用代数运算样例学习平方差和完全平方的代数运算规则，主要是因为他们不认识代数运算符号，也不理解其运算含义。这些代数运算符号对于小学生来说是新算符。在代数运算中这种运算符号较多，例如 log、ln、sin、cos、$\sum$ 等。如果学生不理解这些代数运算样例中的新算符，就很难通过运算样例的学习，领悟和掌握新的运算规则。

（2）新算符和新规则样例设计方法的提出

如何在运算样例中帮助学生理解新算符的运算含义呢？方法有很多。例如，可以用文字解释法设计运算样例中的新算符。可是，这样的运算样例虽然容易学，但却如同听教师的讲解和阅读数学教材一样，降低了数学语言的运用程度和样例学习的抽象性及难度。

经过对数学运算规则的逻辑分析，我们可以清楚地看到，所有的数学运算规则之间都有逻辑联系。在样例设计中完全可以根据这种逻辑联系，利用被试已经熟知的运算规则解释新算符的运算含义。例如，一年级小学生学习过加法运算，但还没有学习乘法运算，也不理解"$\times$"的运算含义。我们就可以设计"$2 \times 5 = 2 + 2 + 2 + 2 + 2$"这样的运算样例，让他们学习。学习了这样的一些运算样例后，学生们就可以理解"$\times$"的运算含义（虽然他们还不知道这个符号是乘法的运算符号）。再如，小学生学习了算术的加减乘除运算，但还没有学习代数运算，也不理解"ab"和"a^2"的运算含义。我们可以设计"$ab=a \times b$" "$a^2=a \times a$"这样的运算样例，让他们学习。学生们学习了这样的运算样例后，就可以理解"ab"和"a^2"的运算含义了。这种"解释法"与前面提出的"文字解释法"相比有 3 个优点：充分利用了数学语言，省略了运算样例中的文字解释或说明；突出了数学运算规则之间的内在逻辑联系；有利于培养学生的抽象逻辑思维和自主学习能力。

除此之外，我们还开发出"转换标记法"和"解释—标记法"两种新算符的样例设计方法。所谓"转换标记法"就是用连线标记转换运算前后变量的对应关系，以此帮助学生理解转换运算的数学含义。例如，指数与对数的转换运算就可以运用转换标记法来设计运算样例。下面介绍的实验研究验证了这种设计方法的优越性。"解释—标记法"是"解释法"与"转换标记法"的结合，即对运算样例中起解释作用的算式加上醒目的颜色（如红色），目的是引起学生的注意和思考，提高学生用数学语言解释新算符含义的效率和效果。

5. 新算符样例设计方法有效性的实验验证

（1）"指—对数"转换运算规则样例学习的实验研究

实验目的主要是考察采用"转换标记法"设计的指—对数转换运算的样例，其学习效果是否优于学习无转换标记样例的学习效果；另外，考察样例学习的数量对学习迁移效果的影响。

我们通过前测从初中三年级学生中筛选出会做指数运算，但不会做指数与对数转换运算和对数运算的 120 名学生作为被试，将其随机分为 4 组，每组 30 人，男女生各半。前两组被试学习有转换标记的样例（第一组学习其中的 3 个样例，第二组学习 6 个样例），后两组学习无转换标记的样例（第三组学习其中的 3 个样例，第四组学习 6 个样例）。

样例类型分为有无转换标记两种。有转换标记的用红色虚线和箭头标示出指数与对数转换前后的对应关系。样例的数量分两种：一种是 3 个样例；另一种是 6 个样例。以样例学习后的迁移测验成绩为因变量考察其学习效果。

迁移测验材料由 6 道指—对数转换运算题组成。近迁移测题是 3 道由指数向对数转换的题目；远迁移测题是 3 道由对数向指数转换的题目。每做对一道迁移测题计 1 分，远、近迁移测验成绩满分各是 3 分。

实验程序：各组被试分别同时学习各自的样例材料 15 分钟，然后进行 15 分钟的迁移测验。

实验数据的统计分析结果显示，学习有转换标记样例被试的远近迁移成绩均显著优于学习无转换标记样例被试的远近迁移成绩 [F (1, 116) = 1.85, $p < 0.01$；F (1, 116) = 400.00, $p < 0.05$]。两种不同样例数量组被试的远近迁移成绩之间差异不显著 [F (1, 116) = 25.00, $p > 0.05$；F (1, 116) = 1.00, $p > 0.05$]；样例数量与样例类型对远近迁移测验成绩均无显著交互作用 [F (1, 116) = 0.01, $p > 0.05$；F (1, 116) = 0.03, $p > 0.05$]。

实验结果表明，采用"转换标记法"设计指—对数转换运算的样例明显地提高了样例学习的迁移成绩，说明这种新算符的样例设计方法对含有新算符的代数运算规则样例学习有促进作用，比普通样例更优越。

（2）对数运算规则样例学习的实验研究

该实验的目的是考察学习采用"解释法"设计的对数运算样例的迁移成绩是否优于学习普通样例；此外，考察学习过指—对数转换运算的被试其对数运算规则样例学习的迁移成绩是否会提高。

该实验从参加过前面指数与对数转换运算规则样例学习实验的被试中选取60名成绩优秀的学生，随机分为两组（每组30人）：一组学习"解释法"样例；另一组学习普通样例。再通过前测从未参加过指数与对数转换运算规则样例学习实验的初三年级学生中选取60名学生并随机分为两组（每组30人）：一组学习"解释法"样例；另一组学习普通样例。

样例学习材料分为两种：一种是6个普通的对数运算样例，另一种是采用"解释法"设计的运算规则样例。迁移测验由6道与样例题目相似但不同的题目组成。

实验分为样例学习和迁移测验两个阶段。首先，各组被试分别同时学习各自的样例材料20分钟，然后进行15分钟的迁移测验。

实验数据的统计分析结果显示，学习"解释法"样例被试的迁移成绩显著优于学习普通样例被试的迁移成绩 [F (1, 116) = 4.90, $p < 0.05$]；学习了指—对数转换运算规则被试的迁移成绩显著优于未学过的被试 [F (1, 116) = 50.04, $p < 0.001$]；样例类型与被试类型对迁移测验成绩有显著的交互作用 [F (1, 116) = 7.01, $p < 0.01$]。简单效应分析结果显示，在学过转换规则的被试中，学习"解释法"样例的被试的迁移成绩显著优于学习普通样例的被试的迁移成绩 [F (1, 117) = 8.32, $p < 0.01$]；在未学转换规则的被试中，学习普通与"解释法"样例的被试的迁移成绩之间无显著差异 [F (1, 117) =

0.07，$p > 0.05$]。不论学习哪种样例，两种被试的迁移成绩差异都显著 [F (1，117) = 45.73，$p < 0.001$；F (1，117) = 9.48，$p < 0.01$），即学过指—对数转换规则被试的迁移成绩显著高于未学过的被试。

实验结果表明：采用"解释法"设计对数运算样例，明显提高了样例学习的成绩；指—对数转换规则的学习对学习对数运算规则也有显著的促进作用。

（3）分数和比例运算规则样例学习的实验研究

该实验的目的是用3个实验分别考察"解释法"和"解释—标记法"样例设计对样例学习效果的促进作用，以及分数运算样例的学习效果对学习比例运算规则的影响。

实验一的目的是考察学习采用"解释法"设计的分数加减运算样例的迁移测验成绩是否优于学习普通运算样例的迁移测验成绩，从而验证"解释法"样例设计是否比普通样例更优越。实验从一所城市普通小学的四年级学生中通过前测选出不会做分数加减运算的学生60名为被试，男女生各30名，将他们随机分为两组，每组30人。样例学习材料的设计分为两种：一种是普通的8个分数加减法运算样例；另一种是采用"解释法"设计的8个样例。两种样例的题目和题目数量都相同，只有新规则的运算步骤设计不同。实验程序是被试按分组在不同的教室里同时学习不同的样例材料16分钟，一组学习"解释法"样例，另一组学习普通样例材料，然后进行16分钟的迁移测验。

实验结果显示，学习"解释法"样例被试的近迁移成绩显著优于学习普通样例被试的近迁移成绩 [F (1，59) = 38.319，$p < 0.001$]；但学习两种样例被试的远迁移成绩之间差异不显著 [F (1，59) = 1.826，$p > 0.05$]。

实验二的目的是考察学习采用"解释—标记法"设计的分数乘除法运算样例被试的迁移测验成绩是否优于学习"解释法"样例和普通样例被试的迁移测验成绩，从而验证"解释—标记法"样例设计是否比"解释法"样例和普通样例更优越。实验通过前测筛选出不会做分数乘除运算的学生90名为被试，随机分为3组。样例学习材料设计为3种：第一种是采用"解释—标记法"设计的样例；第二种是用"解释法"设计的样例；第三种是8个分数乘除法运算的普通样例。三种样例题目和题目数量都相同，只有新规则的运算步骤设计不同。实验程序与实验一基本相同。

实验结果显示，学习三种不同样例的近迁移成绩之间差异不显著 [F (2，89) = 3.565，$p > 0.05$]，但远迁移成绩的差异显著 [F (2，89) = 20.260，

$p < 0.001$]。事后分析结果显示，"解释—标记法"组远迁移成绩分别显著优于"解释法"组和普通组（$p < 0.01$；$p < 0.001$）；"解释法"组的成绩显著优于普通组（$p < 0.05$）。

实验三的目的是进一步验证在比例运算样例学习中，"解释法"样例学习的迁移效果是否优于普通样例学习的迁移效果，同时考察学习过分数加减运算或乘除运算后，学习了哪种运算对学习比例运算的促进作用更大。实验先通过前两个实验的前测从四年级学生中选择被试，再用本实验的前测从中筛选出不会做比例运算的学生60名为被试，男女生各半，随机分为第一和第四组。另从实验一的被试中选取迁移成绩得满分的被试，通过本实验的前测从中筛选60名被试，男女生各半，随机分为第二和第五组。最后，再从实验二的被试中选取迁移成绩得满分的被试，通过本实验的前测从中筛选60名被试，男女生各半，随机分为第三和第六组。这样选择被试的目的是考察被试学习过分数加减运算或乘除运算后，学习了哪种运算对学习比例运算的影响更大。样例学习材料设计为两种：一种是比例运算的普通样例；另一种是采用"解释法"设计的比例运算样例。实验程序与前两个实验基本相同。

实验数据的统计分析结果显示，三组学习"解释法"样例被试的远近迁移测验成绩分别显著优于三组学习普通样例被试的远近迁移测验成绩。在学习"解释法"样例的三组被试中，学习过分数乘除法运算被试的迁移测验成绩显著优于学习过分数加减法运算的被试和没有学习过分数运算的被试的测验成绩［F（2，179）= 9.08，$p < 0.001$；F（2，179）= 10.01，$p < 0.001$］。三组学习普通样例被试的远近迁移测验成绩之间均无显著差异［F（2，179）= 1.20，$p > 0.05$；F（2，179）= 0.90，$p > 0.05$］。

三个实验结果表明，"解释—标记法"样例的学习迁移效果明显优于"解释法"样例学习和普通样例学习的迁移效果；而且"解释法"样例学习的迁移效果明显优于普通样例学习的迁移效果。实验还表明，学习了分数乘除法运算比学习了分数加减运算对学习比例运算的促进作用更大。实验结果进一步说明，"解释—标记法"样例和"解释法"样例能够促进新规则的样例学习。

（三）数学运算规则样例学习的理论建构与教学实践

1. 规则及规则学习的重要作用

规则样例学习的性质如何，这要从规则和规则学习的一般特征说起。自然界的万事万物，包括人类社会和生命个体都存在着自身发展、运动变化的客观规律或自然法则，这些规律或法则是可以被人们认识的。人们一旦认识并验证了这些规律和法则，就会用概念和规则的形式将其表述出来，以便更好地认识和利用这些客观规律。因此，规则及规则的应用在人类生活中处处可见。最常用的年、月、周、日、时、分、秒等都是人类先哲根据地球公转和自转的规律提出的概念。同时，1 年等于 12 个月、1 个月等于 30 天（或 31 天）、1 小时等于 60 分钟和 1 分钟等于 60 秒等，就是根据地球公转和自转的规律以及概念提出的时间运算规则。此外，诸如勾股定理等数学定理，欧姆定律等物理定律，化学反应的各种分子式和方程式，精卵结合、胚胎发育、新陈代谢、衰老死亡等生命规律，国家制度、分配原则、法律法规、道德规范等社会规则，以及数不清的语法规则、写作规则和操作规则等都是人类先哲和科学家们根据自然规律、社会规律、生命规律和行为规律提出的各种规则。由此看来，规则就是人类对各种自然规律、社会规律、生命规律、行为规律等认识的结晶。概括地讲，规则就是人们对规律的反映，是支配人类心理和行为活动的准则。具体地讲，由于规律是一事物与其他事物之间固有的联系或关系，如果用不同的概念来表征不同的事物，那么，规则就是用概念和某种关系对某个规律的具体表达。事物之间有各种各样的关系，诸如增减关系、函数关系、数与形的对应关系、转换关系、因果关系、结构关系、顺序关系等。人们学习规则、认识规律的过程就是认识和利用这些关系的过程。人们认识世界，不仅要认识同类事物的共同属性和不同事物之间的差别，更重要的是认识事物之间的关系。因为，掌握了事物之间的关系，才能实现对事物运动和变化的预测、调整和控制。也就是说，只有掌握了规则，才能用规则解决问题。规则既是人类认识的结晶，又是解决实际问题的有利工具。概念学习只是规则学习的前提和基础，掌握和运用规则才是学习的真正目的。所以，规则学习比概念学习更为重要。可是，以往有关学习的理论和实验研究较多地关注行为反应和概念的学习，而涉及规则学习的理论和实验研究一直以来都十分匮乏。规则样例学习的研究终于改变了学习理论研究中这种持续了很久的状况，使规则学习的研究经过迂回的途径呈现在样例学习研究的平台之上。从前面对两种不同性质样例学习研究的划分来看，学者们最初所关注的是样例学习是如何促进学生应用规则的，即关注的是样例学习对学生解决问题能力的培训功能，这显然是本末倒置了。因为，他们没有首先关注规则的学习与习得，而直接关注了规则的应用。所以，我们一直着重于学生规则样例学习的实验研究和理论探索，将规则样例学习的研究摆在样例学习研究的重要位置，并把规则学习研究摆在学习研究的突出位置上。

规则是人们在科学研究和各种社会实践活动中发现、验证、总结、归纳和概括出来的。规则学习一般可以采用发现学习、接受学习和观察模仿学习等有效途径，使学生经过自己的思考或认知加工领悟规则，并经过反复的应用深化对规则的理解。学生可以在课堂上经过以下几种途径学习规则：一是通过重复前人做过的实验来领悟规则所表达的具体事物之间的关系。例如，学生做物理、化学实验或观察教师的演示实验，从中发现和学习新规则。二是经过逻辑推理或公式推导领悟规则之间的逻辑关系。例如，学生通过观察和思考教师对数学、物理公式的推导和几何定理的证明来领悟规则。三是观察教师的实际操作来学习操作规则。例如，学生通过观察教师的实际操作和动作示范来学习操作规则。四是经过类比联想来领悟规则。例如，教师用水流与水压的关系帮助学生理解电流与电压的关系。五是通过样例学习，领悟隐含在样例中的解题规则、运算规则和写作规则等。例如，学生通过阅读教材中的例题或范文来领悟解题规则或写作规则。由此看来，规则样例学习只是规则学习的有效途径之一。

2. 数学运算规则样例学习理论的建构

数学运算规则不仅是诸多规则中数量关系最为严密的规则，而且不同的运算规则之间也存在着严密的逻辑关系，诸如加法运算与减法运算、加法运算与乘法运算、乘法运算与除法运算、乘方运算与开方运算、指数与对数、同角三角函数、抛物线图形与方程之间的对应关系等。正是由于运算规则之间存在着各种紧密的逻辑关系，学生才可能利用已知的运算规则领悟新的运算规则。数学运算规则的样例学习正是有效利用了数学运算规则之间的逻辑关系和学生已知的运算规则，通过对包含新旧运算规则的运算样例的学习，促使学生利用已知的运算规则领悟并学会运用新的运算规则。本文第（二）节介绍的实验研究已经证明了这一点。例如，在四则混合运算样例的学习中，小学生利用已知的加减乘除运算规则，经过四则混合运算的样例学习，领悟的是四则混合算式中中、小括号的运算含义和四则混合运算的先后顺序。在去括号运算样例学习中，小学生利用已知的加减运算规则领悟有理数中正负数的性质和有理数加减运算规则。可是，如果运算样例中出现学生难以理解的新算符和新规则，这种样例就会给学生的样例学习带来困难和障碍。针对这个问题，我们成功地开发出了"解释法""转换标记法""解释—标记法"等新算符和新规则的样例设计方法，并在后续的实验中验证了这些方法的有效性。例如，在指—对数转换运算规则样例学习的实验中，初三学生利用已有的指数运算规则，通过学习采用"转换标记法"设计的指—对数转换运算的样例，更好地领悟了对数符号的含义并在一定程度上学会了运用指数与对数的转换运算规则；而且，通过学习采用"解释法"和"解释—标记法"设计的对数运算样例，学生们更好地领悟了对数运算规则并学会了对数运算。这些实验结果充分表明，只要不断地开发和运用新算符和新规则样例设计的新方法，就可以设计出更加有利于学生学习和理解的运算样例，使学生通过样例学习，领悟新算符的运算含义和新规则的运算程序，并学会运用新算符和新规则，从而实现新算符和新规则的自主探究式学习。这可称之为数学运算规则样例学习的"条件性理论"或"可行性理论"。

数学运算规则的样例学习，不仅是学习新算符和新规则的有效途径之一，而且具有激发学生自主学习动机的功能。因为在运算样例中既有学生已知的运算规则，也有他们未知的运算规则，而且新算符和新规则的有效样例设计为学生架起了利用已知规则领悟新算符和新规则的桥梁。阅读和思考这样的运算样例可以唤起学生的好奇心和求知欲望，从而激发他们的自主思考，进而促使其领悟并学会运用新算符和新规则。这可称之为数学运算规则样例学习的"动机理论"。

数学运算规则样例学习的内在认知过程或思维过程是复杂的。在规则样例学习过程中，虽然不能完全排除样例与样例之间、样例与练习题（或测验题）之间的相似性对比，以及学生对运算步骤的观察和模仿等认知过程。但是，数学运算规则样例学习的核心认知过程是实现对新旧运算规则之间或新旧算符之间内在数理逻辑关系的转换，并实现对新算符运算含义的理解和对新规则运算步骤的概括。正如前文所述，学生通过"$2 \times 5 = 2 + 2 + 2 + 2 + 2$"运算样例的学习，领悟的是乘法与加法的内在数量关系以及乘法运算符号"$\times$"的运算含义；学生学习"$a^2 = a \times a$"的运算样例，领悟的是乘方运算与乘法运算的关系以及乘方运算符号的运算含义；学生经过指—对数转换样例的学习，领悟的是指数与对数的转换关系和对数符号的运算含义。以此类推，如果学生理解了三角函数中正弦函数的数量关系（$\sin\alpha = $ 对边/斜边）和余弦函数的数量关系（$\cos\alpha = $ 邻边/斜边），就可以通过"$\sin0° = 0$""$\cos0° = 1$""$\sin45 = \sqrt{2}/2$""$\cos45° = \sqrt{2}/2$""$\sin90° = 1$""$\cos90° = 0$"等样例的学习，领悟"$\sin^2\alpha + \cos^2\alpha = 1$"的数量关系等。由此看来，数学运算规则的样例学习过程不能简单地用相似性理论、解释性理论、认知负荷理论和观察学习理论来解释，而应该用新算符的"领悟过程"和新规则的"概括过程"来解释。

数学运算规则既可以用语言文字表述，也可以用数量符号、数量性质符号、变量符号、运算符号和运算步骤表达。这种表达可称之为数学语言的表达。在算术式中，数量符号用阿拉伯数字表示；在代数算式中变量用字母表示。数量性质符号表示数量的性质，例如，在一个数字前加上"－"，表示该数字是负数。运算符号表达的是数量或变量之间的运算性质和数量关系。运算步骤表达的是运算的先后顺序或运算程序。

在数学运算规则样例学习过程中，用"解释法"或"转换标记法"等设计的新算符是运用数学语言解释了新旧算符之间的转换关系，帮助学生利用已知的算符和运算规则领悟新算符所表达的运算性质和运算含义。这个过程就是新旧算符运算性质或运算含义的转换过程，也是利用旧算符和旧规则理解新算符运算性质和含义的"领悟"过程。

数学运算样例通过运算步骤展示了运算规则的运用过程。在含有新规则的样例中，采用"解释法"或"解释—标记法"等设计新规则的运算步骤，就是用学生已知的运算规则"解释"新规则的运算步骤，这会帮助学生利用已知的运算规则领悟新规则，并概括出新规则的运算步骤或运算程序。这就是新规则的"概括"过程，而且这种领悟和概括都是利用数学语言实现的。

3. 数学运算规则样例学习的教学实践

由于运算规则之间普遍存在着各种紧密的逻辑关系，所以，数学教师大多采用运算规则的逻辑推理和例题演算的示范进行数学运算规则的课堂讲授教学。如果数学教师举例适当、讲解通俗易懂、新旧知识联系紧密、运算规则概括准确、运算要领提示清楚，那么，聆听教师的课堂讲授就是学生学习运算规则最为省时、省力、快捷而有效的学习途径之一。这种教学的实质是，教师利用口头语言"解释"新算符的运算性质或运算含义，用演算步骤展示新规则的运算程序。简言之，这种教学就是利用母语的口头语言给学生解释新算符和新规则的运算含义和运算程序，从而使学生理解新算符和新规则的数学含义的教学。

由于讲授教学是用学生的母语来解释运算符号和运算规则数学含义的，加上有经验教师的口头语言通俗易懂，所以，它是学生易学、易懂、快捷而有效的学习途径之一。但是，这种教学容易使学生形成对教师讲授教学的依赖。如果总是采用这种教学方法进行教学，学生自主探究和自主学习的机会就会减少，进而使其自主探究精神和自主学习能力的培养和开发不足。

　　除了聆听教师的课堂讲授之外，学生还可以采用阅读数学教材的方式，通过阅读理解用文字表达的概念和运算步骤，来理解运算符号和运算规则的数学含义。这无疑也是学习数学运算规则的有效途径之一，同时，这种方法也具有培养学生阅读能力、自主探究精神和自主学习能力的功能。这种学习方式的实质是通过语言文字的阅读和思考来理解数学运算符号和运算规则的数学含义。但是，如果教材中的概念和数量关系对于学生来说生涩难懂、文字表述概括且抽象的话，学生阅读和理解起来就会有一定的困难，花费的时间和精力也会较多，学习效果的个体差异也会较大。

　　采用"解释法""解释—标记法"和"转换标记法"等设计的运算样例是用学生已知的运算符号和运算规则来解释新算符和新规则的数学含义的方法，即直接利用数学语言来解释新算符和新规则的数学含义，而且没有使用语言文字。这样的运算样例设计和样例学习有利于学生数学抽象逻辑思维的培养和数学语言的运用。上述实验证明，这种样例学习也是学生学习数学运算规则的有效途径之一。

　　以上列举的三种学习途径都是学习数学运算规则的有效途径，而且各有优势和不足。讲授教学的优势是易学、易懂、快捷而有效，但不利于学生自主学习能力的培养。后两种学习途径都有利于学生探究精神和自主学习能力的培养，而且阅读教材有利于学生阅读能力的提高，学习运算样例有利于学生数学语言和数学抽象思维的发展，但学生花费的时间和精力较多，而且受个体差异的影响较大。

　　其实，任何一种学习途径或方法都有其优势和不足，而且任何知识都不是采用单一的途径或方法就能够让所有人都学会的。如果片面地强调某种学习途径或方法的优势作用，或者只采用单一的途径或方法进行学习或教学都不利于知识的深入理解、广泛运用和能力的培养。最好的方法是将可以利用的各种学习途径或方法有效地结合起来，充分发挥各自的优势、避免各自的不足或局限，这样才能提高学习效率和效果，同时培养学生的各种能力。

　　数学运算规则的样例学习与讲授教学和阅读数学教材都各有其有效结合的方式。在讲授新的运算概念和运算规则之前，教师完全可以设计一些含有新算符和新规则的运算样例及练习题，先让学生在课下进行自主学习和自主探究，然后再在课堂上讲解学生在样例学习中遇到的各种问题。这样既培养了学生的自主学习能力和抽象逻辑思维能力，又充分运用了数学语言和口头语言，教学效果会明显优于使用单一教学途径的效果。这种结合充分发挥了两种学习途径各自的优势，同时又避免了各自的不足，实现了课上学习与课下学习、自主探究式学习与课堂聆听的有意义接受学习、数学知识的学习与学习能力和抽象逻辑思维能力培养的有机结合。

数学教材也可以借鉴诸如"解释法"和"转换标记法"等有效的样例设计方法设计运算例题，用数学语言帮助学生理解新算符和新规则的数学含义，并使学生实现数学语言理解与文字语言理解的融会贯通。当然，还可以在互联网上呈现数学运算样例、数学教材和讲授教学的视频，实现运算样例学习、阅读教材和聆听教师讲授三种学习途径的有机结合，并促进网络化自主学习的实现。三种学习途径有机结合的方式还有待教师们的进一步开发和利用。

综上所述，开展数学运算规则样例学习研究的目的不是片面强调其功能和优势作用，也不是提倡采用单一的数学运算规则样例学习途径进行学习和教学，而是开发和丰富数学知识学习和教学的各种有效途径，实现各种学习途径和教学方法的有效结合。

作者：张奇（通讯作者），杜雪娇。发表于周新林主编《教育神经科学视野中的数学教育创新》，教育科学出版社 2017 年，513 – 533 页。

四、规则样例学习的实验研究和理论探索

　　本文首先阐释了规则与规律的关系以及规则学习的主要途径和教学方法，然后介绍了自己与团队成员所做的规则样例学习的实验研究。实验研究的结果表明，只要采用和开发有效的样例设计方法设计样例，学生就可以经过样例学习，利用已知的规则领悟新规则和新规则的运用，而且这种学习具有普适性。最后，本文论述了规则样例学习的实质、功能、条件和今后重点研究的问题。

（一）规则学习概述

　　我们每天都生活在林林种种的规则中。用餐要遵循营养和卫生规则；上街要遵守交通规则；学生上学要学习各种规则；成人上班要遵守工作规则；人际交往要遵守礼貌规则；公共场合要遵守公共规则……人世间怎么会有这么多规则呢？人们为什么要学习和遵守这些规则呢？这要从规律与规则的关系谈起。

　　1. 自然有规律，人间有规则

　　原来，自然界的万事万物都有自身运动变化的客观规律或自然法则；人类社会也有发展的客观规律和各种社会规则；人类个体的生存和发展同样也遵循着一定的生命规律并要遵守各种生活准则。中国古人早就认识到"天生烝民，有物有则。民之秉彝，好是懿德"（《诗经·大雅·荡之什·烝民》）。意思是说：自然创造了民众，万事万物都有运动变化的法则。民众只有遵循这些法则，才能享受到遵守法则所带来的幸福和快乐。老子进一步认识到"道生一，一生二，二生三，三生万物"。意思是说：道生一，一是太极；一生二，二是阴阳；二生三，三是天地人；三生万物，万物就是各种各样的事物了。也就是说，天地万物皆依道而生，大到宇宙天体，小到各种生命个体都要遵循一个总的自然法则。这是因为"人法地，地法天，天法道，道法自然"。"人法地"的意思是人类的生活行为要以地球运行的规律为法则；"地法天"的意思是地球的运行规律要以宇宙的运行规律为法则；"天法道"的意思是宇宙运动要以"道"（即规律）为法则；"道法自然"的意思是"道"要以自然规律为法则。总之，各种"道"都取法于"自然"，以自然规律为总法则。古人所说的"法则"和"道"

就是我们今天所说的自然规律、社会规律和生命规律等。

规律客观地存在于自然变化、社会发展和生命过程的各种现象中。人们只有认识了这些规律，才能根据规律提出规则，并依据规则行事，违背客观规律及其规则就会受到惩罚。科学研究的任务就是不断地探索各种规律，并提出相应的规则。古代先民们在长期的生产劳动和社会实践中已经发现了许多自然规律，先哲们据此提出了一些相应的规则。例如，中国古代先民根据昼夜变化、四季变化、月亮的圆缺变化和节气变化规律提出的《历法》和《廿四节气歌》等。特别是科学研究兴起之后，大量的自然、社会和生命等规律被揭示出来，提出了大量的科学规则、社会规则、生命规则等。例如，牛顿定律、欧姆定律、化学反应方程式、国家法律、各种法规和生活规则等。按照辩证唯物论认识论的观点，规则就是人们对各种客观规律的认识或反映，并以定理、定律、规则、法则和策略等形式表述出来，支配人们的心理与行为活动。人们认识的规律越多，提出的规则就越多；提出的规则越多，社会的文明程度就越高。所以说，人的一生就是学习规则、遵守规则、发现规律、提出规则和运用规则的一生。

2. 规则的学习与教学

规则是人们对各种客观规律的能动反映，既是对一事物与他事物之间各种关系的认识，又是支配人心理活动和行为操作的准则。所以，它是各门知识的核心内容。各门知识的学习过程主要是领悟规则、运用规则的过程。因此，规则的学习是学生学习的主要任务。同样，规则的教学也是教师知识教学的主要任务。

回顾学生对各种规则的学习和教师的教学，不难归纳出规则学习和教学的一般途径和方法，概述如下。

（1）实验和实验演示教学下的规则发现学习

当教师向学生传授物理学定律、化学反应方程式等反映自然规律的科学规则时，为了帮助学生发现规律和概括规则，一般采用实验演示和直观模拟等手段，让学生注意观察物体或物质在一定外部条件下所发生的变化过程，记录因变量随自变量的变化所发生的变化，发现并领悟其中的规律，概括并提出相应的规则。有时为了让学生亲自体验发现规律和提出规则的过程，采取上实验课的方式，让学生亲自动手做实验，发现规律并概括规则。在这类实验演示教学和实验教学的条件下，学生学习规则的过程就是规则的发现学习。

（2）数理逻辑推理下的规则推理学习

当学生掌握了一些有关的数理规则后，教师可以利用学生已经掌握了的数理规则，根据规则与规则之间的内在逻辑关系，做出符合逻辑的公式推导、关系替代或关系变换，从而推导出新的规则，例如，数学和物理公式的推导、几何定理的证明等。在这种教学条件下，学生根据教师的逻辑推导和讲解，利用已知的旧规则领悟新规则的过程就是规则的推理学习。

（3）示范教学下的规则观察学习

当需要学生掌握一定的行为方式、认知和操作技能时，教师不得不亲自做出行为示范，通过口传身授的方法将认知和行为的操作规则传授给学生。这种教学在体育、音乐、美术、实验操作、表演和策略学习等课堂教学中屡见不鲜。在这种教学条件下，学生通过对教师示范行为的观察、模仿、练习和再现等活动过程，领悟和掌握认知和行为操作规则的过程就是规则的观察学习。

（4）例题和范例下的样例学习

规则的用途是按照人们所认识的客观规律支配人的心智活动和行为操作，其中最重要的用途就是解决问题。人们运用已知的规则解决了问题，并留下了解决问题的过程（步骤）和结果的文字记录、操作程序和动作影像等。这些文字记录、操作程序和动作影像蕴涵着规则的运用，成为后人学习和运用规则的样例或范例。学生学习这些范例和样例并领悟其中蕴涵的规则及其应用的过程就是规则的样例学习过程。教材中的例题、例句、范文、范本等都是供学生学习规则的样例材料。现代媒体技术的发展和运用为课堂样例教学提供了更为直观生动的范例，例如，视频、动画、连续动作的切分照片、情景模拟、教师代言人等都成为规则范例、行为范例、策略范例的载体。它们不仅使样例学习的范围扩大、形式多样、使用方便，而且提高了样例学习的效率和效果。

当然，不论哪一种规则的学习和教学都不仅仅是单一地运用上述某一种教学和学习形式，而往往是多种途径和方法的综合运用。不过，从中不难看出样例学习在规则学习中的重要地位和作用。

（二）样例学习研究概述

样例学习的科学实验研究起源于 20 世纪 80 年代对学生问题解决技能的培养和训练方面的研究。许多研究表明，通过解决问题样例的学习，可以使学生从中发现和运用规则来解决类似的问题，从而提高问题解决技能（Cooper & Sweller，1985；Anderson & Fincham，1994；Siegle & Chen，1998）。而且，与单纯的问题解决练习相比，样例学习能够减轻学生的认知负荷，有助于规则的学习和问题解决图式的获得（Cooper & Sweller，1987）。

样例学习的研究一直致力于探索如何设计和呈现问题解决的样例，以及如何安排样例学习程序，从而提高样例学习效率和效果的实验和理论研究。

早期的样例设计主要关注于样例内信息的整合、样例间特征的变异和组合、样例学习的程序设计，以及样例学习过程中的"自我解释"和信息反馈的利用等。在这些实验研究中发现了一些有效促进样例学习的样例设计方法、样例学习程序和样例学习效应。在样例设计方面提出了样例内"图—文信息"的有效整合、"视—听信息"的整合、解题步骤的"子目标编码"、完整样例与不完整样例的设计、多重样例之间的特征变异和数量安排等。在样例学习程序设计方面提出了"组快式"和"交替式"样例呈现方式、"自我解释"和"步骤反馈"等样例学习方法。在样例学习的实验研究中发现了视—听信息整合的"通道效应"和样例学习的"自我解释效应"等。

样例学习的实验研究促进了样例学习的理论研究。例如，"相似说"用样例与习题的相似性概括出共有规则来解释问题解决样例的学习。"解释说"用样例学习过程中的"自我解释"来阐释样例学习的过程。Anderson 等人根据 ACT - R 理论，用四阶段重叠模型来描述问题解决认知技能的习得过程（Anderson，Fincham & Douglass，1997）。20 世纪 80 年代，Sweller 和 Paas 等人根据工作记忆模型，提出了与样例学习和样例设计密切相关的认知负荷理论（Sweller，1988）。这些理论也促进了样例学习的实验和理论研究。

从 20 世纪 80 年代以来，样例学习研究已经成为倍受心理学界和教育界关注的热点研究领域之一，并有了长足的进展。首先，表现为样例设计类型和设计技术的发展，由原来的单内容样例扩展到双内容样例和多内容样例；由正确样例扩展到错误样例、正误样例对比和正误样例的组合；由静态样例扩展到视频、动画等动态样例；等等。其次，样例学习研究所涉及的学科领域也由原来的数学、物理学等少数学科扩展到化学、医疗、写作、教学和学习策略、人际交往策略等诸多学科领域。样例学习的功能也由原来的问题解决能力训练扩展到学习策略、教学策略、人际交往策略等策略学习和各种操作、运动技能训练等诸多实践领域。样例学习的研究技术也由原来比较单一的行为实验研究扩展到运用脑成像技术的认知神经科学研究。

在样例学习研究的背景下，我和团队成员一直专注于规则的样例学习研究，即探索如何设计样例及样例的学习程序，使学生通过样例学习领悟并学会运用新规则。为此，我们在数学运算规则、科学（主要是物理和化学）规则、写作和语法规则等方面进行了一些实验研究和相关的理论探索。

（三）规则样例学习的实验研究

1. 数学运算规则样例学习的实验研究

我们首先进行了小学生数学运算规则样例学习的实验研究。研究目的是考察小学生可否通过数学运算样例的学习，领悟并运用隐含在运算样例中的新运算规则。

首先进行的是二年级小学生"四则混合运算"规则的样例学习实验研究。选择掌握了整数加、减、乘、除运算但没有学习四则混合运算的二年级小学生为被试，以四则混合运算的样例为学习材料，设计了有运算步骤标记和无标记的两种样例，采用样例与练习题"交替呈现"的样例学习程序，进行了两种样例学习效果的对比实验研究。实验结果发现，二年级小学生可以通过运算样例的学习，不同程度地领悟和运用四则混合运算规则，而且运算步骤标记对样例学习起到了明显的促进作用（张奇、林洪新，2005）。

第二项实验研究以三至五年级小学生为被试，考察他们是否可以通过有理数"去括号"运算样例的学习，掌握"去括号"运算规则。实验结果表明，三至五年级小学生可以通过运算样例的学习，学会运用"去括号"运算规则，而且这种样例学习能力逐年级而增强（张奇，郭菲菲，2007）。

第三项实验研究以六年级小学生为被试，以"完全平方和"和"平方差"代数运算样例为实验材料，设计了完整和不完整两种运算样例，其中不完整样例的学习又分为有反馈和无反馈两种情况。实验目的是考察六年级小学生能否通过代数运算样例的学习，学会代数运算规则。实验结果令人失望，被试中学会"平方差"代数运算规则的人数极少，学会"完全平方和"代数运算规则的被试人数也不多（林洪新、张奇，2007）。

这使我陷入沉思，难道小学生只能通过运算样例学习算术运算规则，而不能学习代数运算规则吗？经过分析和思考，我注意到代数运算符号与算术运算符号的一些不同。算术乘法算式中有乘法运算符号"×"，而代数乘法算式却没有任何算符，例如"a 乘以 b"，写作"ab"。小学生之所以难以学会"平方差"和"完全平方和"代数运算规则，可能是因为不理解代数运算符号的运算含义。

这些代数运算符号对于小学生来说是"新算符"，诸如 log、sin、cos 等。如果想让学生用代数运算样例学习和掌握新的代数运算规则，就必须解决新算符的样例设计问题。为此，我们开发出两种设计新算符的新方法，即"解释法"和"标记法"。所谓解释法，就是用被试已经掌握的运算规则解释新算符的运算含义，例如：用"a×b"解释"ab"的运算含义；用"a×a"解释"a^2"的运算含义，等等。所谓标记法，就是用连线标记运算前后变量的对应关系，帮助学生理解运算的数学含义。还可以将这两种方法组合起来运用，即"解释—标记法"。

为了验证上述方法的有效性，我们又进行两项实验研究，其中一项是运用"转换标记法"设计指数与对数的转换运算样例，并用"解释法"设计对数四则运算样例，以初中三年级学生为被试进行实验。实验的目的一是考察学习用"转换标记法"设计的样例，其学习效果是否优于学习无标记普通样例的效果；二是考察学习"解释法"样例的迁移成绩是否优于学习普通样例的迁移成绩。实验结果表明，采用"转换标记法"设计的运算样例与普通样例相比，明显地提高了样例学习的迁移成绩；学习"解释法"设计的对数运算样例的迁移成绩明显优于学习普通样例的迁移成绩。实验结果证明，这两种新算符的样例设计方法促进了含有新算符的代数运算规则的学习，比普通样例更优越（张华，曲可佳，张奇，2013）。

另一项实验研究是为了进一步验证"解释法"和"解释—标记法"样例设计的有效性和优越性，以四年级小学生为被试，分别用解释法、解释—标记法设计分数四则运算样例和比例运算样例，主要考察这两种样例的学习效果是否优于普通样例的学习效果。实验结果验证了解释法和解释—标记法样例设计的有效性和优越性，即"解释—标记"样例的学习迁移成绩明显优于"解释"样例和普通样例，学习"解释"样例的迁移成绩也明显优于普通样例（张奇、郑伟、万莹，2013）。

数学运算规则样例学习的实验结果表明，只要利用学生的先前知识和有效的样例设计方法设计运算样例，就可以使学生通过样例学习，领悟和运用新的运算规则。

2. 科学规则样例学习的实验研究

科学规则可分为"定量"规则和"定性"规则两大类。定量规则主要用于量化分析、计算和逻辑推理；定性规则主要用于定性的推理和判断。定量规则的样例学习与数学运算规则的样例学习类似；而定性规则的样例学习却各有特点。为此，我们采用正误样例组合和正误样例对比的方法分别进行了高中生碳氢共价键分子结构式和初中生物体受力分析规则样例学习的实验研究。

在第一项研究中，以碳氢共价键分子结构式的正、误样例为学习材料，并将其设计为正确样例组合和正、误样例组合两种样例组合学习材料，以高中一年级学生为被试进行对比实验。结果发现，正、误样例组合的学习效果明显优于正确样例组合的学习效果。实验还发现，在正、误样例组合学习中，正、误样例数量相等和正、误样例对比呈现的样例组合学习效果分别明显优于正、误样例数量不等和正、误样例分块呈现样例组合的学习效果（许德志、张奇，2011）。该实验结果不仅说明科学定性规则可以进行样例学习，而且证明正、误样例对比有利于学生领悟和掌握正确的规则，避免对规则的错误理解和错误运用。

运用物体受力分析规则对物体的受力情况作出正确的分析是中学生（高中生）学习物理知识的基础。可是在中学生的物体受力分析作业中却经常出现错误，主要表现为"少画力""多画力""画错力"三种情况。教师们探索出一些讲授物体受力分析规则的方法，可是学生在作业中仍然经常出现错误。如何帮助学生正确地掌握和运用物体受力分析规则并避免出现错误成为教学中的一个突出问题。我们用物体受力分析图的正、误样例为样例学习的实验材料进行了系列实验研究，实验结果表明，物体受力分析图正、误样例组合学习的效果明显优于正确样例组合的学习效果，其中正、误样例对比呈现的学习效果更好（张奇、张华，2014），而且正、误样例的相似性越高学习效果越好（张华，2013）。这些实验结果均为物体受力分析课堂教学方法的改进提供了有益的启示。

3. 写作和语法规则样例学习的实验研究

"范文"和"例句"早就用于写作和语法规则的学习和教学。可是，范文和例句在教学中的运用却比较单一。在写作教学中，教师往往强调学生多读范文，学生也可以读到许多范文。可是，教师们却很少探索如何设计范文才能使学生阅读范文对写作的促进效果更好。为此，我们借鉴"完整"与"不完整"样例的设计方法，在完整范文的基础上将记叙文范文设计出"补充结尾""补充开头""填充要素""填充情节"等8种不完整范文，以3年级小学生为被试，进行"完整"与"不完整"范文学习效果的对比实验研究。结果惊喜地发现，小学生阅读了"补充结尾""补充中间"等不完整范文后再写作记叙文，其作文成绩明显高于阅读完整范文后的作文成绩（王瑶、张奇，2010）。这无疑为作文写作教学提供了有价值的教学方法。

英语学习中有主动语态和被动语态的转换，这个转换规则的学习也是初中英语教学的重点和难点。我们采用"转换标记法"设计例句，并与普通例句进行样例学习的对比实验研究，结果是学习了"转换标记"例句被试的学习成绩明显高于学习普通例句的成绩（阚洁琼，2013）。

在小学语文教学中有一个教学难点，即"直接引述句"与"转述句"转换规则的学习和教学。例如，"老师说：'我明天要检查作业。'"这是直接引述句。把这句话变成转述句就是"老师说他明天要检查作业"。这两种句子的转换涉及主、谓语变化等一些转换规则的学习和运用。可是，小学生在学习中却经常出现错误，很难准确掌握和运用这个语法转换规则。为此，我们用"转换标记法"设计例句，并与普通例句进行样例学习的对比实验研究，结果收到较好的效果，即学习了"转换标记"例句被试的学习成绩明显高于学习普通例句的成绩（刘云涛，2015）。

上述实验研究结果均表明，规则的样例学习是普遍行之有效的。

（四）规则样例学习的理论探索

在规则样例学习实验研究的同时，我们也不断探索规则样例学习的理论，形成以下理论观点。

1. 已有样例学习理论的局限性

上文谈到的一些样例学习理论既各有其合理性，也各有其局限性。相似性理论和解释性理论的基本观点是正确的，但却只描述了样例学习的一些显见认知过程，还没有深入探究规则样例学习的实质和复杂认知过程。四阶段模型描述了问题解决心智技能的形成过程。它强调了陈述性知识的掌握对技能形成的重要作用。但是，它没有说明规则的陈述性知识是怎样习得的，所以，没有解释规则样例学习的全过程。认知负荷理论较好地回答了样例学习者必备的自身条件和样例条件，但没有解释样例学习的认知过程，仍属于样例学习的条件理论。社会学习理论详细地阐释了观察学习的过程（四个阶段），并论述了观察学习的条件或影响因素。该理论对于解释行为动作、操作和运动技能的样例学习是恰当的。但是，对于解释非行为动作的样例学习，尤其是解释许多静态样例

（如数学例题和范文等）的学习却显得鞭长莫及。所以，在实验研究的基础上建构规则样例学习理论是一项重要的工作。

2. 规则样例学习的实质和功能

规则是人们对事物运动变化规律的认识或反映。规律就是一事物与其他事物之间固有的联系，即事物之间内在的关系。前文说到，学生可以通过各种途径学习和掌握新规则。实验或实验演示教学是通过实验揭示事物之间的关系，从而使学生发现规律、概括和运用新规则；规则的逻辑推理教学是通过揭示规则与规则之间的逻辑关系领悟和运用新规则；观察学习是通过观察和模仿榜样的行为，并利用自身的已有动作组合，领悟和形成运动和操作的新规则。而规则的样例学习则是学生自己通过对样例的阅读和思考或认知加工，领悟新规则及其运用的过程。

规则的学习不同于概念的学习。概念的学习可以用"同化"来解释，即用学生认知结构中已知的概念或事物的表象来同化新概念，以达到对同类事物共有特征（或共有属性、关键特征、定义特征等）的认识，并认识不同事物之间特征的异同。规则学习认识的不是事物的特征，而是不同事物之间或不同概念之间的关系。认识事物的特征与认识事物之间的关系是两种不同的认识对象和不同的认知过程。尽管规律的种类很多，对应的规则种类也很多。可是，规律与规律、规则与规则之间也存在着各种内在的逻辑联系。这些逻辑联系也有很多种，常见的有类比关系（例如，水流与水压和电流与电压的类比关系）、转换关系（例如，指数与对数的转换关系、各三角函数之间的转换关系等）、替代关系（例如，用"a^2"代替"$a \times a$"）、部分与整体的关系（例如，四则运算规则与四则混合运算规则的关系、部分电路欧姆定律与全电路欧姆定律的关系等）、事件经过与表述形式的关系（例如，口述事件经过与记叙文写作规则之间的关系、口头语言表达与文字表述规则之间关系）等等。规则样例学习的实质正是利用新、旧规则之间的逻辑关系，使学生利用已知的规则去领悟新规则和新规则的运用。这里之所以用"领悟"而不用"同化"，不仅是因为规则学习与概念学习的不同，还因为在汉语中，常用"领悟"或"悟道"来表述人们对规律、关系或规则的初步理解。而且，格式塔心理学也用"顿悟关系"（即目的物与手段或途径的关系）来描述学习过程。"领悟"和"顿悟"说的都是对事物间关系和解决问题规则的理解，两者所指的认知或学习对象相同，只不过"顿悟"所描述的理解带有"突然"的色彩。其实，在领悟新规则和新规则运用的学习过程中已包含了顿悟，甚至不止一次的顿悟。

规则样例学习不是在教师的实验演示、逻辑推理、动作示范和讲解等教学条件下的规则学习。而是学生经过独立的阅读、观察和思考，自主发现或领悟新规则和新规则运用的过程，这是一种自主学习过程。所以，规则样例学习具有培养学生主动思考、自主探究、自主发现等自主学习能力的功能。加上样例比较抽象，不比实验演示、动作示范、演示推理和言语解释那样直观、生动。所以，规则样例学习可以培养学生的形式运算或抽象逻辑思维能力、分析和解决问题的能力。规则的样例学习比其他形式的规则学习更有难度，更具挑战性，更能激发学生的智慧潜能和学习兴趣。所以，它还具有激发学生学习动机的功能。

3. 规则样例学习的条件和过程

规则的样例学习是有条件的，主要条件有二：一是学生的自身条件，二是样例条件。学生的自身条件主要是学习新规则所需要的先前知识和领悟新规则的能力。样例条件主要是新规则的复杂程度、样例的设计以及样例的学习程序等。认知负荷理论认为，样例学习的基本条件是学生的认知资源总量与学习样例所要消耗认知资源总量之间的平衡。如果样例学习所需要的认知资源总量超出了学生自身所具有的认知资源总量，就出现认知超负荷，样例学习就难以进行。所以，样例设计的基本原则就是使样例学习所要消耗的认知负荷总量等于或低于学生所具有的认知资源总量。而影响样例学习认知负荷大小的仍然是学生的自身条件和样例条件。所以，我们认为认知负荷理论是样例学习的条件性理论，而且是知识学习的一般性条件理论。它不仅可以解释样例学习的条件，也可以解释一般知识学习的条件。通俗地说，规则样例学习的难易程度应该与学生的学习能力相匹配。如果样例学习的难度超过了学生的学习能力，样例学习就难以进行。学生的学习能力是有个体差异的，同样的样例条件，不同个体的学习效果是有差异的。所以，理论上讲，样例及其学习程序的设计应该符合学生个体的样例学习能力。这个问题可以通过样例设计和样例学习程序的安排得到有效的解决。实验研究中所运用的样例设计方法和样例学习程序，其目的都是用来降低样例学习的难度，使样例学习有效进行并获得预期效果。实验研究证明，有效地运用样例设计方法，完全可以实现规则样例学习的难易程度与学生样例学习能力的匹配。所以，通过有效的样例设计完全可以适应不同个体样例学习的需要。

规则样例学习的过程无疑是思维活动过程或认知加工过程，即使是行为和操作技能的观察学习也不是简单的动作模仿、行为的重复和再现。已有的样例学习理论对规则样例学习过程的描述比较简单和片面。前文已经论述过，规则样例学习的实质是学生经过对样例的阅读、观察和思考，利用自己已知的规则领悟新规则和新规则运用的过程。由于已知规则与新规则的关系不同，诸如类比关系、转换关系、部分与整体的关系等，对新规则的领悟过程也有所不同。这些不同正是今后规则样例学习研究应该分别关注的研究课题。

五、样例学习理论述评与规则样例学习认知理论的建立

在简要回顾样例学习研究主要历程的基础上，作者对已有的样例学习理论进行了分析和评价，指出了这些理论的合理内核、存在的不足及应用上的局限性。作者结合自己及团队成员十余年来从事规则样例学习实验研究及理论探索的收获和心得，明确提出了建构规则样例学习认知理论的思想要点：规则是人们对客观规律及事物关系的认识，并据此制订的支配人们心理与行为操作的准则。规则样例学习是学生根据已知规则，在样例学习过程中经过新旧规则之间的逻辑推理，领悟新规则并掌握其应用的过程。

（一）引言：样例学习研究的历史概要

早在中国古代墨家学说中就有样例学习思想的论述。"法，所若而然也。《说》曰：意、规、员，三也，具可以为法"（《墨子·经说上》）。这段话中的"法"指的是古代铸钱的模子；"若"是"如同"的意思。这段话的意思是说，按照模子铸钱，铸出来的钱都一个样。譬如画圆，可以有三种画法：一是依据圆的定义来画；二是用圆规来画；三是照着圆来画。这三种都是圆的画法。照着圆来画就是临摹，即模仿，也就是样例学习。"效也者，为之法也。所效着，所以为之法也。故中效，则是也；不中效，则非也。此效也"（《墨子·小取篇》）。这里的"效"就是"效法"和"模仿"的意思。这段话的意思是说：效仿是为了学习方法。被效仿的是方法。所以，效仿得法就是被效仿者；效仿不得法就不是被效仿者，这就是所谓的效仿。"辟也者，举也物而以明之也。侔也者，比辞而俱行也"（《墨子·小取篇》）。这里的"辟"和"侔"都是用学生已知的知识来讲解新知识，从而使学生理解新知识的方法。"辟"是用别的事物（即学生知道的事物）来说明当前要知道的事物（即学生当前学习的事物）；"侔"是用学生已知的概念来解释新概念。

墨家讲的是样例学习；儒家讲的是样例教学。孔子十分重视学生对样例的理解能力。他对那些"举一隅不以三隅反"的学生，采取"则不复也"的教学态度。就是说，在教学中教师举出了例子（即样例），学生不能做到举一反三

（即不能产生学习迁移），教师就不能再给他讲下去了。《学记》将其发展为"罕譬而喻"的样例教学思想。"罕"就是"少"；"譬"就是例子；"喻"就是讲授教学。"罕譬而喻"就是用很少的例子给学生讲明白知识和道理。中国古代的数学著作《九章算术》就是最早的算术解题样例著作。

如何培养学生的问题解决能力成为20世纪初教育界关注的课题。30年代，桑代克等人开展了学习迁移的实验研究，否定了心理训练说，提出了"共同要素说"。桑代克的研究推动了学习迁移理论研究的发展，相继出现了贾德的"原理概括说"、苛勒的"关系转换说"、奥苏贝尔的"认知结构说"、哈洛的"学习定势说"以及"产生式"系统等。这些迁移学说各自从不同的方面揭示了学习迁移的原因，提出了相应的促进学习迁移的教学方法，具有教学实践意义。学习迁移的研究虽然还不完全是样例学习研究，但对学生问题解决能力的培养和样例学习理论的建构具有教学实践意义和学术借鉴价值。50年代，布鲁纳进行了"人工概念"形成的实验研究，实验材料就是81张人工概念的图形例证。因此，有人提出"例中学"的建议。① 70年代，从"专家"与"新手"问题解决技能的差异研究中发现，专家与新手的解题策略不同、学习解题样例比单纯的解题练习更利于问题解决图式的获得②。由此，开始了用样例学习提高学生解决问题技能的研究。

起初，样例学习实验研究的课题有样例内信息整合研究（图文、视听信息的整合及"子目标编码"等），样例间特征研究（样例的数量、样例之间的变异等），样例学习过程中"自我解释"作用的研究等。同时出现了"相似性"理论、"解释性"理论、"四阶段模型"和"认知负荷"等样例学习理论。

21世纪以来，研究出现繁荣并取得可喜进展，表现为：①样例学习研究的学科领域不断扩大，由数学、物理学扩展到医学、教学和人文社科等多个学科领域。②样例设计方法不断创新，样例类型不断细化。由"完整"与"不完整"样例发展到错误样例及正、误样例组合；由"单内容"样例发展到"双内容"和"多内容"样例；由"静态"样例发展到"动态"样例等。③样例设计趋于专门化，由"结果导向"的样例发展到"过程导向"的样例；等等。

----

① KENDLER T S. Concept formation [J]. Annual Review of Psychology, 1961, 12 (1): 447 – 472.

② DE GROOT A D. Thought and choice in chess [M]. The Hague, The Netherlands: Mouton, 1978.

（二）样例学习理论述评

1. 相似性理论

样例学习的相似性理论是在概念学习"相似说"的基础上提出的。关于概念学习的认知机制，认知心理学家提出了"相似说"和"解释说"。相似说认为概念是从多个例子中分离出来的相似性形成的。

Murphy 和 Medin（1985）提出了样例学习的相似性理论[1]。该理论认为，样例学习就是对多个相似的样例进行分析并概括出样例中共有的规则，且规则中包含所有样例共有的本质特征。所以，应该向学生呈现两个或两个以上的样例，有助于学生辨别和类化，从而改善学习效果。[2]

将该理论应用到问题解决样例学习研究中，所涉及的研究课题主要有样例问题与目标问题的相似性以及问题解决规则的相似性研究等。蔡晨、曲可佳、张华和张奇等人考察了正误样例之间的相似程度对物体受力分析规则正误样例组合学习迁移效果的影响，正误样例的相似程度分为"高相似""低相似"和"不相似"。实验结果表明，正误样例组合学习的迁移效果存在明显的相似性效应，即正、误样例的相似程度越高，学习迁移的效果越好。[3] 张奇和赵弘对算术应用题二重变异样例学习迁移效果的研究表明，二重样例题表面特征的变异不能明显促进远迁移应用题的解决；而结构特征的变异可以不同程度地促进远迁移问题的解决，而且结构特征的相似性越高，远迁移效果越好[4]。

2. 解释性理论

在概念学习解释说的基础上，Lewis（1988）提出了样例学习的解释性理论。他认为样例学习是学生根据一个或少数几个样例建构出自我"解释"的过程。Chi 等人（1989）认为，解释是一种学习机制，是学生推断和解释样例中每

---

① MURPHY G L, MEDIN D L. The role of theories in conceptual coherence［J］. Psychological Review, 1985, 92（3）: 289–326.

② REED S K, BOLSTAD C A. Use of examples and procedures in problem solving［J］. Journal of Experimental Psychology: Learning, Memory and Cognition, 1991, 17（4）: 753–766.

③ 蔡晨，曲可佳，张华，张奇. 正误样例组合学习的相似性效应和认知加工深度效应［J］. 心理发展与教育. 2016, 32（3）: 310–316.

④ 张奇，赵弘. 算术应用题二重变异样例学习的迁移效果［J］. 心理学报, 2008, 04: 409–417.

个步骤的条件和结果，并运用定义的原则和概念加以证实的过程。① 依据解释性理论，研究者们对"自我解释"开展了大量的研究。

Chi（1989）在研究中发现了"自我解释效应"，即有些学生在学习物理力学样例时，每看到一个步骤就停下来试图做出自己的解释，结果发现这些学生的成绩好于其他学生。Chi 等人（1994）以血液循环系统的文字材料为实验材料，让被试根据呈现的血液循环系统各个组织器官的特征，推论出每个组织器官特征间的关系或不同组织器官特征间的关系。结果表明，自我解释是"在已有知识的基础上，建构出来的新知识"②。而且他们还认为自我解释具有三个特点：自我解释是一种建构性的活动，即建构新的陈述性知识或程序性知识；自我解释促进新学材料与已有知识的整合；自我解释是一种连续的、进行中的、逐渐的过程，所以，会出现部分的、不完整的、零碎的自我解释。

Chi（2000）把自我解释定义为，为了理解文本或其他媒介呈现的新信息所做出的自我理解式的解释。自我解释不同于一些其他行为③。自我解释是一种比谈话更加专注的活动。专注的目的是学生为了理解学习材料，而谈话只是向听众传达信息。自我解释不同于其他形式的推理，诸如过渡性推理、逻辑推理、基于图式的推理，而是学生为了帮助自己理解而产生新知识的推理活动。

Chi（1989）在研究中分析了学生的口头报告材料，结果发现好的解释者能监控自己是理解了还是不理解，而差的解释者很少检测到自己理解的失败。这与 Neuman 等人（2000）在考察"好的"问题解决者和"差的"问题解决者自我解释差异的实验结果一致。④

在对"自我解释效应"的理论解释中，影响最大的是"空缺填补"理论和"心理模型修补"假设。Vanlehn 和 John（1993）总结了已有的三种假设：

---

① CHI M T, BASSOK M, LEWIS M W, et al. Self – Explanations：How Students Study and Use Examples in Learning to Solve Problems［J］. Cognitive Science，1989，13（2）：145 – 182.

② CHI M T, DE LEEUW N, CHIU M, et al. Eliciting Self – Explanations Improves Understanding［J］. Cognitive Science，1994，18（3）：439 – 477.

③ CHI M T. Self – explaining expository texts：the dual processes of generating inferences and repairing mental models［M］//Glaser R. Advances in Instructional Psychology. Mahwah，NJ：Erlbaum，2000：161 – 238.

④ NEUMAN Y, SCHWARZ B. Patterns of Verbal Mediation During Problem Solving：A Sequential Analysis of Self – Explanation［J］. Journal of Experimental Education，2000，68（3）：197 – 213.

"空缺填补"假设、"图式形成"假设和"类比提高"假设。① 空缺填补假设从学生的角度出发，认为自我解释可以使学生探测和填补他们有关专业知识的空缺。图式形成假设和类比提高假设主要是从学习目标来阐述自我解释的机制。

Chi 等人在研究中将"空缺填补"假设扩展为"心理模型修补"假设②。该假设认为自我解释不仅有修补心理模型的过程，也有填补空缺信息的过程。Chi（1998）引用已有的研究对空缺填补假设提出质疑，间接地支持了心理模型修补假设。

3. 安德森的认知技能获得理论

（1）ACT

安德森提出了思维的"适应性控制理论"（Adaptive Control Theory，ACT）③。

其核心内容之一是对"陈述性"知识和"程序性"知识的明确划分。另一个核心内容是描述了陈述性知识转化成程序性知识的过程：所有知识最初都是以陈述性知识的形式，通过"弱方法"进入陈述性记忆系统的。④ 随后在具体的情境中运用这些陈述性知识，即经过"编辑"而形成产生式规则。这里所谓的"编辑"包括两个不同的认知活动，分别称为"程序化"和"合成"。把陈述性知识变成程序性知识，这个学习过程就称为程序化。合成是指一系列的产生式规则合并成新的产生式规则。

（2）ACT – R

安德森和同事在 1994 年对 ACT 进行了修改。修改后的理论称为 ACT – R（Adaptive Control Theory – Rational）⑤。ACT – R 对 ACT 主要做了两点改动。第

---

① VANLEHN K, JONES R M. What mediates the self – explanation effect? Knowledge gaps, schemas or analogies? ［A］. IProceedings of the Fifteenth Annual Conference of the Cognitive Science Society ［C］. Hillsdale, NJ: Erlbaum. 1993: 1034 – 1039.

② CHI M T H. Self – explaining expository texts: The dual processes of generating inferences and repairing mental models ［J］. Advances in instructional psychology, 1998, 5: 161 – 238.

③ ANDERSON J R. Acquisition of cognitive skill ［J］. Psychological review, 1982, 89 (4): 369 – 406.

④ ANDERSON J R. Skill acquisition: Compilation of weak – method problem situations ［J］. Psychological Review, 1987 (94): 192 – 210.

⑤ ANDERSON J R, FINCHAM J M. Acquisition of procedural skills from examples ［J］. Journal of Experimental Psychology Learning Memory & Cognition, 1994, 20 (20): 1322 – 1340.

一，ACT 强调了陈述性知识的说明和指导作用，ACT - R 理论则增加了在陈述性记忆中呈现程序性知识样例的必要性。ACT - R 认为，最初的知识是以陈述性形式进入系统，通过类比样例以及在类比过程中对产生式规则进行编码，从而获得陈述性知识。Chi 等人在 1989 年的实验中发现，被试会大量运用样例来尝试解决问题。Pirolli（1991）也发现在数学领域中，样例对解决相关问题起着重要作用①。第二，ACT - R 强调了样例的陈述性知识在转化成程序性知识过程中的作用。ACT - R 认为，在陈述性知识向程序性知识转化的过程中，知识以陈述性形式长期保持。学生从样例中表征陈述性知识，在类比的过程中，这种陈述性表征激活在工作记忆系统里。大量研究表明，对陈述性知识的表征是程序性知识获得的基础。Squire 和 Frambach（1990）在对遗忘症患者进行双任务范式实验时发现，由于被试患有健忘症，不能形成陈述性知识的表征，所以在实验中无法形成程序性技能②。

ACT 中产生式规则的获得主要是通过"程序化"和"合成"实现的；ACT - R 却认为"类比"是获得产生式规则的关键。类比过程的发生需要两个条件：其一，需要解决一个具体情境中的目标问题；其二，需要有与目标问题类似的样例。由此，类比机制可以从样例中抽象出原理，用以解决当前问题。产生式规则一旦形成便可运用到其他情境中。

（3）"四阶段"模型

安德森及同事（1997）考察了"新手"问题解决技能的获得过程③。在实验中要求被试记忆 8 个样例，并根据样例"举一反三"地扩展成其他样例。连续实验几天后，结果显示，新手面对新的问题需要靠样例来获取经验。当新手遇到类似的问题时会提取陈述性的表征（抽象出产生式规则），从基于样例转换到基于规则的过程，从而简化问题解决的程序。在此过程中，经过几天的不断练习，新手在问题解决中逐渐趋向自动化。

由此，安德森和同事在 ACT - R 的基础上，提出了问题解决技能获得的四

---

① PIROLLI P. Effects of Examples and Their Explanations in a Lesson n Recursion: A Production System Analysis [J]. Cognition & Instruction, 1991, 8 (3): 207 - 259.

② SQUIRE L R, Frambach M. Cognitive skill learning in amnesia [J]. Psychobiology, 1990, 18 (1): 109 - 117.

③ ANDERSON J R, FINCHAM J M, DUGLASS S. The role of examples and rules in the acquisition of a cognitive skill [J]. Journal of Experimental Psychology Learning Memory & Cognition, 1997, 23 (4): 932 - 945.

阶段模型：第一阶段，将要解决的问题与记忆中学习过的样例进行类比。在这一阶段，学生将学习过的样例编码成陈述性表征。当新的问题出现时，学生将当前的问题与之前记忆中的样例进行类比。第二阶段，规则提取阶段。学生经过类比将样例中的规则抽象化。第三阶段，将产生式规则转变成程序性规则。这一阶段的学生经过大量的练习，将样例中抽象出来的规则转化成程序性规则。第四阶段是样例储存阶段。在这一阶段，学生已经学习了大量的样例，并将其储存在陈述性记忆中。当学生遇到问题时，可以直接地、快速地提取相应的样例，其效果甚至优于产生式规则的使用。

4. 认知负荷理论

（1）认知负荷

认知负荷是指人在加工信息时，学习材料本身对学生工作记忆资源的占用量。[1] 工作记忆的容量是有限的，解决一个问题时的可用认知资源也是有限的。[2] 认知负荷理论（Cognitive Load Theory）最初作为教材和教学程序设计的理论基础而提出的。该理论认为能够使信息在长时记忆中存贮是教学的主要功能。Sweller 认为，当解决某个问题时，同时存储在工作记忆中的信息越多，需要进行加工处理的信息就会越多，即产生的认知负荷就越大，从而使学习难度提高。[3]

（2）学习材料的类型

认知负荷理论认为，有效的学习材料会将学生的认知资源指向学习活动，从而促进学习。[4] 学习材料的类型直接影响加工时所需的认知资源。据此，Sweller 根据学习材料的复杂性将其划分为"成分低互动"材料和"成分高互动"材料。[5]

---

① SWELLER, JOHN. Cognitive Load During Problem Solving: Effects on Learning [J]. Cognitive Science, 1988, 12 (2): 257 –285.

② LUO W, JIAN – JUN H U. Interactions among the Imagination, Expertise Reversal, and Element Interactivity Effects [J]. Journal of Experimental Psychology Applied, 2005, 11 (4): 266 –276.

③ SWELLER J, MERRIENBOER J J G V, PAAS F G W C. Cognitive Architecture and Instructional Design [J]. Educational Psychology Review, 1998, 10 (3): 251 –296.

④ SWELLER J, CHANDLER P. Evidence for cognitive load theory [J]. Cognition & Instruction, 1991, 8 (4): 351 –362.

⑤ SWELLER J, CHANDLER P. Why some material is difficult to learn [J]. Cognition & Instruction, 1994, 12 (3): 185 –233.

能够单独被学习而不需要考虑其他元素的材料称为成分低互动材料（low element interactivity material），这种材料在学习时产生的认知负荷相对较小。① 像单词和独立的几何图形等学习材料，材料的成分之间关联较小，在学习某个材料时不需要同时加工其他元素。这类材料的学习只要求学生进行即时性加工，不会造成认知超负荷。但是，如果成分低互动材料包含的成分较多，学生要想学会和掌握这类材料所有成分的难度就很大，例如，学生学会一个英语单词很容易，但是掌握大量词汇却很难，而这种学习难度与认知负荷是无关的。②

相对于低互动材料而言，高互动材料（high element interactivity material）中包含的知识要素较多，而且它们之间相互作用。例如，学习一个化学方程式，需考虑方程式中各个化学元素的意义及各个符号的意义，一旦某个元素的理解出现问题，则会造成学习效果的降低。③ 高互动材料可以单独学习，但只有在所有元素及其关系被同时加工时才能被理解，这无疑增加了工作记忆的认知负荷。因此，对于初学者来说，学习高互动材料有较大难度。而对于熟悉该知识的学生来说，由于在他们的长时记忆中存储了相关知识的大量图式，所以，在加工处理时，即使同时加工也不会产生过大的认知负荷。④

（3）认知负荷的类型

除了学习材料的复杂性之外，知识的组织和呈现方式及学习者自身的知识水平也会影响认知负荷的大小。根据认知负荷的来源，可以将其分为外在认知负荷、内在认知负荷和相关认知负荷。⑤ 不同的认知负荷在学习中有不同的作用。

外在认知负荷是无效认知负荷。它是由于学习材料的组织和呈现形式不当，

---

① PAAS F, RENKL A, SWELLER J. Cognitive Load Theory and Instructional Design：Recent Developments［J］. Educational Psychologist，2010，38（1）：1–4.

② 林洪新，张黎. 样例学习理论研究新进展［J］. 青岛大学师范学院学报，2012，29（3）：33–37.

③ PAAS F, RENKL A, SWELLER J. Cognitive Load Theory and Instructional Design：Recent Developments［J］. Educational Psychologist，2010，38（1）：1–4.

④ LUO W, JIAN–JUN H U. Interactions among the Imagination, Expertise Reversal, and Element Interactivity Effects［J］. Journal of Experimental Psychology Applied，2005，11（4）：266–276.

⑤ SWELLER J, MERRIENBOER J J G V, PAAS F G W C. Cognitive Architecture and Instructional Design［J］. Educational Psychology Review，1998，10（3）：251–296.

使学生在加工信息时产生的不利于学习的认知负荷。

内在认知负荷与学习材料本身的复杂性和学生长时记忆中知识经验的多少相关。① 内在认知负荷本身与教学设计无关，教学设计并不影响内在认知负荷。但是，相比于有相关知识的学生，初学者学习同样复杂程度的材料会产生较多的内在认知负荷。

相关认知负荷是一种内在认知负荷。它是用在学习与学习材料有关内容上的认知负荷。如果说外在认知负荷会阻碍学习，那么相关认知负荷则会促进学习。② 相关认知负荷有助于使更多的认知资源投入图式的获取和自动化中。所以，优化教材设计和教学过程，会更好地促进学生的学习。

（三）规则样例学习认知理论的建立

1. 建立规则样例学习认知理论的前提

建立规则样例学习认知理论具备了以下三个前提条件：

我们在样例学习研究文献的梳理中发现，在以往的样例学习研究中，有些实验研究（Gog T, & Kester L, 2012③; Gog T V, Paas F & Merriënboer J J G V, 2006④; 2008⑤; Reisslein J, Atkinson R K, Seeling P, et al, 2006⑥; Bing H N,

① SEUFERT T, BRüNKEN R. Cognitive load and the format of instructional aids for coherence formation [J]. Applied Cognitive Psychology, 2006, 20 (3): 321 - 331.

② LUO W, JIAN - JUN H U. Interactions among the Imagination, Expertise Reversal, and Element Interactivity Effects. [J]. Journal of Experimental Psychology Applied, 2005, 11 (4): 266 - 276.

③ GOG T, KESTER L. A Test of the Testing Effect: Acquiring Problem - Solving Skills From Worked Examples [J]. Cognitive Science, 2012, 36 (8): 1532 - 1541.

④ Gog T V, Paas F, Merriënboer J J G V. Effects of studying sequences of process - oriented and product - oriented worked examples on troubleshooting transfer efficiency [J]. Learning & Instruction, 2008, 18 (3): 211 - 222.

⑤ GOG T V, PAAS F, MERRIëNBOER J J G V. Effects of process - oriented worked examples on troubleshooting transfer performance [J]. Learning & Instruction, 2006, 16 (2): 154 - 164.

⑥ REISSLEIN J, ATKINSON R K, SEELING P, et al. Encountering the Expertise Reversal Effect with a Computer - Based Environment on Electrical Circuit Analysis [J]. Learning & Instruction, 2006, 16 (2): 92 - 103.

& Yeung A S, 2013①; Darabi A A, Nelson D W & Palanki S, 2007②; Mihalca L, Mengelkamp C, Schnotz W, et al, 2015③; Kirschner F, Paas F, Kirschner P A, et al, 2011④; Abdul - Rahman S S, & Boulay B D, 2014⑤; Kalyuga S, Chandler P, Tuovinen J, et al, 2001⑥; Stark R, Mandl H, Gruber H, & Renkl, 2002⑦) 的被试在学习样例之前, 已经通过各种不同形式的学习, 不同程度地学习、了解或掌握了一般解题原理。然后, 经过不同的问题解决样例的学习, 考察哪种样例的学习效果或迁移效果更好, 即哪种样例学习更有助于被试问题解决能力的提高。而有些实验研究则是在被试不了解、不熟悉和没有学习过问题解决一般原理的情况下, 让被试经过不同的样例学习, 考察其学习和应用新规则的效果 (Glogger - Frey I, Fleischer C, Grüny L, et al, 2015⑧; Mulder Y G, Lazonder A W, & Jong T D, 2014⑨; Siegler R S, & Chen Z, 1998⑩; Brown D E,

----

① BING H N, YEUNG A S. Algebra word problem solving approaches in a chemistry context: Equation worked examples versus text editing [J]. Journal of Mathematical Behavior, 2013, 32 (2): 197 - 208.

② DARABI A A, NELSON D W, PALANKI S. Acquisition of troubleshooting skills in a computer simulation: Worked example vs. conventional problem solving instructional strategies [J]. Computers in Human Behavior, 2007, 23 (4): 1809 - 1819.

③ MIHALCA L, MENGELKAMP C, SCHNOTZ W, et al. Completion problems can reduce the illusions of understanding in a computer - based learning environment on genetics [J]. Contemporary Educational Psychology, 2015, 41: 157 - 171.

④ KIRSCHNER F, PAAS F, KIRSCHNER P A, et al. Differential effects of problem - solving demands on individual and collaborative learning outcomes [J]. Learning & Instruction, 2011, 21 (21): 587 - 599.

⑤ ABDUL - RAHMAN S S, BOULAY B D. Learning programming via worked - examples: Relation of learning styles to cognitive load [J]. Computers in Human Behavior, 2014, 30 (30): 286 - 298.

⑥ KALYUGA S, CHANDLER P, TUOVINEN J, et al. When problem solving is superior to studying worked examples [J]. Journal of Educational Psychology, 2001, 93 (3): 579 - 588.

⑦ STARK R, MANDL H, GRUBER H, et al. Conditions and effects of example elaboration [J]. Learning & Instruction, 2002, 12 (1): 39 - 60.

⑧ GLOGGER - FREY I, FLEISCHER C, GRüNY L, et al. Inventing a solution and studying a worked solution prepare differently for learning from direct instruction [J]. Learning & Instruction, 2015, 39: 72 - 87.

⑨ MULDER Y G, LAZONDER A W, JONG T D. Using heuristic worked examples to promote inquiry - based learning [J]. Learning & Instruction, 2014, 29 (29): 56 - 64.

⑩ SIEGLER R S, CHEN Z. Developmental differences in rule learning: a microgenetic analysis [J]. Cognitive Psychology, 1998, 36 (3): 273 - 310.

& Clement J, 1987①; Mclaren B M, & Isotani S, 2011②; Biesinger K, & Crippen K, 2010③; Seufert T, 2003④; Mason L, Pluchino P & Tornatora M C, 2015⑤; Kostons D, Gog T V, & Paas F, 2012⑥; Moreno R, & Lester J C, 2001⑦; Hohn R L, & Moraes I, 1997⑧; Wynder M B, & Luckett P F, 1999⑨）。可是，在以往的研究中却没有人对这两种不同的样例学习研究做过明确的划分。

我认为这是两种性质不同的样例学习。前者是在被试学习过，或了解、熟悉了一般解题原理的前提条件下，考察他们经过不同的样例学习后，哪种样例的学习对应用已知原理解决具体问题的促进作用更明显。而后者则是在被试没有学习过，或不了解、不熟悉一般解题原理的前提条件下，考察被试学习了哪种样例后能够更好地理解一般解题原理及其应用效果。也就是说，在前一种样例学习的实验研究中，所考察的仅仅是被试应用已知规则解决具体问题的样例学习效果；而在后一种样例学习的实验研究中，考察的是被试经过不同的样例

① BROWN D, CLEMENT J. Overcoming misconceptions in mechanics: A comparison of two example – based teaching strategies [C] //Proceedings of the Annual Meeting of the American Educational Research Association, Washington, DC: American Educational Research Association, 1987: 2 – 35.

② MCLAREN B M, ISOTANI S. When Is It Best to Learn with All Worked Examples? [C]. International Conference on Artificial Intelligence in Education. Springer – Verlag, 2011: 222 – 229.

③ BIESINGER K, CRIPPEN K. The effects of feedback protocol on self – regulated learning in a web – based worked example learning environment [J]. Computers & Education, 2010, 55 (4): 1470 – 1482.

④ SEUFERT T. Supporting coherence formation in learning from multiple representations [J]. Learning & Instruction, 2003, 13 (2): 227 – 237.

⑤ MASON L, PLUCHINO P, TORNATORA M C. Eye – movement modeling of integrative reading of an illustrated text: Effects on processing and learning [J]. Contemporary Educational Psychology, 2015, 41: 172 – 187.

⑥ KOSTONS D, GOG T V, PAAS F. Training self – assessment and task – selection skills: A cognitive approach to improving self – regulated learning [J]. Learning & Instruction, 2012, 22 (2): 121 – 132.

⑦ MORENO R, LESTER J C. The Case for Social Agency in Computer – Based Teaching: Do Students Learn More Deeply When They Interact With Animated Pedagogical Agents? [J]. Cognition & Instruction, 2001, 19 (2): 177 – 213.

⑧ HOHN R L, MORAES I. Use of rule – based elaboration of worked examples to promote the acquisition of programming plans [J]. Journal of Computer Information Systems, 1997, 38 (2): 35 – 40.

⑨ WYNDER M B, LUCKETT P F. The effects of understanding rules and a worked example on the acquisition of procedural knowledge and task performance [J]. Accounting & Finance, 1999, 39 (2): 177 – 203.

学习，领悟和运用新规则的效果。简捷地说，前者不涉及新规则的学习，只涉及已知规则的应用；而后者既需要学习或领悟新规则，也需要学习新规则的运用。两者相比，后者的认知过程比前者更为复杂，学习难度更大。为了区别这两种不同性质的样例学习，我将前者称为"问题解决的样例学习"，将后者称为"规则样例学习"。这是建构规则样例学习认知理论的前提之一。

建构规则样例学习认知理论的前提之二是，经过对 4 个样例学习理论的介绍、分析和评价，不难看出这些理论的局限性。相似性理论虽然强调了样例与样例之间、样例与练习题之间的相似性比较和解题规则的概括，但不能解释单个样例学习的认知过程。解释性理论可以很好地说明，在样例学习过程中，学生对样例解题步骤的自我解释可以促进解题规则的深入理解和具体运用。但是，如果样例中出现学生没有学习过的，或者不认识、不理解的新算符和新规则，学生自己将不能仅仅依靠样例提供的信息做出正确的自我解释。ACT－R 及解题技能形成的"四阶段模型"既有合理性也有局限性，仅就与样例学习有关的方面来说，它明确指出了样例学习在问题解决技能形成中的重要作用。更为可贵的是，该理论明确指出样例的学习和应用是"类比"推理的过程。这为我们建立规则样例学习的认知理论提供了重要的理论支撑。局限性是该理论没有进一步地考虑到，规则样例学习不仅只有类比推理，而且还有其他多种推理形式。认知负荷理论很好地解释了样例学习者的自身条件，以及样例的设计和呈现所应该遵循的基本原理，即阐明了样例学习的内外条件。而且可以解释一般学习和教学所必须满足的基本条件——学习知识内容所占用的认知资源不能超出学生工作记忆认知资源的总量。所以，该理论足以称之为一般学习的条件性理论。只是该理论不是解释样例学习认知过程的理论，更不能解释规则样例学习的认知过程。

有人还把格式塔心理学的学习"顿悟说"视为样例学习理论，这未免过于牵强。因为，"顿悟说"回答的是解决问题过程中，问题解决者这对"目的"与达到目的的"手段"或"途径"之间关系的"顿悟"。它描述的是直接经验的学习过程，即实际问题解决过程中的"顿悟"。而且顿悟说没有回答动物经过对问题情境的"良好"观察后，究竟是怎样获得"顿悟"的，更没有回答"顿悟"的认知过程如何。20 世纪的心理学家们提出的各种迁移理论，回答的都是学习了"知识甲"或"技能甲"之后，对学习"知识乙"或"技能乙"起促进作用的原因。可是，学习"知识甲"或"技能甲"不是通过样例学习会的。样例学习中确实存在规则或"原理的概括",以及样例题与测题之间的"关系转换",可是迁移理论所说的"原理概括""关系转换"和"学习定式"的形成都不是在样例学习中形成的,而是在训练和实际的问题解决过程中形成的。所以,不能说迁移理论也是样例学习理论。班杜拉的社会学习理论很好地描述和解释了各种社会行为和技能观察或模仿学习的过程和影响因素。如果将其纳入样例学习理论,也只能是规范行为和行为操作技能的样例学习理论,而不能是一般的样例学习理论,更不能是所有规则样例学习的理论。综上所述,正是因为已有的样例学习理论不能够准确、详细地解释规则样例学习的认知过程,所以,必须建立能够解释规则样例学习认知过程的认知理论。这也是建构规则样例学习认知理论的主要原因。

建构规则样例学习认知理论的前提之三是,我带领团队成员十余年来一直从事规则样例学习的实验研究和理论探索。在数学运算规则、物体受力分析规则、有机化合物碳氢共价键规则、记叙文写作规则和语法规则等样例学习的实验研究中取得了有价值的实验结果。分析和总结这些实验结果,从中获得了重要的启示和发现:①数学运算规则之间有着严谨的逻辑关系,利用学生已知的运算规则可以解释新算符和新运算规则的运算含义。因此,可以在采用"解释法""转换标记法"和"解释—标记法"等有效的样例设计方法,设计含有新算符和新运算规则的运算样例,并使学生通过这种运算样例的学习领悟其中的新算符和新规则及其应用。②科学规则之间有着严谨的逻辑关系,不仅定量的物理和化学规则(如欧姆定律、酸碱中和反应方程式等)之间有着如同数学运算规则之间的严谨逻辑关系,而且定性的物理和化学等科学规则之间也有着严谨的逻辑关系(如物体受力分析规则、碳氢共价键规则等)。设计正确和错误运用物理和化学规则的样例,就可以使学生经过正误样例的对比和认知加工,领悟并学会正确的规则及其运用。③语法规则、写作规则之间也存在严谨程度不同的逻辑关系,利用这些关系,就可以设计运用新、旧规则的样例(如例句和范文等),使学生经过样例学习,利用已知的语法或写作规则领悟并学会运用新的语法规则或写作规则。例如,通过"直接转述句"与"间接转述句"的例句对比,可以使学生学会两种句子转换的语法规则。据此,我们提出的假设是:规则与规则之间普遍存在着各种各样的关系,利用这些关系设计包含新旧规则的应用样例,就可以使学生经过样例学习,利用已知规则领悟并学会运用新规则。这就是我们建立规则样例学习认知理论的理论前提。

2. 何谓规则

什么是规则呢？规则就是人们对事物之间关系的认识，并根据这种认识制定的支配人心理和行为活动的操作准则。

自然界的事物之间存在着各种各样的关系和联系，人们一旦认识了那些事物之间固有的、内在的和必然的关系后，就会把这种对事物之间关系的认识表述出来。例如，古代先哲们认识到昼夜变化和四季变化后，就会根据其变化规律编制历法规则。还会根据大海潮汐变化规律制定出海打渔作业的劳动规则。这就是所谓的"自然有规律，世间有规则"。物质的运动和变化都是有规律的，科学家们的研究工作就是探索和发现这些具体规律。他们一旦发现并证实了这些规律，就会用定理、定律或法则将其表述出来。例如，勾股定理、欧姆定律、右手定则、化学反应方程等。不仅自然界和物质的运动变化有规律，社会发展和变化也有规律。例如，商品等价交换规律、货币流通规律和经济规律等。马克思和恩格斯对人类的最大贡献就是发现了社会发展规律。根据社会发展规律，制定国家的法律和法规、经济发展规划、教育发展规划，以及与之对应的管理制度、奖惩条例和社会伦理道德规范等。由此说来，科学规则就是人们对各种规律的认识，并根据规律制定的支配人们心理和行为操作的准则。

人们对规律的探索和认识是无尽的。有些规律被发现并表述出来了。可有些规律还没有被发现，有些规律正处在被探索和发现当中。例如，学生的学习成绩受各种有利因素和不利因素的影响，诸如遗传基因、智商、学习动机、学习策略和方法、人格特征，以及家庭、学校、班级、同伴和社会的影响等。可是这些因素都是如何或怎样影响学生学习成绩的呢？目前，教育家和心理学家们正在努力地研究和探索。在学习成绩与这些影响因素之间的关系尚未探究清楚之前，我们的学生、教师和家长们应该怎么办呢？总不能盲目地学习或盲目地干预吧。因此，教师凭借自己的成功经验提出一些学习规则来指导学生的学习；家长们也会根据自己的知识、经验和观念提出一些规则来要求和指导孩子的学习；学生们更会根据自己的学习经验和体会，并借鉴老师、家长和同伴们提供的成功经验来指导自己的学习。由此提出的学习策略、方法和计划等就是"经验性"规则。如果我们把经过科学研究和实验验证所提出的规则称为"科学规则"，而把凭借成功经验提出的规则称为"经验规则"的话，那显而易见的是经验规则没有科学规则可靠和有效。

正是因为有些规则是科学规则，有些规则是经验规则，有些规则甚至是凭借个人的思辨、遐想、愿望、幻想和好恶提出的主观规则，所以，我们给一般规则所下的定义只能是：人们对事物之间各种关系的认识，并根据这种认识制定的支配人心理和行为活动的操作准则。

3. 规则的学习与教学

规则是知识和技能的核心内容，也是学习和教学的重点。有人误以为概念是知识的核心内容，这是不准确的。因为规则反映的是事物的关系，概念只是人们对事物的表征。规则是概念与概念之间的关系。所以，认识和运用规则，比认识和掌握概念更重要也更复杂。例如，学习用牛顿第二运动定律解决各种类型的应用题比学习力、质量和加速度的概念更复杂、付出的精力更多。当然，学习规则要以理解和掌握定义概念为基础，例如，学习欧姆定律，首先要正确理解电流、电压和电阻的定义概念，然后再理解三者之间的关系及其运用。规则学习的目的不仅是认识事物或概念之间的关系，更重要的是学会运用规则解决问题并支配问题解决的认知操作。

儿童和学生是怎样学习和运用规则的呢？学前儿童往往是自发的，或者在家长、保姆和幼儿教师的干预下接受式地学习各种规则动作和动作规则。例如，婴儿自己学走路、跑步，尝试使用家长的手机等，这些是孩子自发的动作规则学习，属于直接经验的学习。孩子在家长的示范、指导和纠正下学说话、洗脸、穿衣、使用筷子等，以及在幼儿教师的示范、指导和说教下学习游戏、唱歌、舞蹈、讲故事等，属于接受式规则动作和动作规则的学习。

上学后，学生们在教师的要求、示范、演示、讲解和个别辅导下学习各种规则，如拼音规则、写字规则、运算规则、运动和劳动规则等。当然，不论教师怎样教导和干预，学生还会私下里自己学习，用手机玩游戏、看课外书籍书，以及上网看新闻、查阅自己喜欢的文献资料等。所以，不论儿童和学生都有两种规则学习：一种是自发的或自主的发现式、探究式学习和同伴间共同探究的合作学习，即直接经验的学习；另一种是在家长、教师的要求、指导、示范、演示、讲解和个别辅导下的接受式学习，即间接经验的学习。而且对任何儿童和学生来说，这两种学习都是交织在一起的、相互促进的。

单就规则的课堂教学来说，学生的规则学习主要有以下几种教学形式下的规则学习过程。①教师实验演示教学条件下，学生对科学规则的发现和接受学习。这是科学规则教学常用的教学方式之一。例如，教师在课堂上演示物理、化学的实验，让学生观察物理和化学变化等实验现象，记录和分析实验数据，从中发现规律，领会、表达和运用规则。②学生在自主实验条件下的科学规则发现学习。这是学生在实验室里自己操作实验仪器设备，观察物理、化学等实验现象，记录和分析实验数据，从中发现规律，领会、表达和运用规则的过程。③教师逻辑推理教学条件下，学生对逻辑规则的接受式学习。这是数学、物理、化学等学科的教师们最常用的课堂教学方法，即教师利用学生已知的概念和规则，根据新旧规则间的逻辑关系，演示新旧规则之间的逻辑推理和公式证明的过程。学生从中领悟新旧规则间的逻辑关系，从而理解新规则，然后学习运用新规则解决练习题。④教师示范教学条件下，学生对操作和运动规则的观察或模仿学习。教师在课堂上亲自示范字词、句子的发音和书写，亲自示范朗读、唱歌、舞蹈、演奏乐器的动作和操作，以及绘画、书法和雕塑的画法、写法和技法，亲自示范体操、打球、滑冰等运动动作，亲自示范实验操作的程序、计算机的使用方法、汽车驾驶的操作方法以及烹饪的技法等等，凡此种种都属于示范教学。在示范教学条件下，学生进行的是班杜拉研究过的行为、运动和操作规则的观察或模仿学习。⑤教师示例教学条件下，学生对规则的样例接受学习。教师在课堂上通过案例、例题、范文、例句、实例讲解规则及规则的应用，在这种条件下学生的规则学习都属于规则的样例接受学习。⑥学生自我阅读条件下的规则自主领悟学习。学生自己通过阅读教材、书籍、参考文献和参考资料独自领悟规则的意义及应用的过程属于规则的自主阅读领悟学习过程。⑦规则样例学习。教师根据样例学习理论和样例设计方法，设计适合不同学生阅读能力的应用某规则解决问题的样例，让学生自己通过样例的学习，领悟其中的规则及其运用方法的过程就是规则的样例学习过程，即本文作者为之建构认知理论的学习过程。由此可见，规则样例学习只是规则的诸种学习方式和过程之一。值得注意的是，在实际的教学中往往是上述几种教学形式和学习过程的综合，而不是某种单一的教学形式和学习过程。

4. 规则样例学习的认知理论

学生进行规则样例学习需要具备两个方面的前提条件：第一，学生学习过或掌握了有关的旧规则，即学习新规则所需的已知规则，并具备一定的阅读能力和推理能力；第二，教师能够结合自己的教学内容，根据样例学习理论和样例设计方法，设计和编制出适合学生不同阅读和推理能力水平的运用新规则的解题样例，使学生在独自的样例学习过程中不至于因为样例学习的难度过大而使学生认知超负荷。有了这两个前提条件，学生就可以通过样例学习，领悟样例中的新规则及其运用。

例如，我们给学习过整数加、减、乘、除运算规则的二年级小学生设计了四则混合运算的样例，其中一个实验组被试学习的样例标有运算步骤的标记。实验结果表明，多数被试经过一个样例的学习，即可学会并掌握"小括号"和"中括号"运算规则的运用；学习 3 个样例即可使一些被试学会并掌握"无括号"四则混合运算规则的运用。而且有运算标记组被试的学习成绩明显优于无标记组的被试。① 再如，我们给三至五年级小学生设计了 8 个有理数加减运算的样例，每种运算规则各两个样例。实验结果表明，三至五年级小学生被试能不同程度地学会运用有理数加减运算的"去括号"规则。② 为了帮助 6 年级小学生经过代数运算样例的学习，掌握"完全平方和"及"平方差"代数运算规则，我们最近的研究采用"解释法""解释—标记法"和运算样例分步骤呈现的方法设计和呈现代数运算样例。实验结果表明，多数六年级小学生被试可以不同程度地学会并掌握"完全平方和"及"平方差"代数运算规则。③

为了考察学习过指数运算规则的三年级中学生能否通过样例学习，掌握指数与对数的转换运算规则，我们采用"转换标记法"设计"指—对数"转换的样例，并与没有转换标记的样例学习组进行比较，结果显示，被试能够不同程度学会并掌握指—对数转换规则，而且学习"有转换标记"样例组的学习成绩明显优于"无转换标记"组的成绩。④ 我们采用"解释法"和"解释—标记法"分别设计分数加减运算和乘除运算的样例，实验结果表明，四年级小学生通过运算样例的学习，不同程度地学会了分数加减和乘除运算规则，而且学习采用"解释法"或"解释—标记法"设计样例组的学习成绩明显优于普通样例组的成绩。⑤

---

① 张奇，林洪新. 四则混合运算规则的样例学习 [J]. 心理学报，2005，37（6）：784 - 790.

② 张奇，郭菲菲. 小学生"去括号"运算规则的样例学习 [J]. 心理科学，2008，31（1）：70 - 74.

③ 杜雪娇. "解释法""解释—标记法"及"分步呈现"样例对小学生学习代数运算规则的促进 [D]. 大连：辽宁师范大学，2016.

④ 张华，曲可佳，张奇. 含有新算符的代数运算规则学习的有效样例设计 [J]. 心理学报，2013（10）：1104 - 1110.

⑤ 张奇，郑伟，万莹. "解释法"样例对小学生学习新运算规则的促进 [J]. 心理发展与教育，2014，30（2）：153 - 159.

物体受力分析规则是中学生学习的并在以后的物理知识学习中普遍应用的基础性规则。可是，大量教学实践表明，中学生在学习过程中，乃至学习后到了高中和大学阶段仍然容易出现"多画力""漏画力"和"画错力"的错误。为此，我们采用正误样例组合的方法，设计物体受力分析图的正确样例和错误样例，考察初中三年级被试正误样例组合的学习效果。实验结果表明，学习物体受力分析图正误样例组合的成绩明显优于学习正确样例组合的成绩；"有错误标记"正误样例组合的学习成绩明显优于"无错误标记"正误样例组合的学习成绩；学习有标记且正误样例配对组合样例的成绩明显优于有标记但正误样例非配对组合的成绩。① 为了进一步考察正误样例的相似性和对错误受力分析进行不同水平的认知加工对物体受力分析规则样例学习效果的影响，我们设计了正误样例之间相似性高、相似性低和不相似的三种正误样例组合。实验结果表明，学习"相似性高"正误样例组合的学习成绩明显优于"相似性低"正误样例组合的学习成绩。实验还表明，被试对错误的受力分析进行"错误改正"认知加工的学习成绩明显优于"错误识别"认知加工的学习成绩。②

又如，为了帮助初学记叙文写作的三年级小学生学习记叙文写作，我们选择并设计了1种"完整"范文和8种"不完整"范文，在同一题目的两次记叙文写作之间让10组被试分别学习9种不同类型的范文（控制组被试不学习任何范文，在老师的要求下做语文作业）。实验结果表明，学习了范文的9组被试第二次作文成绩均明显优于控制组，而且学习"补写结尾"等几种不完整范文组的作文成绩明显优于学习"完整"范文组的成绩。③

为了帮助小学生掌握汉语"引述句"与"转述句"的语法转换规则，我们设计了转换代词"有标记"与"无标记"两种"引述句"与"转述句"的配对例句组合。实验结果表明，学习了"有标记"例句组合的被试掌握语法转换规则的迁移成绩明显优于"无标记"组合的学习迁移成绩。④

上述实验结果已经表明，只要采用科学、合理且有效的样例设计方法设计

---

① 张奇，张华. 物体受力分析正误样例组合的学习效果［J］. 心理科学，2014（1）：117–123.

② 蔡晨，曲可佳，张华，张奇. 正误样例组合学习的相似性效应和认知加工深度效应［J］. 心理发展与教育，2016（3）：310–316.

③ 王瑶. 学习完整与不完整范文对小学生记叙文写作的促进作用［D］. 大连：辽宁师范大学，2010.

④ 刘云涛. 引述句与转述句转换规则的样例学习研究［D］. 大连：辽宁师范大学，2015.

样例和样例组合，学生就可以通过样例学习，利用已知规则领悟并学会运用新规则。

为什么会如此呢？这是因为新旧规则之间存在着内在的逻辑关系。学生是怎样在样例学习过程中利用已知的旧规则领悟并学会运用新规则的呢？回答仍然非常简单：学生是经过新旧规则之间的逻辑推理、"样例"规则与"测题"规则之间的各种推理，领悟并学会运用新规则的。这就是规则样例学习认知过程理论最简洁的表述。

具体来说，小学生学习了带有"小括号"的四则运算样例，发现并领悟了"先算括号内的算式，后算括号外的算式"的运算顺序。而且在测验题中也有小括号的算式，即测验题与运算样例题结构相同。因此，就把运算样例中的运算顺序，即"先算括号内的算式，后算括号外的算式"的运算规则迁移到测验题的运算中。同理，三至五年级小学生也是通过这种"同构"类比推理，学会了有理数加减运算的"去括号"规则。六年级小学生在学习"解释法"设计的代数运算样例时，看到"$a \times a = a^2$"的等式，其中"$a \times a$"是已知规则；而"a^2"则是不熟悉的新算符和新运算规则。可是，经过对"$a \times a = a^2$"等式的思考，就领悟了"a^2"平方运算算符和运算规则的含义，并经过解释算式"$ab = a \times b$"和"$ab = ba$"的学习，领悟了 ab 即是 a 与 b 相乘，并根据"$ab = ba$"领悟了代数乘法运算的交换律，从而领悟了"完全平方和"的代数运算规则。在测验中，测验题"$(x+y)^2$"与样例题"$(a+b)^2$"算式结构相同，只是字母不同，经过类比推理，采用与样例同样的运算规则，解决了测验题。在学习"平方差"代数运算样例时，被试在等式"$a^2 - b^2 = a^2 + ab - ab - b^2$"中领悟到，在等式的一端加上一项再减去相同的一项，等式仍然相等。然后在后边"$a^2 + ab - ab - b^2 = a(a+b) - b(a+b)$"的算式中进一步领悟到原来的"$+ab$"和"$-ab$"是为了在后边的运算中提取公共因子"$(a+b)$"，进而得出"$(a+b)(a-b)$"的算式。在测验中，测题"$m^2 - n^2$"与样例题"$a^2 - b^2$"的算式结构相同，只是字母不同。经过同构类比推理，按照样例运算规则进行运算，最后得出"$(m+n)(m-n)$"的算式。

三年级中学生在学习指数与对数转换样例时，由于采用"转换标记法"标记了指数算式的各项与对数算式的各项之间的对应关系，增进了被试对指数与对数转换前后各项对应关系的理解和掌握，因此，学习成绩明显优于没有转换标记的普通样例组的学习成绩。小学生在分数运算样例的学习中也是借助于

"解释法"样例设计，增进了对分数运算规则的理解，因此，学习"解释法"运算样例的成绩明显优于普通样例组的成绩。"解释法""转换标记法"等都是利用新旧运算规则之间的内在逻辑关系，在含有新算符和新运算规则的运算样例中，用学生已知的"旧算符"和"旧运算规则"解释新算符和新规则，从而使学生利用已知的算符和运算规则领悟了新算符和新运算规则。因此，我们提出："只要运用有效的样例设计方法设计运算样例，学生就可以利用已知的算符和运算规则理解新算符和新运算规则的运算含义，从而领悟并学会运用新运算规则。"由于数学运算规则之间普遍存在着严谨的逻辑关系，总可以用学生已知的算符和运算规则解释新算符和新规则。所以，我们将其称为数学运算规则样例学习的可行性理论或条件理论。用代数方程式和函数式所表达的物理学定律和化学反应方程式都是符合数理逻辑的量化规则，因此，数学运算规则样例学习的可行性理论也同样适用于物理学和化学等定量科学规则的样例学习。

当然，在物理学、化学等科学规则中也有非量化的或不同量化水平的定性规则，如判断通电导体在磁场中受力方向的"左手定则"和判断电磁感应电流方向的"右手定则"等。由于这些定则与手的操作紧密相关，通过教师的示范教学就可以理解和掌握。可是对于物体受力分析规则来说，既没有严谨而全面的文字表述，也没有量化的代数公式，而且在不同受力条件下的物体受力分析只能用受力分析图来明确表示。所以，学生学习和运用起来比较困难，而且很容易出错。正因如此，我们专门进行了物体受力分析规则正误样例组合学习的系列实验研究。在实验结果中，之所以学习正误样例组合的成绩明显优于正确样例组合的成绩，就是因为在正误样例组合中既有正确样例又有错误样例，被试在样例学习时可以进行正误样例的对比，进而分析错误受力分析的错误原因，发现正确受力分析的根据或理由，从而促进了正确规则的理解和运用并避免了类似错误的发生。实验结果还表明，学习有"错误标记"的正误样例组合的成绩明显比学习没有"错误标记"的正误样例组合的成绩好。这是因为给错误受力分析加上"错误的标记"有利于被试直接发现错误之所在，并与正确的受力分析进行比较，节省了被试寻找错误受力分析的时间。有"错误标记"的正误样例配对组合的学习成绩明显优于非配对组合的学习成绩，这是因为正误样例配对组合比非配对组合更能增进正误受力分析的直接对比，既节省了学习时间，又促进了被试对错误原因的分析和对正确规则的理解和运用。学生经过对正误受力分析的对比分析和抽象概括，进而概括出正确的规则和规则的正确运用，这也是推理过程，即正误对比归纳推理。

小学生记叙文范文的学习对记叙文写作的促进，也是因为学生在学习范文后，了解了记叙文范文的叙事结构和叙事要素，进而在记叙文写作时将自己的作文结构和要素与范文进行了"结构"类比和"要素"类比，进而写出结构比较规范、要素比较全面的作文，从而提高了作文的成绩。而且，学习那些需要补写部分内容的"不完整"范文组的被试，由于要合理补写范文中缺失的内容，更要对已有的范文进行认真阅读，进而准确把握整个事件经过和要素结构。因此，更有效地促进了自己作文写作的结构完整性和要素全面性。这种"结构"类比和"要素"类比的过程都是类比推理的过程。

小学生经过"引述句"和"转述句"配对例句的直接比较，可以发现两者之间不变的内容和变化的内容，以及变化的内容是怎样变化的。从而将这种变化概括成一般的规则，经过类比推理，迁移到测题中类似的句子转换中。

由此看来，上述实验结果都可以用"学生是通过新旧规则之间的逻辑推理、'样例'规则与'测题'规则之间的各种推理，领悟并学会运用新规则的"来解释。也就是说，在规则样例学习过程中，学生是通过新旧规则之间的逻辑推理领悟新规则的；在新规则的应用过程中，也是通过"样例"规则与"测题"规则之间的各种推理实现的。当然，在我们上述的实验研究中，学生进行"样例"规则与"测题"规则之间的类比推理占多数。其实，推理的类型有多种，既有严谨的数理规则之间的逻辑推理，也有逻辑关系不很严谨的综合概括推理、部分概括推理、条件概括推理，以及各种演绎推理，乃至非形式推理等。凡是根据已知信息和已知判断，依据一定的逻辑关系，得出未知判断、新的假设和新判断的认知过程都属于推理过程。所以，即使我们的规则样例学习实验研究和已有的其他人的规则样例学习实验研究没有涵盖所有的推理类型，但是我们仍然可以自信地预言，规则样例学习的主要认知过程，或者"核心的"认知过程是新旧规则之间、"样例"规则与"解题"规则（即前文所说的"测题"规则）之间的各种推理过程。这将在我们和他人的后续实验研究中得到进一步的验证。

六、规则样例学习的基本模式

本文概述了样例学习研究的多重起源、主要进展以及在样例设计方法、样例学习效应、样例学习理论等方面所取得的成就；指出了问题解决的样例学习与规则样例学习在学习的前提条件、学习目的、学习过程的复杂性等方面的本质区别。在此基础上，根据规则样例学习的实验范式，概括出标记法、解释法、解释—标记法、正误样例对比法、新旧规则对比法、函数关系类比推理法等规则样例学习的基本模式，为规则样例学习与教学实践提供了有价值的参考。

（一）样例学习研究的起源、发展与成就

1. 样例学习研究的起源

兴起于 20 世纪 80 年代的样例学习研究有多种研究起源。①起源于 50 年代中期的概念形成研究①。该研究在实验中采用了具体的实物例证和抽象的图形例证，并提出了概念学习的相似性理论和解释性理论。这两个理论对后来的样例学习理论研究产生了一定的影响。②起源于 70 年代专家与新手解决问题能力的差异研究②③④。该研究是导致样例学习研究兴起的直接原因。这些研究表明，专家和新手在诸如棋局复盘、问题解决策略和问题分类等方面存在明显的差异。分析差异的原因，许多学者倾向于图式理论的解释，即与新手相比，专家更容易利用已有的图式来解决当前的问题。③起源于图式理论的研究。在心

---

① BRUNER J S, GOODNOW J J, AUSRIN G A. A study of thinking［M］. New York：Wiley，1956：215 – 221.

② DE GROOT A D. Thought and choice in chess［M］. The Hague：Mouton Publishers，1978：305 – 315.

③ CHASE W G, SIMON H A. Perception in chess［J］. Cognitive psychology，1973，4（1）：55 – 81.

④ SIMON D P, SIMON H A. Individual differences in solving physics problems［M］// SIEGLER R S. Children's thinking：What develops? Hillsdale，NJ：Lawrence Erlbaum Associates，1978：325 – 348.

理学研究中，首先引进图式概念并创立图式理论的是英国心理学家 Bartlett
(1932)①。他创立图式理论的目的是为了回答人们日常生活中常见的记忆问题。
20世纪70年代，Rumelhart（1975，1977）将图式理论发展成所有知识的表征理
论②③。其中，大多数样例学习研究者用问题解决的图式理论解释问题解决技能
的习得过程④⑤。④起源于 Bandura 社会—认知学习理论的研究。社会—认知理
论形成于70年代⑥。它对样例学习研究的影响不是在样例学习研究的初期，而
是促进了动态样例，尤其是范例学习的研究。因此，它是推动样例学习深入研
究的动因之一。⑤起源于20世纪80年代问题解决的类比推理研究⑦⑧⑨。该研
究一方面促进了问题解决图式理论的研究，另一方面也对同时兴起的样例学习
研究产生了积极的影响。

1. 样例学习研究的进展

在上述研究的影响下，特别是在专家与新手问题解决能力差异研究的直接
推动下，20世纪80年代后期出现了大量样例学习研究的文献。其中，以 Sweller

---

① BARTLETT F C. Remembering：An experimental and social study ［M］. Cambridge：Cambridge University，1932：100 - 119.

② RUMELHART D E. Notes on a schema for stories ［M］// BOBROW D G，COLLINS A. Representation and understanding：Studies in cognitive science. New York：Academic Press，1975：211 - 236 .

③ RUMELHART D E，ORTONY A. The representation of knowledge in memory ［M］// ANDERSON R C，SPIRO R J，MONTAGUE W E. Schooling and the acquisition of knowledge. Hillsdale：Lawrence Erlbaum Associates，1977：115 - 158.

④ CHI M T，GLASER R，REES E. Expertise in problem solving ［M］// STERMBERG R. Advances in the psychology of human intelligence. Erlbaum. NJ：Hillsdale，1982：7 - 75.

⑤ SWELLER J，COOPER G A. The use of worked examples as a substitute for problem solving in learning algebra ［J］. Cognition and instruction，1985，2（1）：59 - 89.

⑥ BANDURA A. Self - efficacy：toward a unifying theory of behavioral change ［J］. Psychological review，1977，84（2）：191 - 215.

⑦ GENTNER D. The mechanisms of analogical learning ［M］// VOSNIADOU S，ORTONY A. Similarity，analogy，and thought. Cambridge，England：Cambridge University Press，1989：199 - 241.

⑧ GICK M L，HOLYOAK K J. Schema induction and analogical transfer ［J］. Cognitive psychology，1983，15（1）：1 - 38.

⑨ ROSS B H. This is like that：The use of earlier problems and the separation of similarity effects ［J］. Journal of experimental psychology：learning，memory，and cognition，1987，13（4）：629 - 639.

（1985，1987）为代表的研究开展了针对新手的代数运算样例学习研究①②，在研究中发现了有助于新手问题解决的"样例效应"，并提出了认知负荷的概念和认知负荷理论③。以 Chi（1989）为代表的研究开展了自我解释的样例学习研究④⑤，并发现了样例学习的自我解释效应。以 Anderson（1985）为代表的研究开展了针对问题解决技能习得过程的样例学习研究⑥，并提出了问题解决技能习得的四阶段模型。

　　样例学习研究兴起以后，Sweller 等人的研究在认知负荷理论的推动和指引下，围绕着如何减少或降低样例学习的外在认知负荷，开展了样例内信息整合（图文信息整合、视听信息整合）和样例间变异性等系列实验研究，获得了自由目标效应、样例效应、不完整样例学习效应、专长逆转效应、通道效应、冗余效应、分散注意效应和变异性效应等一系列新发现。在进一步的实验研究基础上，他修正了认知负荷理论，解释了更多的认知负荷效应⑦，成为样例学习研究的主流或第一条研究路线。Chi 等人开创的自我解释的样例学习研究，后来被 Renkl 等人继承和发展。他们不断探究促进自我解释的方法，先后提出了提示性自我解释、指导性自我解释或教学性自我解释等促进样例学习的方法，成为样例学习研究中的第二条研究路线。Anderson 的研究一直致力于问题解决技能习得过程的理论研究，在实验研究的基础上提出了问题解决技能习得的四阶段模型，成为样例学习研究中的第三条研究路线。随着动画和视频样例的运用，范

　　①　SWELLER J，COOPER G A. The use of worked examples as a substitute for problem solving in learning algebra［J］. Cognition and instruction，1985，2（1）：59－89.

　　②　COOPER G，SWELLER J. Effects of schema acquisition and rule automation on mathematical problem－solving transfer［J］. Journal of educational psychology，1987，79（4）：347－362.

　　③　SWELLER J. Cognitive load during problem solving：Effects on learning［J］. Cognitive science，1988，12（2）：257－285.

　　④　CHI M T，BASSOK M. Learning from examples via self－explanations［M］//RESNICK B. Knowing，learning，and instruction：Essays in honor of Robert Glaser. Hillsdale. NJ：Lawrence Erlbaum Associates. 1989：251－282.

　　⑤　CHI M T，BASSOK M，LEWIS M W，et al. Self－explanations：How students study and use examples in learning to solve problems［J］. Cognitive science，1989，13（2）：145－182.

　　⑥　PIROLLI P L，ANDERSON J R. The role of learning from examples in the acquisition of recursive programming skills［J］. Canadian journal of psychology/revue canadienne de psychologie，1985，39（2）：240－272.

　　⑦　SWELLER J. Element interactivity and intrinsic，extraneous，and germane cognitive load［J］. Educational psychology review，2010，22（2）：123－138.

例学习成为样例学习研究中的热点之一。由于动态样例可以直接呈现榜样或示范者问题解决或操作技能的动作，由此，出现了示范"代理人"、分段呈现视频等提高范例学习效果的研究，成为样例学习研究中的第四条研究路线。

目前，学者们正在对如何进一步提高样例学习的效果、促进样例学习更广泛的迁移，以及视频样例的设计与呈现、指导性解释的运用和认知负荷的测量技术等方面的问题进行积极的探索。

2. 样例学习研究的成就

样例学习研究在不到40年的时间里取得了令人瞩目的成就。

首先，开发出许多有效的样例设计方法和样例学习程序。在样例设计方面，出现了完整与不完整样例、渐减系列的不完整样例、正确与错误样例、正误样例组合、过程导向与结果导向的样例、模块与模块化样例、单内容与双内容及多内容样例、静态样例与动态样例或范例等。在样例学习程序方面，出现了组块式学习程序与交替式学习程序、有无反馈的样例学习、有无自我解释提示的样例学习、有无指导性解释的样例学习、有无"代理人"的视例学习等。这些研究一方面丰富了样例的类型，促进了样例设计技术的发展；另一方面丰富了样例学习的程序，促进了样例学习效果的提高。

其次，在样例学习研究的结果方面获得了许多新的发现，除了前文提到的自由目标效应、样例效应、不完整样例学习效应、专长逆转效应、通道效应、冗余效应、分散注意效应和变异性效应之外，还有模块与模块化效应、指导渐减效应、元素交互性效应、相互作用元素的分离效应、想象效应、自我解释效应。这些发现不仅揭示了样例学习的基本规律，也为教学设计提供了基本原则。

再次，在理论研究方面所取得的成就影响力更大。Sweller 创立的认知负荷理论是样例学习研究的首要理论成果之一。该理论论述了学习材料的元素互动性与外在认知负荷、内在认知负荷和相关认知负荷之间的关系，解释了上述十四种样例学习的认知负荷效应。不仅为样例设计提供了一般理论指导，也为课堂教学设计提供了基本原则。Anderson 提出的"四阶段模型"，提出了问题解决技能形成的四个相互重叠的阶段。动态样例、视频样例或范例的广泛运用使 Bandura 社会—认知理论的观点转化成学习和教学实践。

最后，样例学习研究时刻与课堂教学设计研究保持紧密的联系。样例学习的研究者们不断地总结实验和理论研究成果，不断发表理论综述文章①，将研究成果及时地推广到一般课堂教学设计中，使上述认知负荷效应及时转化为课堂教学设计和教学指导的一般原则和方法。

（二）两种性质不同的样例学习

1. 样例学习研究的局限

样例学习研究取得了令人瞩目的成就。它是 20 世纪学习理论研究的重要分支之一。它不仅为学生的自主学习提供了有效的学习材料和方法，也为问题解决学习和问题解决能力培养提供了一条有效途径。应该说，它是学习理论研究的继续，是问题解决研究的发展，是当代教育心理学，特别是教学心理学研究的热点领域之一。

如同任何研究都有自己的局限性一样，样例学习研究也有自身的局限性。样例学习研究的局限性主要表现在：它是针对问题解决的练习不利于初学者尽快掌握问题解决图式而展开的研究。研究的结论是问题解决的样例学习有利于学生，尤其是有利于新手较快地习得问题解决的图式。所以，大量样例学习的实验研究都是在学生学习了某知识领域的一般原理后，通过学习应用一般原理解决具体问题的样例，获得具体问题解决图式的过程。也就是说，一般样例学习实验研究的前提条件是，被试学习过解决某个专业问题的一般原理。样例学习实验研究所考察的是学生通过样例学习习得图式的效果。更确切地说，大量的样例学习实验研究考察的是学生应用一般原理习得具体问题解决图式的样例学习效果。样例学习的理论也是在学生掌握了一般解题原理的前提条件下，解释学生经过问题解决的样例学习，习得问题解决图式的过程和条件。例如，Anderson 提出的四阶段模型，就是在学生已经掌握了一般原理后，经过样例学习获得问题解决技能的四阶段模型。Renkl（2011）提出的问题解决技能习得的阶段模型也是以学生已经掌握了一般解题原理为前提的。② 认知负荷理论虽然也是在问题解决样例学习实验研究的基础上提出的，但它适用的范围比较广泛，可以推广到任何元素互动材料的学习中，而且不仅仅囿于问题解决的样例学习。

① SWELLER J，VAN MERROENBOER J J G，PAAS F G W C. Cognitive architecture and instructional design［J］. Educational psychology review，1998，10（3）：251－296.

② RENKL A. Instruction based on examples［M］// Handbook of research on learning and instruction，2011：272－295.

按照加涅提出的学习分类，比概念学习更复杂、更高级的是规则学习；比规则学习更复杂、更高级的是问题解决学习。他所说的规则学习就是问题解决一般原理的学习，并把规则学习作为问题解决学习的前提。可是，在学习理论的研究中，有论述概念学习的理论（如布鲁纳概念形成的假设考验说、相似性理论和解释性理论，以及奥苏贝尔的认知结构同化论等），但却没有规则学习理论。加涅虽然提出规则学习的概念并强调对它的研究，但他本人也没有进行规则学习的研究，更没有提出规则学习的理论。按照科学研究的一般顺序，应该首先建立规则（或一般原理）学习理论，再建立问题解决学习理论。

2. 规则样例学习的提出

那么，学生能否通过样例学习，学会并概括出一般解题规则呢？作者带领团队成员通过十余年的实验研究和理论探索，用实验证明学生可以通过样例学习，学会概括和运用一般解题规则①②③④⑤。梳理西方样例学习的研究文献发现，虽然也有一些样例学习实验研究是在被试没有学习或者掌握一般原理的条件下进行的⑥⑦⑧，但是，他们没有对这种样例学习与前文所述的大量问题解决的样例学习做出明确的划分。因此，我对问题解决的样例学习与规则样例学习做出了明确的划分，并指出问题解决的样例学习与规则样例学习是两种性质不

---

① 张奇，林洪新. 四则混合运算规则的样例学习 [J]. 心理学报，2005，37（6）：784 - 790.

② 张奇，郭菲菲. 小学生"去括号"运算规则的样例学习 [J]. 心理科学，2008，31（1）：70 - 74.

③ 许德志，张奇. 碳氢共价键结构式正误样例组合的学习效果 [J]. 心理科学，2011，34（2）：386 - 392.

④ 张华，曲可佳，张奇. 含有新算符的代数运算规则学习的有效样例设计 [J]. 心理学报，2013，45（10）：1104 - 1110.

⑤ 杜雪娇，张奇. 样例设计及呈现方式对学习代数运算规则的促进 [J]. 心理学报，2016，48（11）：1445 - 1454.

⑥ VAN LOON - HILLEN N，VAN GOG T，BRAND - GRUWEL S. Effects of worked examples in a primary school mathematics curriculum [J]. Interactive learning environments，2012，20（1）：89 - 99.

⑦ ADAMS D M，MCLAREN B M，DURKIN K，et al. Using erroneous examples to improve mathematics learning with a web - based tutoring system [J]. Computers in human behavior，2014，36（2）：401 - 411.

⑧ CLARKE T，AYRES P，SWELLER J. The impact of sequencing and prior knowledge on learning mathematics through spreadsheet applications [J]. Educational technology research and development，2005，53（3）：15 - 24.

同的样例学习。

3. 两种样例学习的区别

两种样例学习有如下不同：①问题解决的样例学习是在学生学习或掌握了某知识领域的一般原理之后，通过样例学习，习得问题解决图式的过程；而规则样例学习是在学生还没有学习一般原理的条件下，通过样例学习，习得一般解题规则的过程。②问题解决的样例学习不涉及一般原理的学习，只涉及一般原理的具体运用；而规则样例学习既涉及一般原理的学习，又涉及一般原理的具体运用。③规则样例学习过程比问题解决的样例学习过程更复杂，学习难度更大。因为，它需要一般原理的推理和概括。④问题解决样例学习的目的是使学生获得解决具体问题的图式，提高学生问题解决的能力；而规则样例学习不仅使学生习得问题解决的具体规则，而且要在此基础上，领悟并概括出解决该领域问题的一般原理。概括地说，问题解决的样例学习是在掌握了一般原理的基础上习得问题解决图式的过程；规则样例学习是习得具体解题规则并概括出一般原理的过程。因此，问题解决的样例学习与规则的样例学习是两种性质不同的样例学习过程。

（三）规则样例学习的有效模式

我带领团队成员经过十余年的实验研究和理论探索，成功地探索出规则样例学习的六种实验范式。这些实验范式也是规则样例学习的有效学习模式。

1. 标记法规则样例学习模式

所谓标记法规则样例学习模式，就是在数学运算样例中用红色直线和带箭头的直线标记运算的先后顺序，并指明前步运算与后面结果之间的关系。目的是帮助学生理解和掌握前后运算步骤的内在逻辑关系，并领悟和概括出一般运算规则。该方法有两种具体应用形式：一种是如上所述的运算标记法；另一种是转换运算标记法，即用带箭头的直线或折线标记转换运算前后变量之间的对应关系，其目的也是帮助学生理解和掌握转换运算规则。我们曾以学习过加减乘除运算，但没有学习四则混合运算的二年级小学生为被试，对有运算标记和无运算标记的两种四则混合运算样例学习进行了对比实验研究。实验结果表明，有标记组被试学习运算样例后的测验成绩明显优于无标记组被试的后测成绩。

这表明运算标记起到了帮助学生理解和掌握运算规则的促进作用。[①] 我们又以学习过指数运算，但没有学习对数的初中三年级学生为被试，对有转换标记和无转换标记的两种指数与对数转换样例学习进行对比实验研究。实验结果表明，有标记组被试的学习成绩明显优于无标记组。[②] 两项实验研究结果均表明，在运算样例的学习中，运算标记具有帮助学生理解和掌握运算规则的促进作用。因此，采用标记法设计运算样例是帮助学生理解、掌握和概括运算规则的有效样例学习模式。

2. 解释法和解释—标记法规则样例学习模式

采用运算样例，学习新的运算规则难免会遇到新运算符号，即"新算符"。由于学生没有学习过新算符，而且不理解它的运算含义。因此，新算符就成为学生学习新运算规则的障碍。根据运算规则之间的逻辑关系，我开发出一种新算符的样例设计方法——算式解释法，简称"解释法"。所谓解释法，就是用学生已知的运算公式解释新算符的运算含义。例如，小学生没有学习代数运算，不理解"$(a+b)^2$"的运算含义。我们就用小学生已知的乘法运算符号将其解释为"$(a+b)^2 = (a+b) \times (a+b) = a \times (a+b) + b \times (a+b) = a \times a + a \times b + b \times a + b \times b = a^2 + ab + ba + b^2 = a^2 + ab + ab + b^2 = a^2 + 2ab + b^2$"。这样设计代数运算样例，就可以帮助六年级小学生通过这种代数运算样例的学习，领悟并概括出代数运算规则。最初，我们曾经设计出"完全平方和"与"平方差"代数运算的完整与不完整两种运算样例，并在不完整样例学习组设置有反馈与无反馈两种学习条件，以六年级小学生为被试进行了实验研究。结果是多数被试很难通过这种样例学习，学会代数运算规则。[③] 后来，我们采用解释法设计"完全平方和"与"平方差"代数运算样例，并与普通样例进行对比，仍以六年级小学生为被试进行了实验研究，结果表明，学习解释样例被试的学习成绩明显优于学习普通样例被试的学习成绩。[④] 我们还以四年级小学生为被试，采

① 张奇，林洪新. 四则混合运算规则的样例学习 [J]. 心理学报，2005，37（6）：784－790.

② 张华，曲可佳，张奇. 含有新算符的代数运算规则学习的有效样例设计 [J]. 心理学报，2013，45（10），1104－1110.

③ 林洪新，张奇. 小学生代数运算规则的样例学习 [J]. 心理学报，2007，39（2）：257－266.

④ 杜雪娇，张奇. 样例设计及呈现方式对学习代数运算规则的促进 [J]. 心理学报，2016，48（11），1445－1454.

用解释法设计分数运算和比例运算的样例，并与普通样例进行了对比实验研究。结果也表明学习解释样例被试的学习成绩明显优于学习普通样例被试的学习成绩。我们还采用解释法与标记法相结合的方法，即"解释—标记法"设计分数运算样例，并与普通样例和解释法样例的学习效果进行对比实验研究。结果表明，解释—标记法样例的学习成绩既明显优于解释法样例的学习成绩，也优于普通样例的学习成绩。① 这些实验结果充分表明，解释法和解释—标记法样例设计是促进学生理解新算符运算含义，进而通过运算样例的学习，理解、掌握并概括新运算规则的有效方法。因此，用解释法和解释—标记法设计含有新算符的运算样例是规则样例学习的有效模式之一。

3. 正误样例对比法规则样例学习模式

正误样例对比法是指，将正确运用规则的样例与错误运用规则的样例同时呈现给学生学习，使学生经过正误样例的对比，发现错误并分析错误的原因，最后概括出正确规则的样例设计方法和学习方法。我们曾以碳氢化合物共价键分子结构式的正误样例组合与正确样例组合为两种样例组合学习材料，以高中一年级学生为被试进行实验研究，结果显示：正误样例组合的学习效果明显优于正确样例组合的学习效果；正误样例配对组合的学习效果明显优于非配对组合的学习效果②。我们还以物体受力分析图的正误样例组合与正确样例组合为两种样例组合学习材料，以初中三年级学生为被试进行实验研究，结果显示：正误样例组合的学习效果明显优于正确样例组合的学习效果；正误样例配对组合的学习效果明显优于非配对组合的学习效果③。进一步的实验研究还发现：正误样例的相似性越高，学习效果越好；在样例学习过程中，对错误样例中的错误受力分析进行深加工（原因分析和错误纠正）的学习效果明显优于对错误受力分析进行浅加工（错误辨别）的学习效果。也就是说，在正误样例组合学习中出现了正误样例的相似性效应和错误样例学习的深加工效应④。这些实验

---

① 张奇，郑伟，万莹."解释法"样例对小学生学习新运算规则的促进［J］. 心理发展与教育，2014，30（2）：153－159.

② 许德志，张奇. 碳氢共价键结构式正误样例组合的学习效果［J］. 心理科学，2011，34（2）：386－392.

③ 张奇，张华. 物体受力分析正误样例组合的学习效果［J］. 心理科学，2014（1）：117－123.

④ 蔡晨，曲可佳，张华，等. 正误样例组合学习的相似性效应和认知加工深度效应［J］. 心理发展与教育，2016，32（3）：310－316.

结果均表明，正误样例对比是学习正确规则的有效样例学习模式之一。

4. 新旧规则对比法规则样例学习模式

新旧规则对比法规则样例学习的实验范式是，将体现新旧两种语法规则的例句组合在一起同时呈现给学生学习。学生经过一对对例句中新旧两种语法规则的对比分析，可以概括出新的语法规则。我们以英语一般现在时的句子与过去时的句子进行配对组合，构成新旧两种语法规则的样例组合学习材料。初中二年级学生通过这种材料的学习后，可以很好地概括出过去时态规则动词变化的规则。实验结果表明，通过新旧两种例句的配对组合样例学习，学生就可以根据已知的语法规则概括出新的语法规则（阚洁琼，2013）。

5. 函数关系类比推理法规则样例学习模式

有很多物理学定律符合线性函数和反比例函数关系。如果我们先学习和掌握线性函数和反比例函数关系，再学习与之相符的物理学定律时，就可以利用函数关系与物理学定律之间的类比推理，学习并概括出物理学定律。根据这种函数关系类比推理的基本设想，我们在实验研究中，首先让初中生通过数据分析样例，学会线性函数和反比例函数关系。然后，再让他们学习理想气体等容变化、等压变化和等温变化的实验数据，并根据函数关系的类比推理概括出理想气体等容、等压和等温三种变化规律的代数公式。实验结果表明，初中生可以通过函数关系与理想气体变化规律的类比推理，很好地概括出气体变化规律的计算公式，并能迁移到其他物理学定律的学习中。① 因此，函数关系与具体物理学定律之间的关系推理也是规则样例学习的有效模式之一。

6. 内容补全法规则样例学习模式

初学记叙文写作的三年级小学生很难一下子整体掌握住记叙文写作规则（如记叙文内容的六个要素以及事件开头、经过和结尾的基本结构等）。为了帮助三年级小学生尽快地整体掌握记叙文写作规则，我们设计了一篇小学生记叙文的完整范文和八篇不完整范文。不完整范文都是在完整范文的基础上经过不同的删改构成的。例如，删除文章的开头、中间经过或结尾的不完整范文等。我们用这九篇范文作为样例学习材料，以刚刚开始学习记叙文写作的三年级小学生为被试进行了实验研究，结果显示，补充结尾等不完整范文的学习效果明

---

① 梁潇. 函数关系与气体状态变化规律类比推理的样例学习效果［D］. 大连：辽宁师范大学，2017.

显优于完整范文的学习效果。① 这表明，对于学习像记叙文写作规则这样比较分散的规则，可以采用内容补全法设计不完整的范文或样例，让学生在不完整范文的学习过程中，根据自己的理解补充范文中缺失的内容，并以此来促进整体写作规则的理解和掌握。因此，这种内容补全法样例设计也是规则样例学习的有效模式之一。

综上所述，我根据实验研究结果，概括出规则样例学习的六种有效模式。随着研究的深入，期待有更多的实验范式或有效学习模式不断涌现。教师们可以举一反三地运用上述模式，开发出更多的规则样例学习新模式。

---

① 王瑶，张奇. 阅读范文对小学生作文成绩的影响 [J]. 心理发展与教育，2012, 28 (5)：495–501.

参考文献

一、中文文献

[1] 邓铸，余文嘉. 问题解决中对问题的外部表征和内部表征 [J]. 心理学动态，2001，9 (3)：193–200.

[2] 阚洁琼. 初中生英语主被动语态转换规则的样例学习 [D]. 大连：辽宁师范大学，2013.

[3] 林洪新，张奇. 小学生代数运算规则的样例学习 [J]. 心理学报，2007，39 (2)，257–266.

[4] 刘登攀，游旭群，张媛. 视空间注意线索效应的研究评述 [J]. 应用心理学，2006，12 (4)：347–353.

[5] 刘云涛. 引述句与转述句转换规则的样例学习研究 [D]. 大连：辽宁师范大学，2015.

[6] 曲可佳，张奇. 双内容样例学习的研究及重要启示 [J]. 心理科学，2014，37 (2)：373–376.

[7] 王瑶，张奇. 阅读范文对小学生作文成绩的影响，心理发展与教育，2012，28 (5)，495–501.

[8] 魏金丽. 高一学生物理力学问题表征对问题解决的影响 [J]. 郑州：河南大学，2010.

[9] 邢强，莫雷. 多重样例的变异性和编码对迁移影响的实验研究 [J]. 心理科学，2005，28 (6)：1382–1387.

[10] 邢强，莫雷. 渐减提示法呈现样例对学习迁移的作用 [J]. 心理与行为研究，2003，1 (4)：274–277.

[11] 许德志，张奇. 碳氢共价键分子结构式正误样例组合的学习效果

［J］. 心理科学, 2011, 34（2）: 386 – 392.

［12］张华, 曲可佳, 张奇. 含有新算符的代数运算规则学习的有效样例设计［J］. 心理学报, 2013, 45（10）, 1104 – 1110.

［13］张华. 中学生物体受力分析正误样例组合学习及促进方法的研究［D］. 大连: 辽宁师范大学, 2013.

［14］张奇, 蔡晨. 规则样例学习的实验研究和理论探索［J］. 心理与行为研究, 2015, 13（5）: 614 – 620.

［15］张奇, 郭菲菲. 小学生"去括号"运算规则的样例学习［J］. 心理科学, 2008, 31（1）: 70 – 74.

［16］张奇, 林洪新. 四则混合运算规则的样例学习［J］. 心理学报, 2005, 37（6）: 784 – 790.

［17］张奇, 郑伟, 万莹. "解释法"样例对小学生学习新运算规则的促进［J］. 心理发展与教育, 2014, 30（2）: 153 – 159

［18］张奇, 张华. 物体受力分析正误样例组合的学习效果, 心理科学, 2014, 37（1）, 117 – 123.

［19］张奇, 赵弘. 算术应用题二重变异样例学习的迁移效果［J］. 心理学报, 2008, 40（4）: 409 – 417.

［20］张奇, 郑伟, 万莹. "解释法"样例对小学生学习新运算规则的促进［J］. 心理发展与教育, 2014, 30（2）: 153 – 159.

［21］朱晓斌, 张积家. 自由目标效应与样例效应对学生写作成绩的影响［J］. 心理科学, 2005, 28（5）: 1139 – 1143.

二、英文文献

［1］CATRAMBONE R. Improving examples to improve transfer to novel problems［J］. Memory and Cognition, 1994, 22: 606 – 615.

［2］CATRAMBONE R. Generalizing solution procedures learned from examples［J］. Journal of Experimental Psychology: Learning, Memory, and Cognition, 1996, 22: 1020 – 1031.

［3］COOPER G, SWELLER J. Effects of schema acquisition and rule automation on mathematical problem solving transfer［J］. Journal of Educational Psychology, 1987, 79: 347 – 362.

[4] KOPP V, STARK R, FISCHER M R. Fostering diagnostic knowledge through computer – supported, case – based worked examples: effects of erroneous examples and feedback [J]. Medical Education, 2008, 42 (8), 823 – 829.

[5] RENKL A. Worked – out examples: instructional explanations support learning by self – explanations [J]. Learning and Instruction, 2012, 12, 529 – 556.

[6] RENKL A, HILBERT T, SCHWORM S. Example – based learning in heuristic domains: A cognitive load theory account [J]. Educational Psychological Review, 2009, 21: 67 – 78.

[7] TSOVALTZI D, MELIS E, MCLAREN B M, et al. Learning from erroneous examples: when and how do students benefit from them? [J]. Lecture Notes in Computer Science, 2010, 6383: 357 – 373.

[8] RITTLE – JOHNSON B, DURKIN K, STAR J R. The importance of prior knowledge when comparing examples: Influences on conceptual and procedural knowledge of equation solving [J]. Journal of Educational Psychology, 2009 (4): 836 – 852.

[9] CATRAMBONE R. Improving examples to inprove transfeo to novel pwblem [J]. Memory & Cognition, 1994, 22: 606 – 615.

[10] HILBERT T S, RENKL A. Learning how to use a computer – based concept – mapping tool: self – explaining examples helps [J]. Computers in Human Behavior, 2009, 25: 267 – 274.

[11] LUSK M M, ATKINSON R K. Animated pedagogical agents: does their degree of embodiment impact learning from static or animated worked examples? [J]. Applied Cognitive Psychology, 2007, 21: 747 – 764.

[12] RITTLE – JOHNSON B, DURKIN K, STAR J R, et al. The importance of prior knowledge when comparing examples: Influences on conceptual and procedural knowledge of equation solving [J]. Journal of Educational Psychology, 2009, 101 (4): 836 – 852.

[13] SCHWORM S, RENKL A. Learning argumentation skills through the use of prompts for self – explaining examples [J]. Journal of Educational Psychology, 2007, 99: 285 – 296.

[14] VAN GOG T, PAAS F, VAN MERRIëNBOER J J G. Effects of studying

sequences of process – oriented and product – oriented worked examples on trouble-shooting transfer efficiency [J]. Learning and Instruction, 2008, 18 (3): 211 – 222.

[15] ROBERT K, ATKINSON R K, RENKL A. Interactive example – based learning environments: using interactive elements to encourage effective processing of worked examples [J]. Educational Psychological Review, 2007, 19: 375 – 386.

[16] RENKL A, HILBERT T, SCHWORM S. Example – based learning in heuristic domains: a cognitive load theory account [J]. Educational Psychological Review, 2009, 21: 67 – 78.

[17] ADAMS D M, MCLAREN B M, DURKIN K, et al. Using erroneous examples to improve mathematics learning with a web – based tutoring system [J]. Computers in Human Behavior, 2014, 36 (2): 401 – 411.

[18] ANDERSON J R, FINCHAM J M. Acquisition of procedural skills from examples [J]. Journal of Experimental Psychology. Learning, Memory and Cognition, 1994, 20 (6): 1322 – 1340.

[19] BOURNE L E, GOLDSTEIN S, LINK W E. Concept learning as a function of availability of previously learned information [J]. Journal of Experimental Psychology, 1964, 67 (5): 439 – 448.

[20] CHASE W G, SIMON H A. Perception in chess [J]. Cognitive psychology, 1973, 4 (1): 55 – 81.

[21] KOEDINGER K R, ALEVEN V. Exploring the assistance dilemma in experiments with cognitive tutors [J]. Educational Psychology Review, 2007, 19 (3): 239 – 264.

[22] LEE C Y, CHEN M J. Effects of worked examples using manipulatives on fifth graders′learning performance and attitude toward mathematics [J]. Journal of Educational Technology & Society, 2015, 18 (1): 264 – 275.

[23] RENKL A, ATKINSON R K. Structuring the transition from example study to problem solving in cognitive skill acquisition: a cognitive load perspective [J]. Educational Psychologist, 2003, 38 (1): 15 – 22.

[24] RICHEY J E, NOKES – MALACH T J. How much is too much? Learning and motivation effects of adding instructional explanations to worked examples [J]. Learning and Instruction, 2013, 25 (3): 104 – 124.

［25］ SEUFERT T. Supporting coherence formation in learning from multiple representations ［J］. Learning and Instruction, 2003, 13 (2), 227 –237.

［26］ STURZ B R, BROWN M F, KELLY D M. Facilitation of learning spatial relations among locations by visual cues: Implications for theoretical accounts of spatial learning ［J］. Psychonomic Bulletin & Review, 2009, 16 (2): 306 –312.

［27］ WYNDER M B, LUCKETT P F. The effects of understanding rules and a worked example on the acquisition of procedural knowledge and task performance ［J］. Accounting & Finance, 1999, 39 (2): 177 –203.

［28］ WITTWER J, RENKL A. How effective are instructional explanations in example – based learning? A meta – analytic review ［J］. Educational Psychology Review, 2010, 22 (4): 393 –409.

［29］ SWELLER J, COOPER G A. The use of worked examples as a substitute for problem solving in learning algebra ［J］. Cognition and Instruction, 1985, 2 (1), 59 –89.

［30］ SPANJERS I A E, WOUTERS P, VAN GOG T, et al. An expertise reversal effect of segmentation in learning from animated worked – out examples ［J］. Computers in Human Behavior, 2011, 27 (1): 46 –52.

［31］ SCHWORM S, RENKL A. Computer – supported example – based learning: when instructional explanations reduce self – explanations ［J］. Computer & Education, 2006, 46 (4): 426 –445.

［32］ GROßE C S, RENKL A. Finding and fixing errors in worked examples: Can this foster learning outcomes? ［J］. Learning and instruction, 2007, 17 (6): 612 –634.

［33］ KABLAN Z, ERDEN M. Instructional efficiency of integrated and separated text with animated presentations in computer – based science instruction ［J］. Computers & Education, 2008, 51: 660 –668.

［34］ SIEGLER R S. Microgenetic studies of self – explanation. In N. Granott, & J. Parziale (Eds.), Microdevelopment Transition processes in development and learning ［M］. New York: Cambridge University Press. 2002: 31 –58.

［35］ TENNYSON R D, COCCHIARELLA M J. An empirically based instructional design theory for teaching concepts ［J］. Review of Educational Research,

1986, 56 (1), 40 - 71.

[36] MEVARECH Z R, KRAMARSKI B. The effects of metacognitive training versus worked - out examples on students' mathematical reasoning [J]. British Journal of Educational Psychology, 2003, 73: 449 - 471.

[37] BRANSFORD J D, SCHWARTZ D L. Rethinking transfer: a simple proposal with multiple implications. [J]. Review of Research in Educational, 1999, 24: 61 - 100.

[38] RENKL A, HIBERT T, SCHWORM S. Example - based learning in heuristic domains: a cognitive load theory account [J]. Educational Psychology Review, 2009, 21 (1): 67 - 78.

[39] RENKL A, ATKINSON R K, MAIER U H, et al. From example study to problem solving: Smooth transitions help learning [J]. The Journal of Experimental Education, 2002, 70 (4): 293 - 315.

[40] CLARKE T, AYRES P, SWELLER J. The impact of sequencing and prior knowledge on learning mathematics through spreadsheet applications [J]. Educational Technology Research and Development, 2005, 53 (3): 15 - 24.

[41] ANDERSON J R, FINCHAM J M. Acquisition of procedural skills from examples [J]. Journal of Experimental Psychology: Learning, Memory and Cognition, 1994, 20 (6): 1322 - 1340.

[42] ATKINSON R K, DERRY S J, RENKL A, et al. Learning from examples: instructional principles from the worked examples research [J]. Review of Educational Research, 2000, 70 (2): 181 - 214.

[43] ARAUJO I S, VEIT E A, MOREIRA M A. Computational models in physics teaching: a framework [J]. Investiga?? es em ensino de ciências, 2012, 17 (2): 341 - 366.

[44] CATRAMBONE R. The subgoal learning model: creating better examples so that students can solve novel problems [J]. Journal of Experimental Psychology: General, 1998, 127 (4): 355 - 376.

[45] COOPER G, SWELLER J. Effects of schema acquisition and rule automation on mathematical problem solving transfer [J]. Journal of Educational Psychology, 1987, 79 (4): 347 - 362.

[46] [47] LEAHY W, SWELLER J. The imagination effect increases with an increased intrinsic cognitive load [J]. Applied Cognitive Psychology, 2008, 22 (2): 273 - 283.

[48] PAAS F, RENKL A, SWELLER J. Cognitive load theory and instructional design: recent developments [J]. Educational Psychologist, 2003, 38 (1): 1 - 4.

[49] SWELLER J, LEVINE M. Effects of goal specificity on means - ends analysis and learning [J]. Journal of Experimental Psychology: Learning, Memory and Cognition, 1982, 8 (5): 463 - 474.

[50] VAN GOG T, PAAS F, VAN MERRIëNBOER J J G. Process - oriented worked examples: Improving transfer performance through enhanced understanding [J]. Instructional science, 2004, 32 (1 - 2): 83 - 98.

[51] JONGMIN K, NATHAN N, RAVI D. Adding small differences can increase similarity and choice [J]. Psychological Science, 2013, 24 (2), 225 - 229.

[52] LOCHER P J, NODINE C G. Influence of visual symmetry on visual scanning patters [J]. Perception & Psychophysics, 1973, 13: 408 - 412.

[53] MELIS E. Design of Erroneous Examples for ACTIVEMATH. [C] // International Conference on Artificial Intelligence in Education – supporting Learning Through Intelligent & Socially Informed Technology. 2005.

[54] NOTON D, STARK L. Scanpaths in saccadic eye movements while viewing and recognizing patterns [J]. Vision Research, 1971, 11 (9), 929 - 942.

[55] TSOVALTZI D, MELIS E, BRUCE M, et al. Learning from erroneous examples: when and how do students benefit from them? [J]. Innovation to Learning and Practice, 2010, 6383: 357 - 373.

[56] Northwest Regional Educational Laboratory. 6 + 1 Traits of Analytic Writing Assessment Scoring Guide (Rubric), Http: //educationnorthwest. org/resource/ 464, 2010

[57] OLINGHOUSE N. G. Student - and instruction - level predictors of narrative writing in third - grade students [J]. Reading and Writing, 2008, 21 (6), 412 - 423

[58] RENKL A, ATKINSON R K, MAIER U H. From example study to prob-

lem solving: Smooth transitions help learning [J]. The Journal of Experimental Education, 2002, 70: 293 – 315

[59] RENKL A, HILBERT T, SCHWORM S. Example – Based learning in heuristic domains: A cognitive load theory account [J]. Educational Psychological Review, 2009, 21: 67 – 78

[60] SCHWORM S, RENKL A. Learning argumentation skills through the use of prompts for self – explaining examples [J]. Journal of Educational Psychology2007, 99: 285 – 296

[61] RENKL A, ATKINSON R K. Structuring the transition from example study to problem solving in cognitive skill acquisition: A cognitive load perspective [J]. Educational Psychologist, 2003, 38: 15 – 27

[62] PASS F. Training strategies for attaining transfer of problem – solving skill in statistic: a cognitive load approach [J]. Journal of Educational Psychology, 1992, 84 (4): 429 – 434

[63] ADAMS D M, MCLAREN B M, DURKIN K, et al. Using erroneous examples to improve mathematics learning with a web – based tutoring system [J]. Computers in Human Behavior, 2014, 36: 401 – 411.

[64] ANDERSON J R, FINCHAM J M. Acquisition of procedural skills from examples [J]. Journal of Experimental Psychology: Learning, Memory and Cognition, 1994, 20 (6): 1322 – 1340.

[65] BOKOSMATY S, SWELLER J, KALYUGA S, Learning geometry problem solving by studying worked examples effects of learner guidance and expertise [J]. American Educational Research Journal, 2015, 52 (2): 307 – 333.

[66] CARROLL W M, Using worked examples as an instructional support in the algebra classroom [J]. Journal of Educational Psychology, 1994, 86 (3): 360 – 367.

[67] COOPER G, SWELLER J. Effects of schema acquisition and rule automation on mathematical problem solving transfer [J]. Journal of Educational Psychology, 1987, 79 (4): 347 – 362.

[68] HOOGERHEIDE V, LOYENS S M, VAN GOG T. Comparing the effects of worked examples and modeling examples on learning [J]. Computers in Human Behavior, 2014, 41: 80 – 91.

[69] LEE C Y, CHEN M J. Effects of worked examples using manipulatives on fifth graders' learning performance and attitude toward mathematics [J]. Journal of Educational Technology & Society, 2015, 18 (1): 264 – 275.

[70] RENKL A. Instruction based on examples [M] // Mayer R E, Alexander P A. Handbook of research on learning and instruction. New York: Routledge: 2011, 272 – 295.

[71] RENKL A, ATKINSON R K. An example order for cognitive skill acquisition [M] // RITTER F E, NERB J, LEHTINEN E, ET AL. In order to learn: How the sequence of topics influences learning. New York: Oxford University Press: 2007, 95 – 105.

[72] RENKL A, HIBERT T, SCHWORM S. Example – based learning in heuristic domains: A cognitive load theory account [J]. Educational Psychology Review, 2009, 21 (1): 67 – 78.

[73] RICHEY J E, NOKES – MALACH T J. How much is too much? Learning and motivation effects of adding instructional explanations to worked examples [J]. Learning and Instruction, 2013, 25: 104 – 124.

[74] SIEGLER R S, CHEN Z. Developmental differences in rule learning: A microgenetic analysis [J]. Cognitive Psychology, 1998, 36 (3): 273 – 310.

[75] TARMIZI R A, SWELLER J. Guidance during mathematical problem solving [J]. Journal of Educational Psychology, 1988, 80 (4): 424 – 436.

[76] VANLEHN K. Cognitive skill acquisition [J]. Annual Review of Psychology, 1996, 47 (1): 513 – 539.

[77] WYNDER M B, LUCKETT P F. The effects of understanding rules and a worked example on the acquisition of procedural knowledge and task performance [J]. Accounting & Finance, 1999, 39 (2): 177 – 203.

[78] ANDERSON J R, FINCHAM J M, DOUGLASS S. The role of examples and rules in the acquisition of a cognitive skill [J]. Journal of Experimental Psychology: Learning, Memory, and Cognition, 1997, 23, 932 – 945.

[79] COOPER G, SWELLER J. Effects of schema acquisition and rule automation on mathematical problem solving transfer [J]. Journal of Psychology, 1987, 79, 347 – 362.

［80］ SWELLER J. Cognitive load during problem solving: Effects on learning ［J］. Cognitive Science, 1988, 12, 257 – 285.

［81］ SIEGLE R S, CHEN Z. Developmental differences in rule learning: meta – cognitive analysis ［J］. Cognitive Psychology, 1998, 36, 273 – 310.

［82］ COOPER G, SWELLER J. The use of worked examples as a substitute for problem solving in learning algebra ［J］. Cognition and Instruction, 1985, 2, 59 – 89.

［83］ ANDERSON J R, FINCHAM J. M. Acquisition of procedural skills from examples ［J］. Journal of Experimental Psychology: Learning, Memory and Cognition, 1994, 20, 1322 – 1340.

［84］ VAN GOG T, PAAS F, VAN MERRIëNBOER J J G. Process – oriented worked examples: Improving transfer performance through enhanced understanding ［J］. Instructional science, 2004, 32 (1 – 2): 83 – 98.

［85］ THOMPSON S V, RIDING R J. The effect of animated diagrams on the understanding of a mathematical demonstration in 11 – to 14 – year – old pupils ［J］. British Journal of Educational Psychology, 1990, 60 (1): 93 – 98.

［86］ SWELLER J, COOPER G A. The use of worked examples as a substitute for problem solving in learning algebra ［J］. Cognition and Instruction, 1985, 2 (1): 59 – 89.

［87］ SCHUNK D H, ZIMMERMAN B J. Influencing children's self – efficacy and self – regulation of reading and writing through modeling ［J］. Reading & Writing Quarterly, 2007, 23 (1): 7 – 25.

［88］ RENKL A, STARK R, GRUBER H, et al. Learning from worked – out examples: The effects of example variability and elicited self – explanations ［J］. Contemporary Educational Psychology, 1998, 23 (1): 90 – 108.

［89］ RENKL A, ATKINSON R K, MAIER U H, et al. From example study to problem solving: Smooth transitions help learning ［J］. The Journal of Experimental Education,, 2002, 70 (4): 293 – 315.

［90］ RENKL A. Toward an instructionally oriented theory of example – based learning ［J］. Cognitive Science, 2014, 38 (1): 1 – 37.

［91］ PACHMAN M, SWELLER J, KALYUGA S. Effectiveness of combining worked examples and deliberate practice for high school geometry ［J］. Applied Cognitive Psychology, 2014, 28 (5): 685 –692.

[92] HU F T, GINNS P, BOBIS J. Getting the point: Tracing worked examples enhances learning [J]. Learning and Instruction, 2015, 35: 85 –93.

[93] HILBERT T S, RENKL A, KESSLER S, et al. Learning to prove in geometry: Learning from heuristic examples and how it can be supported [J]. Learning and Instruction, 2008, 18 (1): 54 –65.

[94] CLARKE T, AYRES P, SWELLER J. The impact of sequencing and prior knowledge on learning mathematics through spreadsheet applications [J]. Educational Technology Research and Development, 2005, 53 (3): 15 –24.

[95] BOOTH J L, LANGE K E, KOEDINGER K R, et al. Using example problems to improve student learning in algebra: Differentiating between correct and incorrect examples [J]. Learning and Instruction, 2013, 25: 24 –34.

[96] BAARS M, VISSER S, VAN GOG T, et al. Completion of partially worked – out examples as a generation strategy for improving monitoring accuracy [J]. Contemporary Educational Psychology, 2013, 38 (4): 395 –406.

[97] ANDERSON J R, FINCHAM J M, DOUGLASS S. The role of examples and rules in the acquisition of a cognitive skill [J]. Journal of Experimental Psychology: Learning, Memory, and Cognition, 1997, 23 (4): 932 –945.

[98] MEDIN D L, GOLDSTONE R L, GENTNER D. Similarity involving attributes and relations: judgments of similarity and difference and not inverses [J]. Psychological Science, 1990, 1: 64 –69.

[99] TSOVALTZI D, MELIS E, MCLAREN B M, et al. Learning from erroneous examples: when and how do students benefit from them? [J]. Lecture Notes in Computer Science, 2010, 6383: 357 –373.

[100] SIEGLER R S, CHEN Z. Developmental difference in rule learning: a microgentic analysis [J]. Cognitive Psychology, 1998, 36 (3): 273 –310.

[101] MAWER R, SWELLER J. The Effects of subgoal density and location during problem solving [J]. Journal of Experimental Psychology: Learning, Memory and Cognition, 1982, 8 (3): 252 –259.

[102] DESLAURIERS L, SCHELEW E, WIEMAN C. Improved learning in a large – enrollment physics class [J]. Science, 2011, 332 (6031): 862 –864.

［103］COOPER G, SWELLER J. The use of worked examples as a substitute for problem solving in learning algebra ［J］. Cognition and Instruction, 1985, 2 (1): 59 – 89.

［104］BRADLEY R S, MICHAEL F B, DEBBIE M K. Facilitation of learning spatial relations among locations by visual cues: implications for theoretical accounts of spatial learning ［J］. Psychonomic Bulletin & Review, 2009, 16 (2): 306 – 312.

［105］ATKINSON R K, RENKL A. Interactive example – based learning environments: using interactive elements to encourage effective processing of worked examples ［J］. Educational Psychology Review, 2007, 19 (3): 375 – 386.

［106］ANNE J C, WILLIAM F J, CHRISTIAN W, et al. Teaching physics (and some computation) using intentionally incorrect simulations ［J］. The Physics Teacher, 2012, 49 (5): 273 – 276.

［107］AKEJU O O, ROTIMI C O, KENNI A M. Teaching with concept mapping instructional strategy in Nigeria secondary schools ［J］. Eurasian Journal of Physics and Chemistry Education, 2012, 1, 13 – 19.

［108］CARROLL J S, GALEGHER J, WIENER R. Dimensional and Categorical Attributations in Expert Parole Decisions ［J］. Basic and Applied Social Psychology, 1982, 3 (3): 187 – 201.

［109］BOKOSMATY S, SWELLER J, KALYUGA S. Learning geometry problem solving by studying worked examples: effects of learner guidance and expertise ［J］. American Educational Research Journal, 2015, 52 (2): 307 – 333.

［110］AMADIEU F, MARINé C, LAIMAY C. The attention – guiding effect and cognitive load in the comprehension of animations ［J］. Computers in Human Behavior, 2011, 27 (1): 36 – 40.

［111］CATRAMBONE R, JONES C M, JONIDES J, et al. Reasoning about curvilinear motion: Using principles or analogy ［J］. Memory & Cognition, 1995, 23 (3): 368 – 373.

［112］RENKL A, ATKINSON R K. An example order for cognitive skill acquisition ［M］// RITTER F E, NERB J, LEHTINEN E, et al. In order to learn: how the sequence of topics influences learning. New York: Oxford University Press, 2007: 95 – 105.

[113] CHI M T H, BASSOK M, LEWIS M W, et al. Self - explanations: How students study and use examples in learning to solve problems [J]. Cognitive Science, 1989, 13: 145 - 182.

[114] CATRAMBONE R, JONES C M, JONIDES J, et al. Reasoning about curvilinear motion: Using principles or analogy [J]. Memory and Cognition, 1995, 23: 368 - 373.

[115] CARROLL W F. Using worked examples as an instructional support in the algebra classroom [J]. Journal of Educational Psychology, 1994, 86: 360 - 367.

[116] ATKINSON R K, RENKL A. Interactive example - based learning environments: using interactive elements to encourage effective processing of worked examples [J]. Educational Psychology Review, 2007, 19 (3): 375 - 386.

跋

　　《规则样例学习研究》汇集了在学术期刊上发表的十篇实验研究报告和六篇理论研究的文章。基本反映了 21 世纪以来我和团队成员从事规则样例学习研究的阶段性研究成果。尚有几篇实验研究报告由于篇幅所限或正处在投稿和审稿阶段而没有列入。还有几篇已经在学术期刊上发表的有关样例学习方面的理论和综述文章，由于其内容与规则样例学习研究关系不大而没有列入。

　　本书中的十六篇文章都是提交给编辑部的修改稿，与期刊发表的文章略有差别。其中，实验研究报告原文中的第一部分标题有的是"1 问题"，有的是"1 问题提出"，这里一律改用"（一）问题"。在《数学运算规则样例学习的理论探索》一文中，针对运算样例中的新算符和新运算规则，我提出了三种样例设计方法：一是"分解法"，二是"逆运算法"，三是"解释法"。文章发表后，我发现其中的分解法和解释法是同一种方法，都是在后来实验研究中采用的解释法。逆运算法其实也是解释法。原来本想在本书中做修改，但是考虑到尊重历史事实，所以，保留原文，没有改动。其他几篇理论研究的文章也或多或少地存在对有关样例学习的研究介绍不全面、理解不准确和评价有偏颇的问题。主要是由于当时阅读文献不够全面，理解不够准确而造成的。既然是阶段性研究成果，存在缺陷和不足也是难免。所以，即使现在发现了其中的缺陷和错误，但为了尊重历史事实，也只能按照原文列入本书。

再次感谢光明日报出版社资助本书出版！

感谢樊老师和责任编辑付出的耐心和热忱！

张奇

2019 年 10 月 16 日于大连